Knowledge BASE系列

一冊通曉 武士崛起，中世日本的無常與憂患

# 圖解鎌倉·室町時代

更新版

河合敦 著　陳念雍 譯

# 奠定當代日本風貌的中世時期

文◎林呈蓉
（淡江大學歷史學系教授）

鎌倉與室町時代在日本史的斷限上，被劃歸於「中世」時代。這個時代長達有六百年，因此研究者習慣上都以「中世前期」、「中世後期」來分析問題。眾所周知，日本的中世時代最大的一個象徵就是「武家」政權的崛起，在中世前期的日本政界，是處於武家與公家（朝廷貴族）二元政權並存的時代。然而，到了中世後期，武家政權已完全凌駕於公家之上，武家的存在成為社會的主流。

另一方面，日本早在第八世紀中國唐朝的「安史之亂」發生時，便停止了「遣唐使」的派遣。在對外關係上，國際間的官方交流雖然闕如，但民間的經貿交流依舊活絡。在中世前期，武士與貴族爭相委託商人把各種貨品拿到亞洲大陸「寄賣」，除了賺取當時東亞地區的強勢貨幣中國錢之外，並帶回各種珍異奇趣的舶來品。到了中世後期，室町幕府做為政界的實權者，在中國大明皇帝「政經不可分」的外交原則下主動出擊，幕府將軍以「日本國王」的權宜名號，讓各武士大名的船「靠行」，組織成龐大的經貿參訪團到大明國去批貨、採購。

對外的經貿交流活絡，也帶動國內經濟的繁榮，商品經濟、貨幣經濟早已滲透到社會各階層的日常生活中。面對以貨幣為交易手段時代的來臨，倚靠土地資產維生的武士階層，經濟上開始受到嚴重的衝擊。他們逐漸感覺到手頭上的錢不夠用，為了得到更多的貨幣以換取生活所需，武士階層開始把土地抵押給專放高利貸的商人。當武士失去了土地，變成無所屬的「浪人」，自然成為社會治安上的威脅。他們到處為非作歹，在陸地上的稱為「山賊」，在海面上的稱為「海賊」。「海賊」在海上騷擾往來路過的船隻，成為東亞海域惡名昭彰的「倭寇」。

當公權力還能伸張的時候，社會的營運仍有一定的秩序在。然而，中世後期時公權力變得蕩然無存，對社會底層的庶民階級而言，不僅個人的身家安全毫無保障，傳統「以物易物」的交易手段也已經無法滿足生活所需，迫使他們必須以團體的力量尋求「自立救助」，「實力主義」與「下剋上」的風潮於焉興起，成為中世後期的一大特徵，同時也突顯出庶民文化底層一股不容忽視的力量。

日本中世時代曾遭遇過兩次外力的衝擊，這是過去前所未有的，在日本史上稱為「元寇」或「蒙古襲來」。雖然在十三世紀後期，亞洲大陸的大元國曾先後六次遞交國書給日本，要求朝貢通交，但都被日方斷然拒絕。西元一二七四年，大元國正式派遣大軍攻打日本（文永之役）。對此，朝廷與幕府不僅不為所動，幕府甚至以革殺來日使者的行動表達拒絕通交的嚴正立場。日本的中世時代也是廣義的「國家意識」覺醒的時代。面對來勢洶洶的元朝大軍，突然刮起的大風為鎌倉幕府提供了助力，日本人稱之為「神風」。他們相信日本是神的國度，遭逢危難時，勢必會受到神的眷顧。這也是太平洋戰爭時，日本在存亡危急之際，將負責特別攻擊任務的航空隊取名為「神風」的由來。

中世時代所衍生的日本社會文化，例如武士大名的地方分國制、商品與貨幣的流通、庶民階層的自立救助、對外關係上的主權意識等，在日後都成為日本快速近代化的重要元素。地方分國制的概念日後延伸為近代的地方自治；商品與貨幣的流通為近代的資本主義化先行培養出一群豪商階層，是近代政商財閥的前身；庶民階層等社會底層力量的出現，則為近代「民本主義」奠定基礎；在對外關係上，主權意識的生成不僅成為推動明治維新的力量泉源，更促使近代日本在積極歐化的同時仍繼續保守傳統的國粹文化。

《圖解鎌倉．室町時代》以流暢易讀的筆觸，配合邏輯清晰的圖解，深入簡出地幫助讀者輕鬆了解深奧、複雜的日本歷史。不同於一般的歷史書寫，本書最難能可貴的是，每個章節的標題下皆以簡明扼要的前言點出該段歷史的重點，每節最末處更準備了一段歷史備忘錄，記下相關的歷史軼事，增加閱讀上的樂趣。

原作者河合敦先生雖是為身處忙碌現代社會的日本人士寫下本書，幫助他們以最短的時間來理解繁雜的歷史脈絡，但對於初次接觸日本歷史的外國人而言，更不失為是一本方便的入門書。《圖解鎌倉．室町時代》的出版，象徵台灣社會的日本理解又進了一步，相信對今後台日關係的發展應有其正面的效益。

# 武士勢力席捲日本的時代

文◎許育銘
（東華大學歷史學系副教授）

許多人覺得日本歷史很有趣，但若追問為什麼有趣？很多人會說：「因為日本有武士、忍者」，近來的答案可能還會加上「藝伎」也說不定。雖然這是個談笑式的對話，但的確有些外國人至今仍然認為只要到了日本便能遇見武士與忍者，在對日的理解上，電影與電視對我們這些「外人」（外國人）而言有著非常大的影響。

不可諱言地，只要提及「武士」二字，便讓人立刻聯想到日本這個國家。在日本歷史發展過程中，以戰爭為職業的武士，曾有很長一段時期一直是日本社會的主角。縱觀中外歷史，戰爭與社會的變動關係，一直是文明進程中的重要組成與轉換的契機。但像日本形成以武士統治階級的封建制度，則是非常罕見。雖然西方在中古世紀時也發展出騎士與封建制度，與日本的武士政權頗為類似，但卻無法等同視之。日本武士的歷史之所以成為關注的焦點，當然還有其他理由。人們喜歡從歷史中歌頌戰爭、崇拜英雄，中外歷史皆然，為日本歷史帶來吸引人的魅力。

透過電腦遊戲、電影動畫、小說漫畫等等，在台灣有不少人深受日本武士魅力吸引，因而勾起對日本史的興趣，但焦點似乎多集中在日本的戰國時代或幕末時代，對歷史人物的認識亦造成侷限性，對於前後時代的連貫較為生疏。這或許是台灣的歷史教育中較欠缺對日本的多層面認識，有興趣者如果想要進一步的鑽研，就必須靠坊間的日本歷史相關書籍來彌補。而這其中，又涉及了語文問題，以日文出版的日本史書籍、雜誌為數不少，台灣的讀者要直接涉獵則有一定的困難度，雖然坊間不乏直接以中文書寫的日本史，但是事實上仍不夠滿足需求。因此透過翻譯，引進日本優秀的著作來填補學知市場的空白，不僅有其必要，也非常的迫切。在此，我們就要非常肯定城邦文化易博士出版社的用心與卓見，出版了如《圖解日本史》、《圖解東亞史》等許多圖解歷史書籍，以及這本《圖解鎌倉・室町時代》。

原作者河合敦先生致力於日本史的史普教育，由各種有趣角度詮釋日本歷史，著述頗豐，研究成績卓越。過去我在課堂上便已大量使用河合敦先生《日本史圖解》（商周）日文原書中的精緻圖表，做為教學講義的輔助工具。這些邏輯清晰、一目了然的圖表，使錯綜複雜的歷史脈絡頓然開朗。《圖解鎌倉·室町時代》的出版，對從事日本史教育的人而言，可說是多了一本好用的入門書，自然感到欣喜。

《圖解鎌倉·室町時代》主要介紹日本中世時期的鎌倉與室町時代，對於人、事、時、地、物做了五位一體的整合，按時間順序條理說明。鎌倉與室町時代又被稱做「武士時代」，因此本書也回應一開始所提之讀者對於認識日本武士階級、社會的興趣。因此不侷限於日本史的學習，對於「日本」這個國家有興趣的讀者而言，本書也是一本不可多得的好書。

日本中世時期除了代表武士的「武家」外，還有代表貴族的「公家」及代表佛教的「寺家」，三者的精神文化的互動結合與近代日本的國民生活有非常密切的關係，透過閱讀本書可以充分體會。中國宋、元、明時代的思潮與文物，在這個時期傳入日本，深刻地影響日本中世時期的文化風俗，其內在構成甚至持續至今。此點在中日關係史上也非常受到重視，也提供我們自身對於中國歷史文化發展的反思。簡言之，本書不僅能使吾等瞭解我們與周邊國家的文化交流，也會增進台灣讀者對於自國歷史的認識。關於這些問題，相信讀者只要翻閱本書，必能獲得不少收穫。

許育銘

# 概觀中世的鎌倉．室町時代

本書所談的「鎌倉・室町時代」，若以日本史大致的區分而言，大部分屬於日本的「中世」時期。那麼，為什麼書名不取為《圖解中世時期》呢？

這是有原因的。

過去我們將源賴朝開創鎌倉幕府、亦即鎌倉時代開始之後的時期稱為「中世」。然而，翻看近來的歷史教科書，有些學者將院政期（十一世紀後半）納入中世，也有不少學者認為，應該將平將門之亂發動的十世紀中葉稱做中世。

也就是說，對於何時是中世之始，截至目前為止還沒有一個確定的說法。

不過中世有一個很重要的關鍵詞，也就是「武士」。

有學者認為中世始於武士階級的建立；有人說中世是武士打倒貴族的時期。同時也有史學家表示，武士政權樹立那年便是中世的開始。雖然見解各有不同，但我們可以知道，每派說法皆是以「武士的動向」來做為時代劃分的基準。

基於中世之始尚無定論的緣故，我便不把書名取為《圖解中世時期》。

相較之下，「鎌倉·室町時代」是以武士政權的據點為名，不僅容易理解，「武士打倒貴族建立起全國政權，文化方面也凌駕於貴族之上」的定義也非常清楚。

那麼，這個時代的主角都是武士嗎？其實也不全然。

身分低於武士的農民與工商業者在此時期也有顯著的發展，而這也是鎌倉室町時代的一大特徵。

比方說由於農業技術的進步，農民的生產量增加，開始有多餘的作物可以變賣增加收入，許多人因此躍升至武士的階級。此外，農村也懂得團結一致開始自治，有時還會以武力反抗領主。而工商業者的勢力也有所增長。他們組成「座」（同業工會）進行獨占性販售，或因貿易賺得巨額財富，憑藉經濟實力自治經營自己所住的都市。

把朝廷與中央貴族這些擋路的大石移開之後，似乎每個人都想要努力往上爬。換句話說，當時的人對於「權力、財富與地位」極為嚮往，而這也可以說是鎌倉室町時代的一大特徵。

例如在田裡撒糞尿一事，在古代這是污衊土地、極度不敬的行為，是要遭受嚴厲處罰的。不過鎌倉時代的農民為了增加收穫量，竟能毫無所懼地將糞尿灑入田間，可以說是人的本質改變了的一個極端的實例。

應仁之亂以後，這樣的轉變更為明顯，此時下位者推翻上位者的篡位行為已被認可，「以下剋上」的風潮已然來到。

此外，國際色彩濃厚也是鎌倉室町時代的另一個重要特徵。例如鎌倉時代時有許多禪僧往來於日本和中國宋朝之間，後來的元朝還兩度攻擊日本。到了室町時代，日本不僅與明朝、朝鮮、琉球有貿易往來，也開始跟歐洲人交易。而這些異文化的交流也替日本自古以來的文化風俗以及社會帶來了很大的影響。

因此比起接下來的江戶時代，鎌倉室町時代的日本可說是更為國際性的社會。

本書的內容編排方面，每一個歷史重點皆以兩頁的篇幅敘述，並輔以邏輯清晰的圖解說明。相信藉由閱讀本書，大家對於鎌倉與室町時代一定會有更充分的了解。

最後，要由衷地感謝苦等我一年稿子的日本實業出版社編輯部。

二〇〇四年十二月於千葉縣市川妙典　河合敦

## 第2章 執權政治的時代
### 實權由將軍轉移至執權手中

## 第4章 南北朝的動亂
### 日本分裂的危機

## 第5章 南北朝統一
### 持續混亂的日本

## 第6章 應仁之亂爆發
### 幕府滅亡，進入嶄新時代

第 1 章

# 源平之亂

## 鎌倉幕府的誕生

# 武士的權力開始淩駕於貴族之上！

## 武士登場以及在朝廷中勢力的抬頭

奈良時代所制定的「大寶律令」（七〇一年）中規定，所有土地均歸國有。而農民若向國家租借土地，待該農民死亡之後土地仍會被國家所沒收。可見當時土地無法私有。

但是，這條法令因為「墾田永年私財法」（七四三年）的制定而有相當大的變革——農民開始可以擁有自己開墾的土地。正因如此，在平安時代初期，有權力的農民在全國各地驅使手下開發山野土地以擴充私有的土地面積。這些有權力的農民稱為開發領主，而所開發的土地即稱為莊園。

這些開發領主為了規避國司（地方官僚）的掠奪，以及保衛莊園不受盜賊所侵襲，開始武裝起來並互相拓展橫向的合作關係，這正是「武士團」的起源。逐漸地，桓武平氏與清和源氏兩大武士團開始形成。

在武士之中，對朝廷的橫徵暴斂心懷不滿者所在多有，並且開始出現像平將門與平忠常等起而造反者。

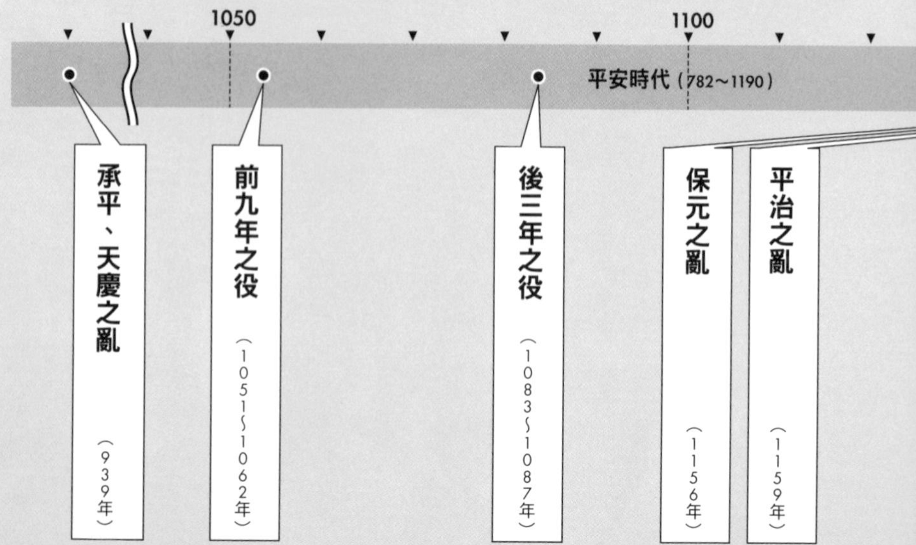

然而，朝廷貴族並不壓抑這些武士的勢力抬頭，反倒是企圖利用他們做為政治鬥爭的工具。

## 「源平之亂」滅亡了享盡榮華富貴的平氏

保元之亂與平治之亂都是發生在朝廷內皇族與貴族之間的權力鬥爭。然而，平息這些抗爭的卻是互相爭權奪利的貴族們所爭相拉攏的武士。

之後，在這兩次亂事中勝出的平清盛與後白河上皇結盟，在朝廷內擴展其勢力，最後終於一路成為太政大臣。這意味著武士出身者也能晉身貴族中的最高地位。

其後，平清盛不斷擴增領地與莊園，並因為與宋朝（中國）通商而累積了財富，他運用所擁有的廣大土地以及龐大的財富，不僅躋身貴族，並且吸收地方武士成為家臣。此外，平清盛還將女兒嫁給攝關家與天皇，因而成為兩家的外戚（參見P19），甚至將後白河天皇幽禁起來，在朝廷中樹立平氏政權。

但是，後白河上皇的皇太子以仁王，呼籲藏身各地的源氏勢力舉兵反抗，反平氏勢力因而在各地引起動亂。平清盛死後，平氏政權隨之瓦解，而有力武士之間的爭霸（源平之亂）卻才正要開始。

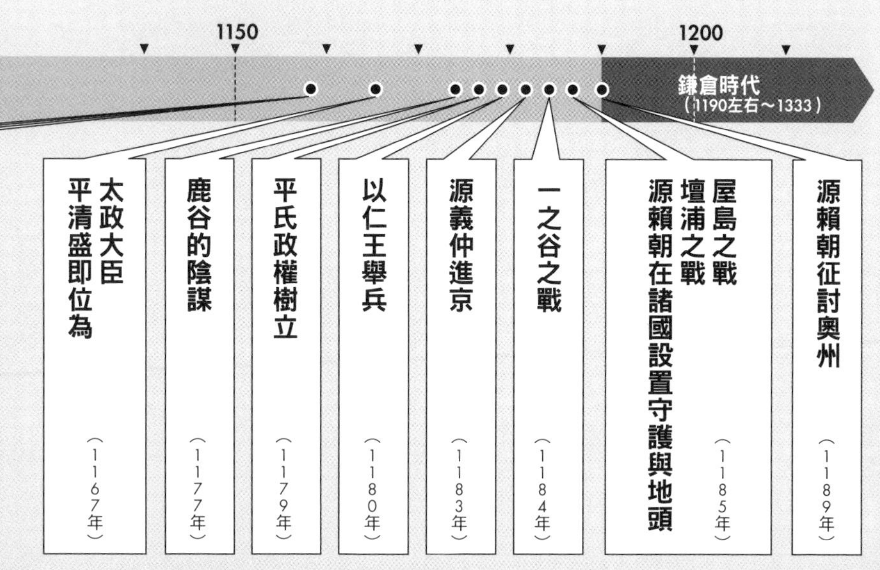

**8世紀～12世紀　平氏的時代**

# 平氏與平清盛勢力抬頭的原因

繼承了天皇血緣的桓武平氏，其勢力伸展到關東一帶，並與朝廷及中央貴族之間緊密結合，進而成為該時代中的主流。

## 桓武平氏如何擴展其勢力？

「桓武平氏」是繼承天皇血緣的一族。桓武天皇曾孫高望王驍勇善戰，蒙天皇賜姓「平」氏並受封為上總介，他前往上總國赴任並組織起龐大的武士團，桓武平氏由此起源。之後，勢力延伸到關東地區，還與朝廷、高級貴族們親近，因而和中央政權保持著緊密的連結。

但是，平氏一族裡逐漸發生領地歸屬上的爭執，在這些爭戰之中，高望之子國香被其外甥將門所殺害。將門趁此機會起兵關東一帶，並自封為新皇，意圖脫離朝廷而獨立（平將門之亂）。

此事變驚動了朝廷，朝廷開始組織征伐軍，準備討伐將門，並且對關東武士承諾「打倒將門者立即授階四、五位」。這個承諾對於地方武士而言，可說是千載難逢取得高官厚爵的機會；於是國香之子平貞盛立刻起而響應，他召集了下野國的藤原秀鄉去攻打將門，最後於成功地將之消滅。

**●桓武平氏與清和源氏的歷史**

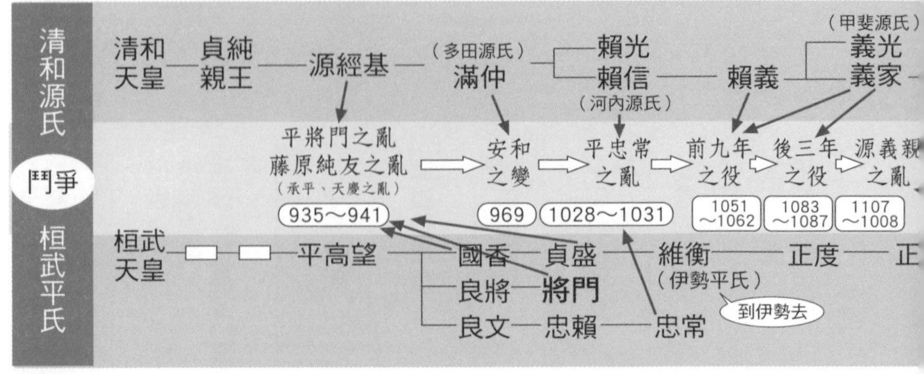


**歷史筆記**　大正時代時，日本大藏省（譯注：日本的財政部）打算在將門的首塚上建設辦公廳。結果大藏大臣離奇猝死，還有十多名相關人員受傷，這或許是將門的怨靈在作祟吧！

## 清盛嶄露頭角的內幕

平定將門之亂的平貞盛將據點從關東移到西國，其子維衡落腳於伊勢國，而維衡就是之後奠定平氏政權的「伊勢平氏」之祖。其後伊勢平氏歷經數代都沒有顯赫的功績，但是到了維衡之曾孫平正盛時，竟然一飛沖天勢不可擋。

平正盛把土地捐獻給已經開啟院政（由上皇與法皇共同掌握政治實權）的白河上皇，並藉著這類投機取巧的方式，追討造反的源義親而成就武名。平正盛因此獲得了白河上皇的信任，被封為院近臣（上皇的近臣）而歷任各地的國司（地方官僚）。平正盛之子平忠盛也效忠於白河、鳥羽兩位上皇，平忠盛受鳥羽上皇所重用，開先例許可他可以武士之身分升殿（得以出入天皇居處清涼殿），晉升為正四位上，就任為刑部卿。而平忠盛的兒子正是平清盛。

平清盛在朝廷之中迅速地出人頭地，最後當上太政大臣，甚至成為天皇的外戚（母方的親戚）掌握了政權。而中央貴族們對於一向不放在眼裡的武士居然奪取了政權，感到非常震驚。但是，貴族社會對於平清盛的升官並未提出異議。

然而這可是有原因的。平清盛的父親並非平忠盛，事實上白河上皇才是他的生父。平清盛的母親原是白河上皇的情婦，在上皇將其賞賜給平忠盛時，肚子裡已經懷了平清盛。此皇家私生子之說在學界舉證歷歷。若非如此，實在難以說明平清盛得以掌握政權的原因。

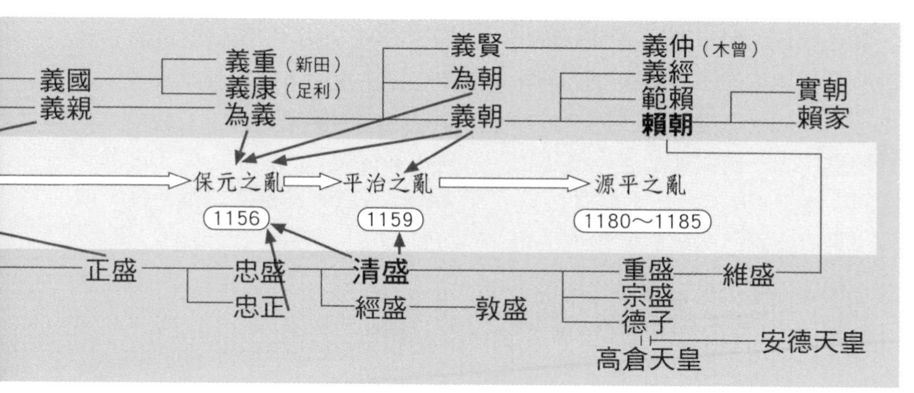

1156～1159年　保元、平治之亂

# 運勢、實力與謀略兼具的平清盛

藉由保元之亂、平治之亂而展現實力的平清盛，花了十年終於即位為太政大臣。

## 保元之亂與平治之亂中的勝出者

保元元年（一一五六）所發生的保元之亂使得平清盛得以馳名天下。在鳥羽法皇死後，朝廷分裂成崇德上皇與後白河天皇兩方，雙方互相招攬效忠的武士，以武力一較高下。

此時平清盛依附於後白河天皇一方而取得勝利。其實他與後白河天皇並不特別親近，但是平清盛卻因此而鴻運大開。

平治元年（一一五九）京都再度爆發了戰爭。後白河上皇的院近臣藤原信賴與源義朝結盟，將競爭對手藤原信西予以殺害（平治之亂）。此時平清盛正在前往熊野參拜的途中，一聽到此消息，便馬上趕回京都。

平清盛雖然與藤原信賴也很親近，政治上卻保持中立立場，但或許是想趁此動亂而有所作為，他將被藤原信賴軟禁的二條天皇（後白河之子）救出來，並獲得欽命而將藤原信賴、源義朝軍殲滅了。

## 地位大躍進的清盛

如此一來，已經無人能夠以武力與平氏相抗衡後，白河上皇於是重用平清盛做為保護自己的軍事力量。因此平清盛在永曆元年（一一六〇）晉升為正三位而名列公卿，次年，任職權中納言，平氏一族也陸續就任為各地國司。

同年，平清盛之妻時子的妹妹滋子，受到後白河上皇的寵愛，生下了皇子（憲仁）。且平清盛還將女兒盛子嫁給了關白藤原基實，基實在二十四歲死亡時，清盛以「基通（基實與聖子之子）成人之前，乃由平氏管理攝關家」為藉口，而將廣大的土地盡攬入手中。

而其後又與後白河上皇結盟，於仁安元年（一一六六）十月立憲

明治新政府在明治維新之際，據說因為害怕崇德上皇的冤魂會阻礙官軍平定日本，因而在京都建了一座白峰神社。

仁為皇太子，次月晉升為內大臣，次年終於就任朝廷最高位的太政大臣，簡直可說是勢如破竹。

然而，在聲望地位如日中天的仁安三年（一一六八）二月，平清盛突然病倒。病因不明，但病情卻相當嚴重，平清盛因而出家，並且將住所從京都移往福原（神戶），從此退出政壇。

究竟是什麼原因讓好不容易大病痊癒且體力也已經恢復的平清盛，決定不返回京都，反而繼續留在福原，藉由遠距離操控平家一族，以維持在政界中的權力呢？究其原因，乃是平家因為勢力崛起太快了，因而與後白河的院近臣之間時起齟齬，平清盛擔心的是「如果自己回到京都重返政壇，可能會導致兩方全面起衝突」。

## ●保元、平治之亂與平清盛勢力的抬頭

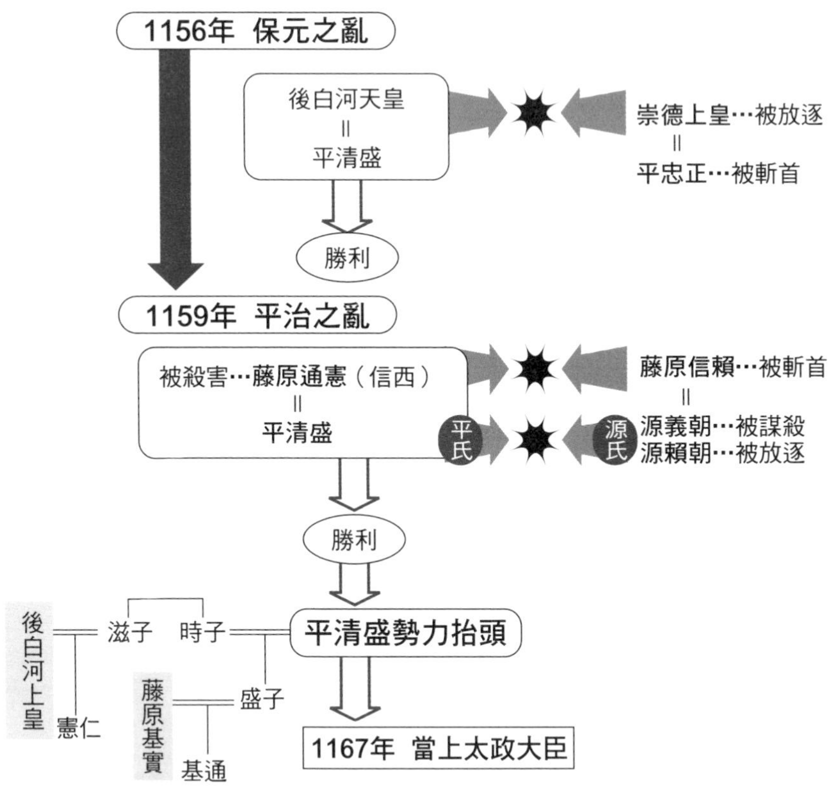

1179年 平氏政權的樹立

# 為爭權而擁立兩歲的孫子

因女兒生了皇太子而成為外戚的平清盛，把後白河一派給放逐了，並在朝廷中樹立起「平氏政權」。

## 平清盛與後白河上皇的對立關係

院近臣等對於急速竄起的平氏心懷芥蒂，在危機感籠罩之下暗自擬定了打倒平氏的計畫。首先，後白河上皇對平清盛下達命令，令其討伐比叡山延曆寺。事實上比叡山裡聚集數千名僧兵，他們屢屢以集團方式前往都城，逼朝廷接納僧兵的要求，後白河上皇對於這種不斷威脅很傷腦筋。

由於後白河上皇信奉佛法，對於根本是一群暴徒、卻又以僧侶姿態出現的僧兵，遲遲無法出兵。然而，為了削弱平氏的勢力，於是命平清盛去征討比叡山。

如果與比叡山爆發全面衝突，平氏勢必遭受重大的打擊，當然，平清盛也會陷入困境。但是，平清盛卻在此時得知院近臣意圖打倒自己一事（鹿谷的陰謀）。於是立刻逮捕相關人士，並中止討伐比叡山一事。

儘管處罰院近臣，平氏卻並未停止後白河上皇的院政。這是因為此時平清盛尚未具備成為執政者的正統性，然而情勢馬上就會轉變。

## 擁其孫以樹立政權

平清盛的女兒德子嫁給高倉天皇後，生下皇子言仁。因此平清盛成為外戚（外祖父），以監護人身分取得了能夠撼動政治的權力。此時治承三年（一一七九）十月，平清盛由福原率三千兵士入京，將後白河派的關白藤原基房予以卸職然後將約四十位院近臣放逐，又軟禁後白河上皇，進而一舉奪權；次年二月擁立年僅兩歲的言仁即位（安德天皇）樹立了平氏政權。

然而，一般來說並不稱平清盛所建構的政權為「武士政權」。平氏雖確為武士，但平清盛並非如源賴朝般另行創設政治機關，而是直接在朝廷中掌握權力。

**歷史筆記** 當時日本社會普遍輕視中國人，但是平清盛卻不抱偏見而修築大輪田泊（神戶港），藉著日宋貿易獲得鉅富。

平清盛為平氏一族安排放逐院近臣之後所空出來的官位，讓他們獨占朝廷中的高官厚位。之後，平清盛又將後白河一派的領地與莊園沒收，日本國土有一半以上都被平氏一族所獨占。當時占領的莊園數目超過五百個，平清盛將部下送到莊園內擔任莊官，並將當地的武士納入家臣。由於日宋貿易從平忠盛時代就很興盛，莊園因而吸收由貿易所獲致的龐大利益，奠定堅實的經濟基礎。

如此建立起來的平氏政權乍看之下可說是四平八穩。但實際上，在政權誕生的同時，卻也開始產生動搖。

●平氏政權的基礎

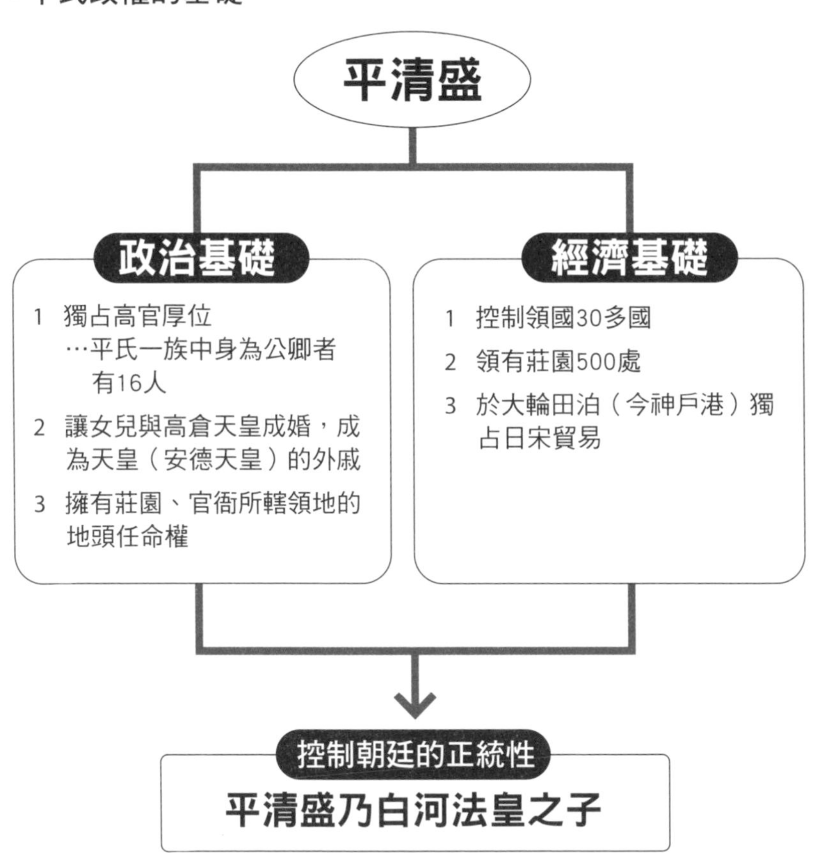

**1180年** 以仁王的諭令

# 鎌倉幕府的誕生

以仁王響應源賴政而欲舉兵打倒平氏。以仁王雖戰敗，但卻揭開了源平鬥爭的序幕。

## 老武士源賴政的背叛

以仁王乃是後白河法皇的次男。在其兄長二條天皇早逝之後，皇位跳過以仁而落到平清盛的女婿，即以仁王之弟高倉天皇。然後治承四年（一一八〇）二月，高倉天皇之嫡男言仁即位成為安德天皇，自此以仁王的皇位繼承之路完全絕望。

就在此時，失意的以仁王身邊，出現一位七十七歲的老武士源賴政，他進言舉兵消滅平氏。源賴政曾在平治之亂（參見P20）時依附平清盛，他是源氏家族中唯一效命朝廷的人。但是，當平氏家族一一就任高官厚位時，源賴政的地位卻未見拔擢而停滯不前。

其實源賴政絕非無能之輩，他不但以歌者而聞名天下，且驍勇善戰。據說在二條天皇的治世時代，出現了一種怪物，其臉似猿猴、身體如猩猩，手腳似虎，尾巴像蛇。這怪物出現在皇宮裡，讓天皇十分困擾，最後將之擊退的正是源賴政。

## 宇治川橋之戰

在此時期之中，奈良興福寺以及大津園城寺的僧兵起而反抗平氏政權。只要集結僧兵的力量，喚起潛伏於各地的源氏家族，打倒平氏一事絕非不可能，但同時這也是一個危險的賭注。以仁王不僅問神諭是否應該接受源賴政的建議，也去請教了會看面相的少納言藤原宗綱。宗綱明白表示：「您正是真命天子！」，以仁王一聽立即下定決心舉兵。

平清盛得知舉兵計畫，派出大軍準備討伐居住在園城寺的以仁王。當平清盛看到源賴政居然在討伐平家軍的陣容裡，非常驚訝。平清盛做夢也想不到首謀竟是源賴政。兩年前平清盛憐憫未獲升遷的

**歷史筆記** 以仁王戰敗死後，平清盛捉到其子若宮欲將之殺害，但是因為平宗盛請命而得以不死，之後若宮出家，名為安井僧正道尊。

源賴政而推薦他就任從三位，這種推薦對於源氏家族而言乃是特例。平清盛實在萬萬想不到源賴政居然背叛有恩於他的自己。

源賴政到底為何會有背叛之心，是因為他兒子源仲綱的愛馬被平清盛嫡男平宗盛所奪，且平宗盛還故意將這匹名馬命名為源仲綱來侮辱他嗎？真正的原因不得而知。

無論如何，身居先鋒部隊的源賴政，在兩軍開戰的夜晚脫隊而出，大張旗幟與以仁王並肩作戰。兩軍在宇治川兩岸展開對峙，源賴政固然擅戰，但結果卻敗給平氏的大軍而在宇治自殺，以仁王也在逃亡途中被殺死（宇治川橋之戰）。但是以仁王在舉兵之際所發出的諭令（皇太子等之令書）激起全國源氏家族的鬥志，源氏一族紛紛在各地起義，最後終於爆發源平之亂。

## ●以仁王的舉兵

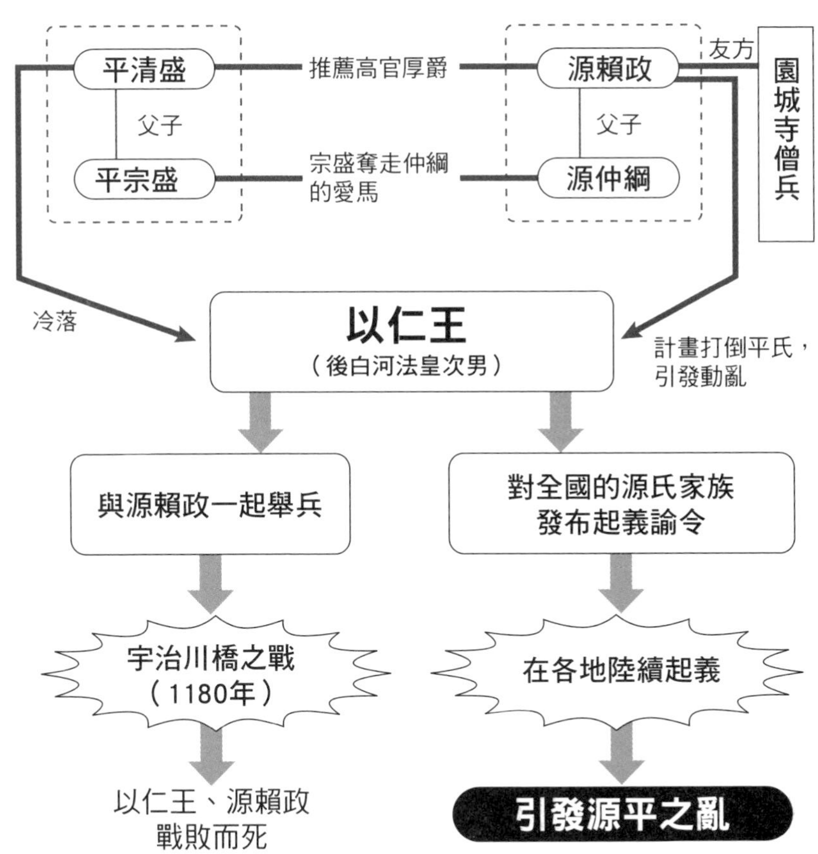

**1180年 富士川之戰**

# 源賴朝在伊豆舉兵

源賴朝接受以仁王的諭令，於伊豆舉兵。之後，源賴朝控制了關東地區，於富士川擊敗平氏。

## 遷都福原乃一大錯誤

宇治川橋之戰後僅僅六天，平清盛宣布京城要遷往福原（神戶市）。因為奈良的興福寺顯露出抗拒的姿態，而延曆寺也有立場動搖的現象，京都已經不是一處適合居住之地。因此平清盛決定進行四百年來首見的強制遷都。

然而，京城的貴族們祕密詛咒平清盛的強迫遷都一舉，認為平清盛是被天狗（譯注：一種想像中的妖怪，人形有雙翼，臉紅鼻高）所惑，悲歎著即將離鄉背井。平氏一族對於遷都也不予好評，結果，不到半年平氏又遷回京都去了。這種政策上的朝令夕改，更加使得平氏政權威望盡失；而在地方上，潛伏於各地的源氏也開始陸續舉兵起義。

治承四年（一一八〇）八月，源賴朝在伊豆起義。源賴朝之父源義朝是源氏的重要人物，他在平治之亂（參見P20）時敗北，被部下所弒，當時十四歲的賴朝則被平氏所擄。平清盛為了斷絕後顧之憂，欲處死源賴朝，但平清盛繼母池禪尼居中斡旋，最後源賴朝被減刑而放逐到伊豆的蛭小島。倘若當時平清盛未發惻隱之心，則今日的歷史將會有所不同。

## 富士川之戰

源賴朝一接到以仁王的諭令，即獲得岳父北條時政的協助，奇襲伊豆國目代的山木兼隆並將他殺害。源賴朝打著打倒平氏的旗幟向東進兵，準備與盤據在三浦半島上的三浦氏會合。途中，源賴朝被平氏的大場景親、伊東佑親等所率領的大軍所阻撓，而在石橋山之戰吃了敗仗。

源賴朝當時躲在一棵大樹後面，但是運氣不佳被敵方的梶原景時給發現。然而對時勢非常敏銳的梶原景時卻刻意讓源賴朝逃

**歷史筆記** 發配邊疆時代的源賴朝每天念經度日，生活相當清苦。據說當初源賴朝身邊的人還曾向附近的關東武士乞討糧食。

走，因而脫困的源賴朝渡海到了房總半島，重新養精蓄銳累積實力。結果，源賴朝的軍隊壯大到數萬大軍。目睹如此壯盛軍容之武藏、相模一帶的武士於是接踵投奔於賴朝的麾下，源賴朝因而迅速控制了關東地區。

此時，平清盛命嫡孫平惟盛為總大將，派遣平氏大軍前往關東。但是，已過慣都市生活的平氏一族對於遠征的態度十分消極，再加上傳說關東武士極為勇猛，結果本來七萬人的軍隊迅速瓦解，最後僅剩四千人而已。

所剩無幾的軍隊，在毫無鬥志的情況下行軍，到了富士川一帶時，竟錯把受驚而飛起的水鳥拍翅聲當做敵軍來襲，平氏軍隊的兵士居然把武器一丟，鳥獸散地退卻了。富士川之戰真是情何以堪的敗北啊！

## ●源賴朝的舉兵與轉戰路線

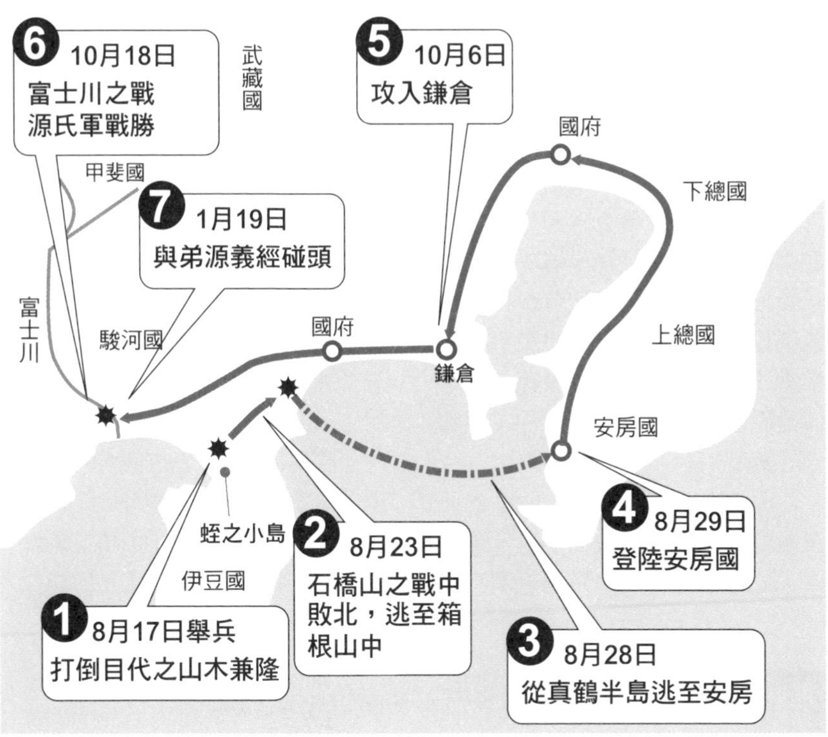

1183年 木曾谷源義仲的進京

# 平清盛的猝死導致萬劫不復

源義仲的出兵導致情勢大逆轉，平氏家族的命運開始峰迴路轉。

## 平清盛猝死與源義仲勢力抬頭

以仁王的諭令對民眾產生很大的影響，在各地都有對抗平氏政權的起義事件。就在平氏政權陷入危機的養和元年（一一八一年）閏二月，平氏的軸心人物平清盛突然猝死，得年六十三歲。

從平清盛發高燒，僅僅一週就死亡看來，應該是類似流行性感冒的傳染疾病所致。這突發的事件，使得平氏政權遭逢最嚴苛的打擊。平清盛在臨終之際，曾留下遺言：「提著源賴朝的項上人頭到我的墓前來吧！」由此可知平清盛對於自己曾經憐憫過的源賴朝背叛自己，感到相當憤恨。但是，使得平氏政權直接瓦解的關鍵並不是源賴朝，而是隱匿於木曾谷的源義仲（源賴朝的表弟）。

源義仲接到以仁王的諭令而在木曾谷起義，很快地平定了信濃國，並且把勢力延伸到越後國。為了討伐源義仲，平氏派遣城四郎助職麾下的四萬大軍出擊，但是，源義仲卻藉著妙計殲滅了城四郎助職的軍隊。結果，越中、加賀、能登等地區的武士紛紛加入源義仲麾下，形成北陸地區全為源義仲所控制的局面。

## 平氏敗退離京

壽永二年（一一八三）五月，平氏擔心源義仲的勢力逐漸壯大，為了斬草除根，於是卯足全力集結十萬大軍，前去進攻北陸地區。

但是，源義仲成功地將平氏軍隊誘出礪波山山頂，從三邊展開夜襲，把大軍從俱利伽羅山山頂趕到谷底。在此夜襲之中，源義仲使用「火牛計」，即在牛角上掛上火炬，把眾多牛隻趕到敵陣中，造成敵軍的混亂。雖然這並不是很確實的歷史記載，但是源義仲在俱利伽羅山山頂上殲滅平氏大軍一事乃是事實。

**歷史筆記** 源義仲的情人巴御前驍勇善戰，加入源義仲軍隊後屢立戰功。源義仲死後，巴御前逃到北陸地區並削髮為尼，為源義仲祈禱冥福。

源義仲趁勢將目標轉向京都，並在表示友好的京都比叡山布陣。平氏眼見比叡山上滿布著源氏的白旗，自知無法匹敵，只好擁立安德天皇（參見P22），流落到西國。源義仲的軍隊則意氣風發地進了京城。

後白河法皇雖喜孜孜地迎源義仲進京，但是源義仲軍隊大多是鄉下武士，不但粗魯而且還是雜牌軍，根本無法管理。他們一到京城便開始燒殺擄掠，無法無天，從法皇到貴族都非常失望。

## ●源氏與平氏的爭戰過程

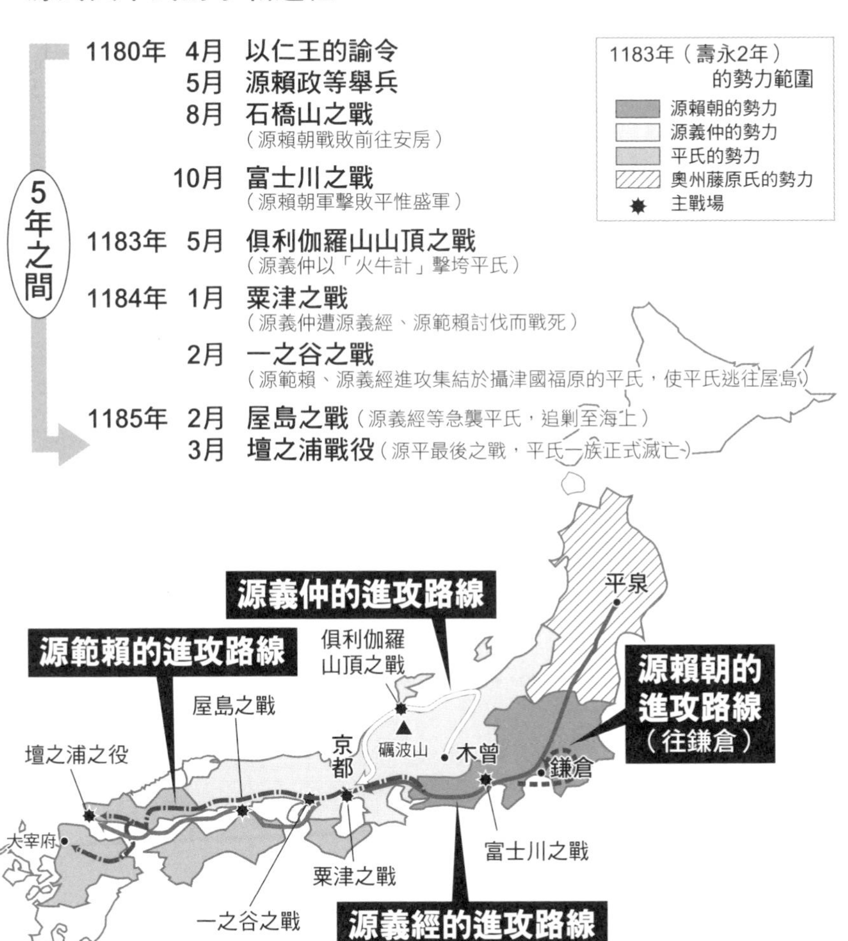

1184年 源義仲的敗北

# 源義仲的「三日天下」

進入京都而成為征夷大將軍的源義仲，與源賴朝結盟後遭後白河上皇討伐。

## 後白河法皇與源義仲各執己見

安德天皇去了西國之後，後白河法皇與源義仲為了要讓誰就任皇位而出現對立。源義仲大力推薦以仁王遺兒北陸宮，但是後白河法皇卻視而不見，並讓後鳥羽天皇登上皇位。

後白河法皇在此事件中獲悉源義仲的政治野心，於是開始與東國的源賴朝保持密切聯繫，並且命源義仲前往討伐西國的平氏，極力抑制其勢力。

壽永二年（一一八三）九月，源義仲雖率大軍赴西國，但在備中國水島被平氏軍隊擊垮。於此同時，源義仲又得知後白河法皇為了把自己逐出京城，而向源賴朝求援一事。

盛怒下的源義仲立即班師回到京都，團團包圍後白河法皇的住所，殺害許多院近臣，並將後白河法皇軟禁起來。元曆元年（一一八四）正月，源義仲命令朝廷冊封自己為征夷大將軍（參見P54），源義仲因而掌握政權，並準備迎戰源賴朝軍。

## 源義仲的悲慘下場

然而，由於在「水島之戰」中敗給平氏，源義仲已經失去身為將領的威望，當源賴朝率領的大軍逼近京都之際，源義仲的部下們已經悄悄棄守京都而逃之夭夭。

源義仲很清楚自己不可能單獨維持政權，於是向平氏表示友好，希望能並肩作戰。但是平氏卻冷峻地拒絕了。於是源義仲便綁架後白河法皇，並逃往北陸，希望能東山再起。但是就在此時，源義仲的退路卻被源賴朝的東國軍隊阻斷了。

東國軍分成兩支，一支為源範賴軍，另一支為源義經軍（均為源賴朝之弟）；源範賴由勢多，而源義經由宇治進攻京都。東國軍輕而

**歷史筆記**　當源賴朝大軍節節逼進京都時，源義仲卻因捨不得前關白藤原基房的女兒，而不願離開京都，為了進諫源義仲，兩名家臣自殺而死。

易舉地突破了源義仲軍的防線，源義仲只好棄守京都逃往近江一帶。

然而，東國軍在琵琶湖畔的勢多追上源義仲，源義仲的座騎不慎在粟津原的深田被絆住，正當無法動彈之際，源義仲的頭被箭射中而落馬，相模的武士石田次郎砍下了源義仲首級。成為征夷大將軍僅僅十數天的源義仲，在短短三天就失去江山。

## ●源義仲的短暫榮景

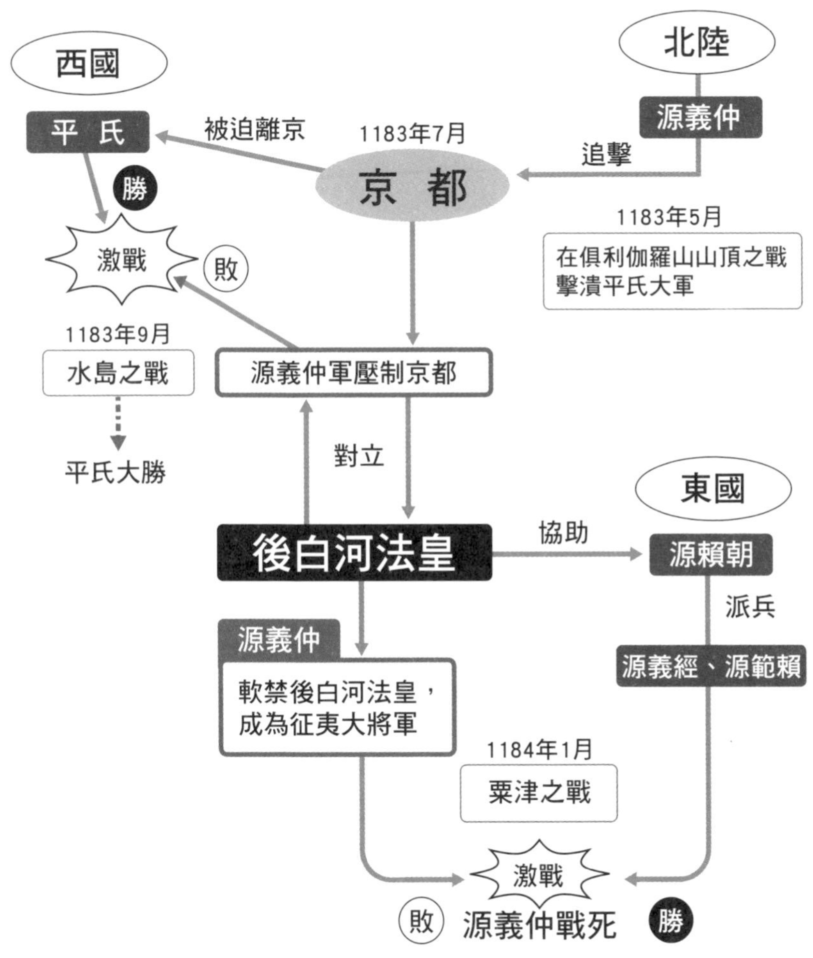

1184年 一之谷之戰

# 源義經以奇襲戰法突破平氏軍

源義經率領的別働隊從敵人陣地後方的山嶺衝下突擊，成功地擊垮平氏軍隊。

## 背水一戰的平氏

源賴朝可不是毫無目的地接受後白河法皇的要求前去打倒源義仲。源賴朝要求以東國的控制權做為報償，在獲得後白河法皇的許可後，源賴朝得以在不受朝廷干涉的狀態下，在鎌倉建立由武士所組織的政權。

另一方面，平氏自從被迫離京後，便以贊岐國屋島做為根據地，由於在備中國水島擊敗了源義仲，平氏於是趁勢將西國的武士納入麾下，從屋島前進到福原。平氏在附近的一之谷築起堅固的基地，彷彿已經收復了平安京一般。

為此，後白河法皇要求源賴朝，率領為了打倒源義仲而入京的源氏（東國）軍隊直接前去討伐平氏，源賴朝接受了後白河法皇的要求，將源氏軍隊調派前往西國。壽永三年（一一八四）二月，源氏軍隊從京都出發。以源範賴為總大將，總共率領五萬名士兵，此外還有由源義經率領的一萬名別働隊（編按：獨立行動的分隊）前往討伐。

## 鵯越的逆襲

一之谷陣地，乃是位在攝津國福原京的西方(今神戶市須磨區）。福原地區可以把生田之森當做其陣地的大門，把一之谷當做內門，命大軍守衛此兩處門口，並在周圍挖掘溝渠、豎起荊棘柵欄，並在海面上派遣許多軍艦戍守。

一之谷是臨山近海的險峻之地，平氏大軍以聳立的山巒做為屏障。而源氏的攻擊，幾乎在生田之森以及一之谷，同時展開。雖然源範賴的軍隊猛攻戍守生田的平氏大軍，卻遲遲無法動搖之。而另一方面，以山為屏障展開背水之戰、駐紮在一之谷的平氏大軍也與源義經軍上演了拉鋸戰。

然而，在激戰之中，卻沒有看

**歷史筆記** 在一之谷大會戰中，平家的總領平宗盛、安德天皇、建禮門院等正在海上進行平清盛的第三次服喪，因而倖免於戰敗之難。

到重要人物源義經的身影。原來，源義經在開戰之前便將土肥實平調至軍中，然後自己率領少數精銳部隊通過鵯越的山徑，來到平氏陣地後方的山嶺。這時源義經的腳下是陡峭的山崖，放眼望去正上演著源平兩軍的大戰。源義經騎著馬脫隊從懸崖衝奔而下，其他士兵的馬也隨之衝下。平氏大軍根本料想不到敵軍會從後方懸崖奇襲，而被這突如其來的狀況嚇到，軍隊立刻方寸大亂，紛紛往海上竄逃。

如此一來，戰況丕變，局勢立刻轉為對源氏有利，源氏大軍一一征服平敦盛、平通盛、平忠度、平經俊等平氏一門，獲得大勝。

●一之谷之戰

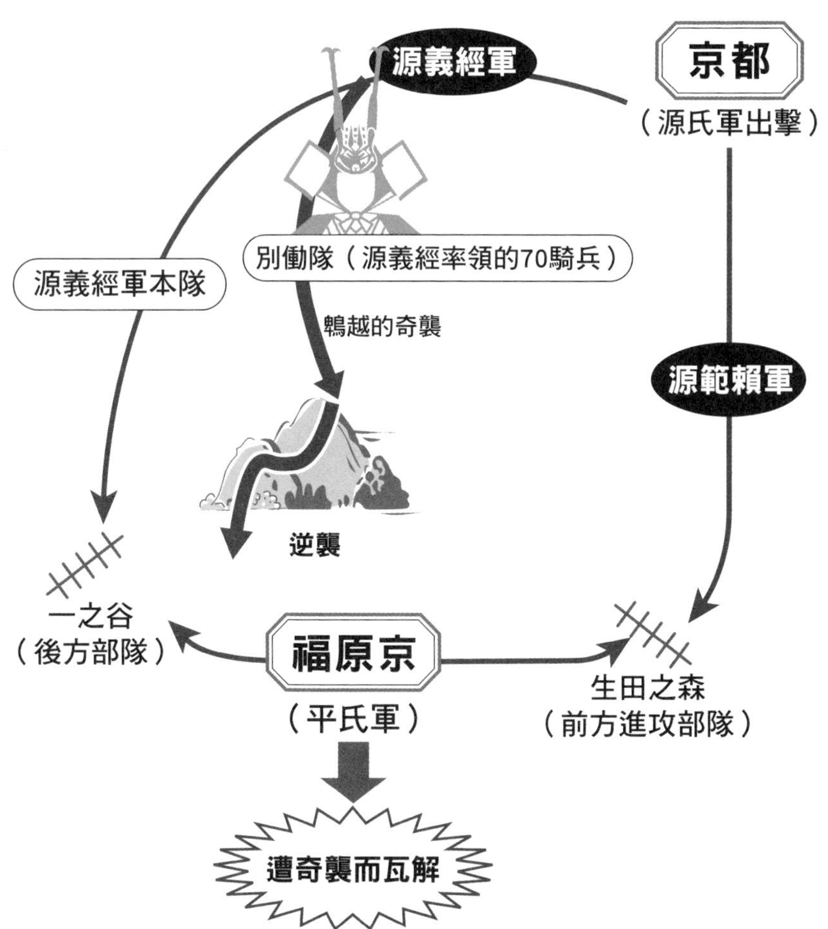

1185年 屋島之戰

# 源義經再以奇襲取得制海權

源義經的禁閉處分解除之後，趁著暴風雨，以極為單薄的軍力夜襲平氏軍隊，不戰而勝。

### 源義經成為京城裡的英雄

在一之谷大勝平氏的源氏軍，凱旋回京，大家都報以熱烈的歡迎。其中，以精采奇襲致勝的源義經，人氣更是一飛沖天。後白河法皇為了回報源氏在戰場上的功勞，便把從平氏沒收的許多領土送給源賴朝，並敘正四位。

此外，朝廷也任命會戰中擔任總大將的源範賴為三河守，並且對源賴朝所推舉的許多關東武士授與官位。但是，這其中卻未包括已成為英雄的源義經，因為當時源義經受到了源賴朝的責備，正接受禁閉處分。

源賴朝在把軍隊遣回京都之前，因為不願見到屬下被朝廷收買，曾告誡武將說：「沒有我的許可絕不可任意接受朝廷賜予的褒賞與官位。」然而，源義經未與源賴朝商量，便接受了後白河上皇所頒予的檢非違使與左衛門尉（判官）等官職。得知此事的源賴朝大為震怒，便剝奪了源義經的司令官地位。

### 源義經再以奇襲驅逐平氏

一之谷會戰中，源氏雖然大勝平氏，但是要立即將平氏滅亡卻也不可能。以四國的屋島為據點的平氏，擁有強大的海軍，並壓制了瀨戶內海。更糟糕的是，源氏軍中瀰漫著厭戰的氣氛，士氣低落，有些武士甚至脫隊返回關東。得知此事的源賴朝，便從關東派來大軍。

士兵們因見到關東軍的來到而士氣大振，總大將源範賴在元曆二年（一一八五）正月，意圖越過九州的豐後再度討伐平氏，但是卻敗給了平知盛軍。此時，源賴朝別無他法，只好解除源義經的禁閉令，命其出戰。

同年二月，源義經從攝津國渡部欲乘船渡海到四國討伐平氏。

那須與一露了一手絕技，射落了平氏方的扇子，平氏的老武士感動地跳起舞來，但是源義經卻命那須與一射殺了那位老武士。

當時雖準備了兩百艘船，但因為遇到猛烈的暴風雨，大多數武士均躊躇不前，最後前往者只有一百五十名，僅五艘船出海。

好不容易得以在阿波國勝浦上岸的源義經一行人，連夜趕往平氏的據點贊岐國屋島，奔馳了約六十公里的路程，最後終於悄悄抵達平氏陣地後方。源義經毫不遲疑地放火燒起附近的民宅，引發騷動以充大軍之勢，就此展開了夜襲。驚愕莫名的平氏大軍紛紛棄守，丟掉武器並逃往海上，乘船自屋島撤守。一之谷之戰後約一年，平氏就此失去最大據點屋島，並被源氏奪走了瀨戶內海的制海權。

●屋島之戰

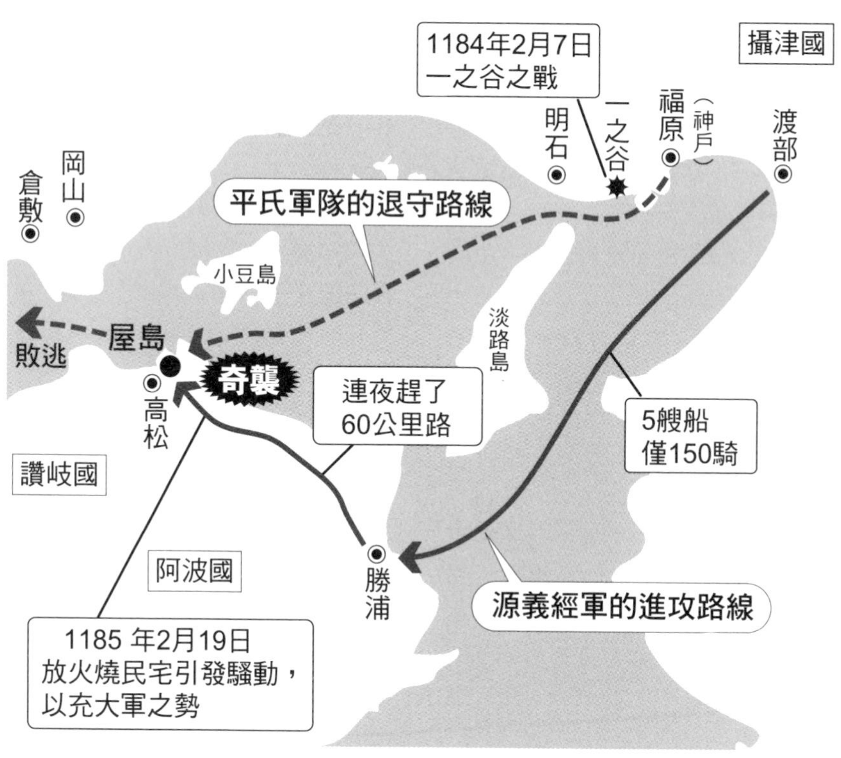

12世紀後半　源義經的成長過程

# 戰爭天才源義經的過人之處

在寺廟中長大的源義經並未接受過武士教育，這是造就他如此強悍的原因，但卻也成了他的致命傷。

## 源義經的過人之處

源義經在一之谷以及屋島之戰中漂亮地以奇襲擊敗平氏。究竟源義經為什麼能想出一次又一次的妙招呢？究其原因，應是源義經並未接受過武士正統教育之故。

源義經在平治元年（一一五九）出生，他是源氏的嫡系源義朝之子。該年，父親源義朝在平治之亂（參見P20）中戰死，人稱小牛的源義經與母親常盤一起被平清盛所擄獲。

當時，常盤必須當平清盛的情婦，以此做為條件來交換小牛的性命。源義經七歲時便被寄養在鞍馬寺修習佛法，後來得知自己乃源氏嫡系源義朝之子後，便自寺院出走，投奔奧州的藤原秀衡尋求庇護。之後，雖無從得知源義經過著怎樣的生活，但是治承四年（一一八〇），當源義經得知其兄源賴朝舉兵一事，便離開奧州，到布陣於黃瀨川（駿河）的源賴朝陣營參軍，兄弟終於得以見面，從此效忠於源賴朝。

在會戰中，源義經以大將身分率領部下衝鋒陷陣，不過源義經並未採用一對一會戰的方法，而是靈活使用團體戰術，並輕率使用被認為是怯懦手段的夜襲或是奇襲。也就是說，源義經正是因為不具備武士的教養，所以才會戰無不勝。然而，源義經如此粗野的手段，不只被關東武士譏笑，同時也激怒了關東武士，成為他失勢的因素之一。

## 源義經的真面目為何？

一般想像中的源義經，是身材嬌小、細皮嫩肉的美少年。《義經記》中確實讚揚源義經是「慈眉善目、出類拔萃」，並描述做女裝打扮的源義經為「彷彿是唐玄宗時的楊貴妃、漢武帝時的李夫人」。

《義經記》成書於室町時代初

據說源義經身邊的大臣弁慶，在母親胎內十八個月還不出生，但一出生便已經長牙，甚至還會說話呢！

期，而在《玉葉》與《吾妻鏡》等鎌倉初期的諸書中，對於源義經的容貌卻是完全沒有記載。鎌倉中期的《平家物語》形容源義經為「臉長身短，皮膚白皙，露齒」，還說他簡直比平家中的捕魚籠子還難看。此外，室町後期幸若舞的《笈插頭》中，記載著「門牙亂長，尖嘴猴腮，紅鬍子」，說源義經不但有著猴子般的眼睛，還留著一嘴紅鬍子。

## ●源義經為什麼戰無不勝？

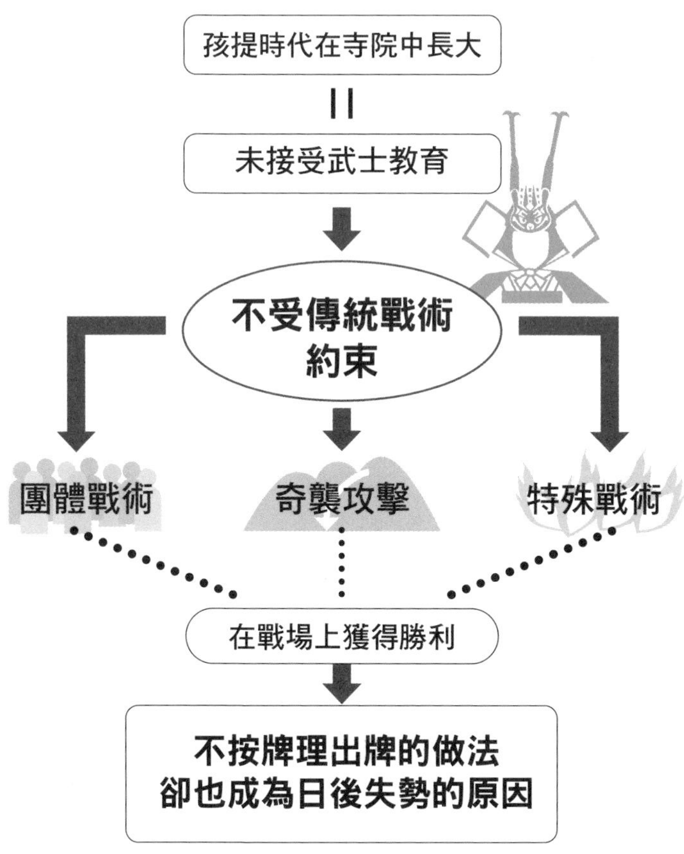

1185年 壇之浦戰役

# 不可一世的平氏終究煙消雲散

因為源義經策動平氏海軍叛變並投誠於源氏，使得源氏最後得以滅亡平氏。

## 長門壇之浦的決戰

終於，源平的會戰進入了最高潮。屋島之戰中源氏的勝利，讓本來效忠於平氏的瀨戶內海海軍，陸續轉為投效源氏。

在文治元年（一一八五）三月，源氏軍組成一支八百艘船的船隊，航向平氏的根據地長門國彥島。得知此事的平氏也立刻派出五百艘船隊迎擊，並集結於田浦海面。而決戰場則在長門國赤間關（下關海峽）的壇之浦海面。

平氏方的名將平知盛對著戰友大喊：「今天就是最後一戰了！」戰船上還有安德天皇以及宮中女官們同乘，準備賭上全族的命運，一決勝戰。正因為平氏深知一旦戰敗就等同於滅亡，所以平氏的攻擊十分淩厲，便使源氏軍在首戰時就已陷入劣勢。

平氏利用海峽的潮流流向，造成源氏陷入受平氏追擊的態勢之中。若非當時有源義經坐鎮，恐怕源氏早已節節敗退。當時源義經命令部下狙擊船長以及舵手。然而，就像源義經在陸地上作戰之時，源義經下令以弓箭射擊，使騎乘的武士落馬，這同樣是一種卑劣且違反武士精神的手段，但是效果卻相當顯著。當平氏方的船長陸續被射殺之際，操縱戰船上的士兵紛紛棄舵而躍入海裡，平氏軍只能任由戰船在海上漂流。

## 平氏的往日繁華已成過眼雲煙

平氏的戰況每況愈下，到午後，潮流的流向改變，結果形勢馬上變成了平氏的船被源氏的船追擊。此時，平教盛欲殺大將源義經，於是跳到源氏的船上，鎖定源義經並揮舞著大刀朝他衝殺過去。但是，源義經一躍二丈高，躲過了攻擊。平教盛無計可施，只得拖著幾個敵軍一起跳入海中共赴黃泉。

平氏方上總惡七兵衛的景清，雖誇下豪語說道：「關東武士雖擅於騎馬，但對船卻不熟悉，他們將會全部沉沒在壇之浦海裡」，結果沉沒的卻是平氏。

平氏居於劣勢，其友軍也見風轉舵紛紛背叛。此時，平知盛留下一句豁達之語：「人生風華早已閱盡」，然後投海自盡。不久，平氏一族見狀也一一投海。才八歲的安德天皇躲在祖母二位尼（平清盛之妻）懷中，祖母不斷安慰他：「海浪下面有一座很大的城市喔！」隨後一躍縱身入海。

近黃昏時分，平家一門全數絕命，自此曾興盛一時的平氏滅亡了。而代表平氏的紅旗，就像落下的紅葉一般，緩緩漂流於海上。

## ●壇之浦戰役當天

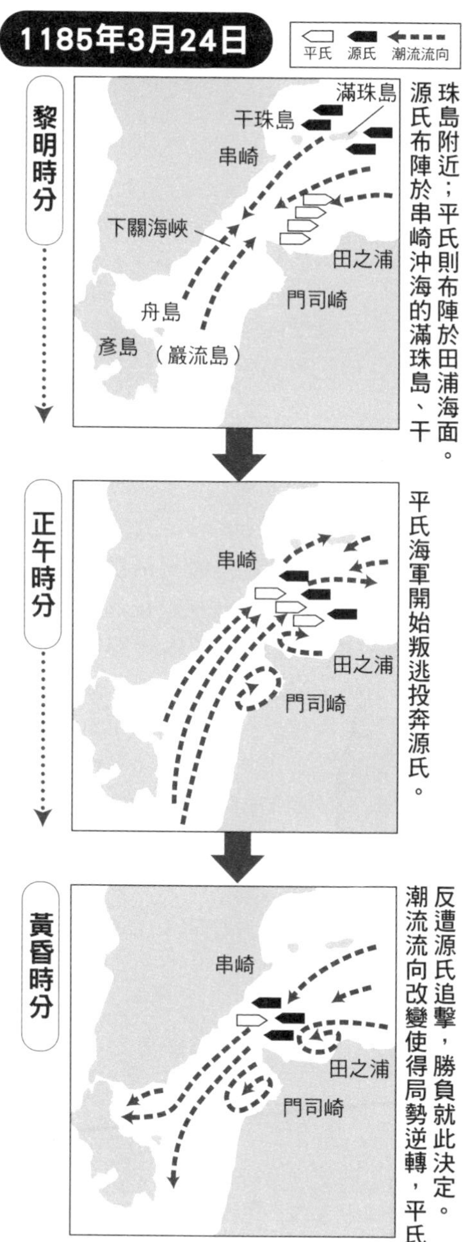

1185年 腰越狀

# 源義經的命運一夕丕變

源義經從壇之浦凱旋而歸，等待他的竟是憤怒的源賴朝。為何源賴朝要將源義經除掉呢

## 悲痛的腰越狀

源義經在壇之浦消滅平氏後凱旋回京，京城內貴族對他讚譽有加，此時可說是源義經最風光的時期。但在這之後，源義經的命運就像跌落谷底一般，萬劫不復。

文治元年（一一八五）四月，源範賴對鎌倉的源賴朝投訴道：「源義經戰勝之後得寸進尺，侵犯到我的領域」。軍奉行梶原景時也收到報告指出，源義經專斷獨行的作風引起了從軍武士的反感。想必是因為源義經以源賴朝的弟弟自居，自詡為戰爭天才，因而驕矜自喜的緣故，使源賴朝下定決心要除掉源義經。

或許源賴朝的做法讓人覺得過於性急而寡情。但是正如後所述，源賴朝畢竟是關東武士出身。即使源義經是親弟弟，但若是受到武士的排擠，源賴朝仍然無法置之不理。

源賴朝對西國家臣下令說，「以後不許再聽命於源義經」。震驚的源義經在五月七日寫了一篇宣誓文，表明並無叛意的心跡，並帶著平氏的俘虜前往鎌倉。但是源義經在鎌倉的入口腰越（參見P145）被擋了下來。於是源義經向其兄源賴朝發出一封悲痛的辯駁書，世稱「腰越狀」。然而，最後源賴朝終究未准許源義經進入鎌倉。

## 源義經獲得討伐源賴朝的諭令

源賴朝接著派人刺殺無奈地回到京都的源義經。受到這種種殘酷打擊的源義經，原先的悲情轉變為對兄長的憤怒，於是向後白河法皇聲請討伐源賴朝，後白河法皇也毫不猶豫地下達了讓源義經討伐源賴朝的諭令。

事實上，後白河法皇乃是想利用源義經，其政治手腕的狡獪程度可說非比尋常。之前，源義仲將平

在混戰之中掉了弓箭的源義經，不惜冒著危險地將弓箭撿了起來。而他之所以這麼做，是為了不想讓敵人知道他所拿的是與大將身分不相襯的弱弓。

氏驅逐而進京後，後白河法皇便利用源賴朝巧妙地防杜源義仲擴大勢力，最後導致源義仲把自己幽禁起來。此外，後白河法皇利用源賴朝的力量打倒平氏，目的也是要將恢復威勢的平氏反將一軍致使平氏滅亡（參見P38）。

而今源賴朝已經強大，於是後白河法皇便拉攏戰爭天才源義經來使得兩方對立，其目的正是為了讓自己立於軍事的平衡點上，掌握政權的關鍵影響力。

無論如何，源義經雖然想奉諭令組織大軍，一鼓作氣消滅源賴朝，但終究因為源賴朝的政治運作，而無法如其所願地在京城內集結武士。雖意圖重整旗鼓從攝津國大物濱渡海到九州去，但是船卻被大風吹了回去，最後淪落到不得不藏身於吉野山中。

## ●源義經的失勢經過

一之谷會戰之後

源義經在未獲源賴朝許可之下接受後白河法皇的授爵。

→ 1184年，源賴朝對源義經施以禁閉處分。

→ 處分被解除，源義經活躍於屋島、壇之浦。
1185年1～3月

→ 1185年4月，梶原景時等人對源賴朝投訴源義經的專橫。

→ 源賴朝剝奪源義經的指揮官權限。

→ 源義經爲了謝罪，率領平氏的俘虜（平宗盛父子）前往關東。
1185年5月

→ 雖然寫了「腰越狀」，仍不被允許進入。源義經在鎌倉的入口腰越被擋了下來。

→ 源賴朝派刺客行刺回到京都的源義經。

→ 源義經震怒。後獲得白河法皇的諭令舉兵。

→ 無法聚集兵員，流落於吉野而終至沒落。
1185年11月

**1185年** 守護、地頭的設置

# 鎌倉幕府成立

源賴朝威脅當初力挺源義經的後白河法皇，並促使其同意在全國設置幕府，自此奠定鎌倉幕府的勢力。

## 鎌倉幕府的架構

治承四年（一一八〇）舉兵的源賴朝，在同年十月進入相模國鎌倉，並以該處當做據點（參見P88）。鎌倉乃是源賴朝的祖先源賴信獲得頒賜的土地，其子源賴義將八幡神（源氏的族神）移靈至此後，因而與源氏產生淵源。此外，鎌倉也是水路交通的樞紐，在風水（陰陽道）上是極佳之地。

同年，源賴朝設置了侍所做為家臣的統馭機關，命有力家臣和田義盛為「別當」（長官）。之後，後白河上皇賦予源賴朝東國的統治權，源賴朝的領地也隨之暴增，元曆元年（一一八四）時，因需增設管理財政的機關，於是設置公文所並立大江廣元為「別當」。

同年，也成立了負責處理御家人之間訴訟事務的「問注所」，這也是鎌倉幕府統治機關的雛型。當時由三善康信就任問注所執事（長官），三善康信與大江廣元（別當）同樣是來自京城的下級貴族，這或許說明了御家人都還未具備政治上的實務能力吧！

## 在全國成立守護與地頭

源賴朝政權原是東國的一個小政權，之所以能擴大到全國規模，源義經的叛變可說是主要契機。得知討伐自己的諭令已經頒出的源賴朝，在文治元年（一一八五）十月，率領大軍採取進攻態勢，讓其岳父北條時政帶領一千名士兵進京。

北條時政進京時，源義經已經隱匿其行蹤，北條時政斥責後白河上皇發出討伐源賴朝之諭令一事，但並未要求後白河法皇反過來發出諭令討伐源義經，而是要後白河法皇承認在全國設置稱之為「守護」、「地頭」的地方官吏。

所謂守護，乃是掌管各國警察

源賴朝的之妻北條政子極為善妒，當源賴朝的愛人龜之前懷了源賴朝之子時，北條政子即命牧宗親徹底毀壞龜之前的住所。

權的職位；而地頭則是安排在公領與莊園之中，負責維持治安、管理土地、徵收年貢等。藉由這些設置於全國各地的職位，源賴朝的影響力迅速遍及全國，並且取得了從全國徵收軍糧的權利。此外，源賴朝還脅迫後白河法皇讓九條兼實代替藤原基通擔任攝政，斷然在朝廷實行人事改革。

文治元年（一一八五），源賴朝的勢力已經凌駕於朝廷之上，因此很多學者都認為這一年是鎌倉幕府創設之年。

## ●守護與地頭

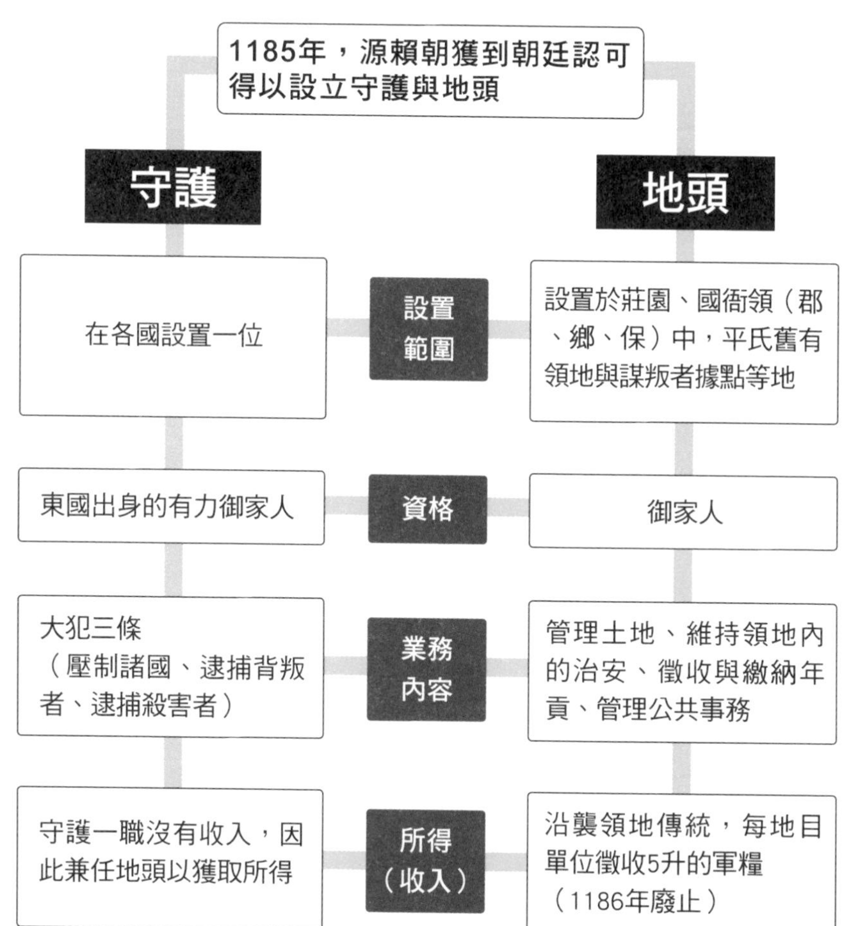

1189年 源義經的下場

# 源義經就是成吉思汗？

源義經遭藤原泰衡襲擊而自殺，但是關於他的種種不死傳說甚囂塵上。

## 下場悽慘的源義經

討伐源賴朝失敗的源義經渡海來到九州，暫時躲在吉野山中，為了躲避源賴朝的追捕而輾轉藏匿於京城的寺院中。然而，最後終於窮途末路，而於文治三年（一一八七）秋天，逃到以前曾經庇護過他的奧州藤原秀衡之處。

奧州的藤原氏，因陸奧所生產的龐大金礦與馬匹，於清衡、基衡、秀衡三代在東北地方建立了一個富庶的王國，在平氏滅亡之後也因不服從源賴朝而保持獨立狀態。藤原秀衡對其家族倡導「立源義經為君，大家團結一心」，但是他因為年事已高而於文治三年十月死亡。

次年，源賴朝獲悉源義經受到藤原氏的包庇，因此透過朝廷要求藤原氏交出源義經。然而，新任君主藤原泰衡卻遵照已故的藤原秀衡的遺言而拒絕。文治五年（一一八九）二月，源賴朝獲得朝廷許可準備出兵奧州，並對全國的御家人發出動員令。

藤原泰衡覺悟到無法與強大的源賴朝勢力一戰，在同年一一八九年閏四月，突然命部下襲擊源義經位於衣川的住處。意外遭到攻擊的源義經見大勢已去，手刃其妻之後自殺身亡，享年三十一歲。源義經的家臣弁慶據說也是在此時身亡。

## 源義經沒死？

六月，奧州藤原氏把源義經的首級送到鎌倉。梶原景時等多名武將確認其即是源義經，但是平民百姓對於下場悲慘的源義經卻是極度同情，在各地陸續有傳說指出源義經其實並沒有死（判官贔屭即是源義經的別名，又稱為九郎判官源義經）（編按：「贔屭」是指「同情」之意；而源義經曾擔任過判官，因此稱之）。

**歷史筆記** 源義經的首級被用酒浸泡起來送到鎌倉，經田義盛等人確認。但是因為已經死亡超過兩個月以上，其容貌很可能已經模糊難辨。

其中最有名的傳說為源義經即成吉思汗之說。其實此一說法早在明治初年便已出現，但由於小谷部全一郎在大正時代執筆的《成吉思汗即源義經》受到報紙大肆炒作，一時間使得此說格外引人注意。

成吉思汗的前半生經歷不詳，而騎馬的團體戰術以及奇詭的策略等屢屢讓敵人俯首稱臣的手段作風，的確頗像源義經。然而，此說法引發歷史學家的群起撻伐，目前則完全被否定。

## ●源義經的不死傳說

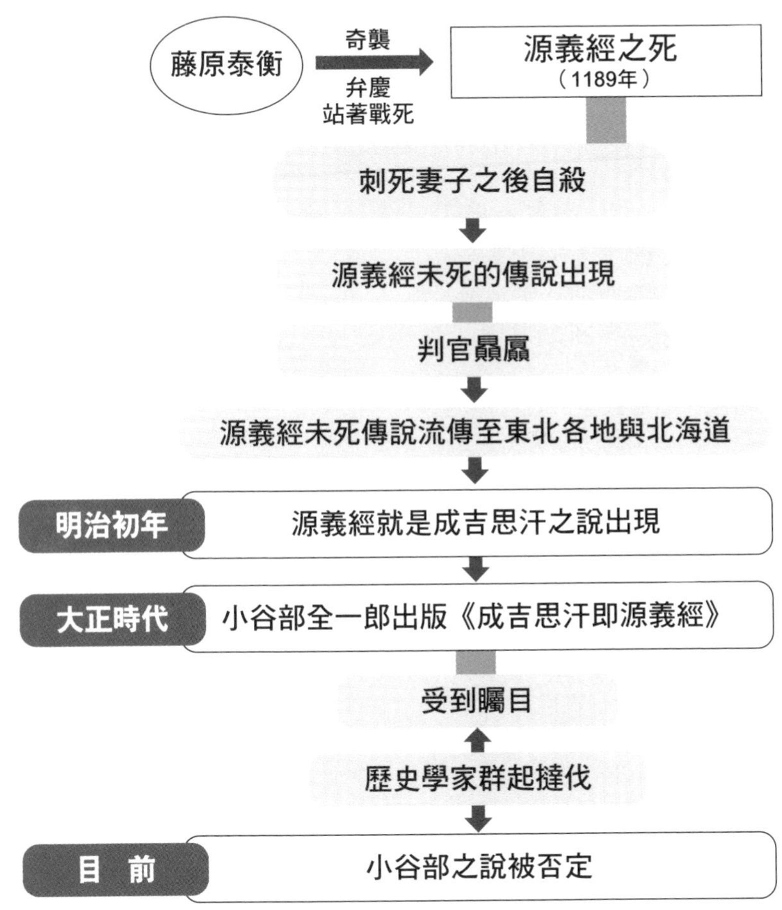

10世紀中葉～12世紀　藤原三代的榮華

# 藤原氏在奧州建立黃金文化

藤原氏統治整個奧州，發展出耀眼絢爛的黃金文化，享有長時期的繁華光景。

## 因蝦夷的造反而誕生

源義經將性命相託的奧州藤原氏，究竟是怎樣的氏族呢？以前，大和政權將不甘於受其統治的東北地方住民稱做「蝦夷」，自古以來即進行武力討伐。十世紀時，蝦夷幾乎都已歸順朝廷。朝廷稱歸順的蝦夷為「俘囚」，只要納貢砂金與馬匹，便可換取極大的自治權。

然而，十一世紀中葉，奧六郡的俘囚領袖安倍賴良滯納稅金，顯露出欲自立的意圖。朝廷將此意圖視做叛亂，命令以東國為據點的源賴義前去平定。當時源賴義得到出羽國（秋田縣）的俘囚清原氏之助而滅了安倍氏（前九年之役）。結果，源氏的勢力在東國漸趨穩固，清原氏也成為整個奧州的統治者。

但是，此時發生了清原一族的家衡與清衡之間的內鬥。當時，擔任陸奧守的源義家（源賴義之子）支持清衡一方，在經過長期戰爭之後，消滅了家衡消滅（後三年之役）。於是清衡成為俘囚的領袖，並改姓藤原，開始控制整個東北，因此奧州的藤原氏可說是憑恃源氏才得以成立。

## 藤原清衡的黃金文化

藤原清衡把奧州生產的豐富砂金與馬匹送給朝廷與中央貴族，代價是獲得自治權，整頓俘囚，經營另立於朝廷勢力之外的政治實權。同時，藤原清衡還積極導入中央文化，又與中國宋朝交易，引進中國文化，在稱之為平泉（岩守縣南部，參見P29）的北邊土地，建立起絢爛的黃金文化。之後，奧州王國與黃金文化乃由其孫秀衡繼承，並擴大發展。

奧州藤原文化的象徵即為「中尊寺」。清衡在北上川與衣川匯聚之處的平泉關山建造許多殿堂，大多用金箔裝飾其外觀，在當時非常

中尊寺金色堂中安置有奧州藤原氏三代的木乃伊。戰後的調查發現，其服裝雖屬於愛奴族，但卻有著日本人的身體特徵。

壯觀。其中金色堂是現存唯一可見的遺址，三間四方的建築物，從屋簷到四壁全以金箔裝飾，在七寶莊嚴的螺旋柱上，點綴著產自琉球深海的夜光貝、螺鈿，以及非洲象的象牙。然而，如此歷經三代繁華盛世的黃金王國，也因為受到源義經的牽連而在藤原泰衡時代劃下休止符。

## ●奧州藤原氏的興亡

**第一代 清衡（1056～1128）**

在「後三年之役」（1083～1087）中獲得勝利而成為東北的霸主。藉所生產的黃金與馬匹累積鉅富，中尊寺金色堂代表著絢爛的平泉文化。

↓

**第二代 基衡（生歿年不詳）**

繼承清衡的家業，整頓藤原政權。壯麗的毛越寺淨土式庭園即建設於此時代。

↓

**第三代 秀衡（1122～1187）**

以宇治的平等院為範本打造無量光院。亦與中國進行交易。極為保護源義經。

↓

**第四代 泰衡（1155～1189）**

藤原秀衡死後，屈服於源賴朝的壓迫而殺死源義經，並將其首級送到鎌倉。最後奧州受到征討，泰衡遭其家臣殺害。

1189年 藤原氏的滅亡

# 源賴朝討伐奧州的政治意涵

既然源義經已被殺，首級也奉至源賴朝手裡，為何源賴朝還要消滅藤原氏呢？

## 奧州藤原氏的滅亡

即使源義經的首級已被送到鎌倉去，源賴朝還是沒有停止討伐奧州。《吾妻鏡》（鎌倉幕府正史）當中記載，源賴朝對全國六十六國發出動員令，結果有二十八萬四千位武士前來響應，陣容空前龐大。但歷史學家估算，當時實際上或許只有三萬名左右。即便如此，這個數目在當時也已是難以想像的大軍。

源賴朝在文治五年（一一八九）七月十九日，率領主力部隊從鎌倉出發，目的地鎖定在北方。特種部隊有千葉常胤與八田知家所率領、從東海道出發的部隊；以及由比企能員與宇佐美實政所率領、從北陸道出發的部隊，兩股勢力並行進擊。

八月七日，源賴朝主力部隊與藤原一族的國衡軍正面衝突，源賴朝將之擊退並在多賀國府與東海道特種部隊會合，同月二十一日，進逼藤原氏的據點平泉。當時的君主藤原泰衡放火燒平泉而逃亡，源賴朝則在後追擊並再往北上。九月四日，在陣岡與北陸道特種部隊會合，意圖一股作氣殲滅藤原泰衡未果。但是兩天後，有人送來藤原泰衡的首級給源賴朝。原來藤原氏的御家人河田次郎背叛了藤原泰衡並將之殺害，奧州藤原氏一百年所打造的黃金文化，就此滅亡。

## 為何源賴朝必須滅了藤原氏？

藤原泰衡把源義經的項上人頭交到了源賴朝的陣營門口，但為何源賴朝仍然執意要滅了藤原氏呢？因為討伐奧州的首要目的就是要確立源氏政權（鎌倉幕府），而源賴朝對全國六十六國發出武士動員令時，也包括了九州等西國，且是在未獲諭令的情況下便出戰。這對與源賴朝締結主從關係的武士而言，可說是一種試金石，源賴朝即是藉著討伐奧州為名，將源氏與武士之

**歷史筆記** 調查鎌倉時代的出土人骨，發現當時關東地區的人都是身短頭大、鼻塌前額凸的長臉模樣。

間鬆散的主從關係加以明確化。

後來，當時未參加的武士，在戰後受到沒收領地的嚴厲處分，由此可見，討伐奧州成為一種具有濃厚政治意涵的行為。另外，朝廷本來不准許源賴朝討伐奧州，而是在源賴朝擅自出戰之後，匆匆頒出諭令，由此可知源賴朝的權力簡直已經淩駕於朝廷之上。

## ●源賴朝討伐奧州的動線

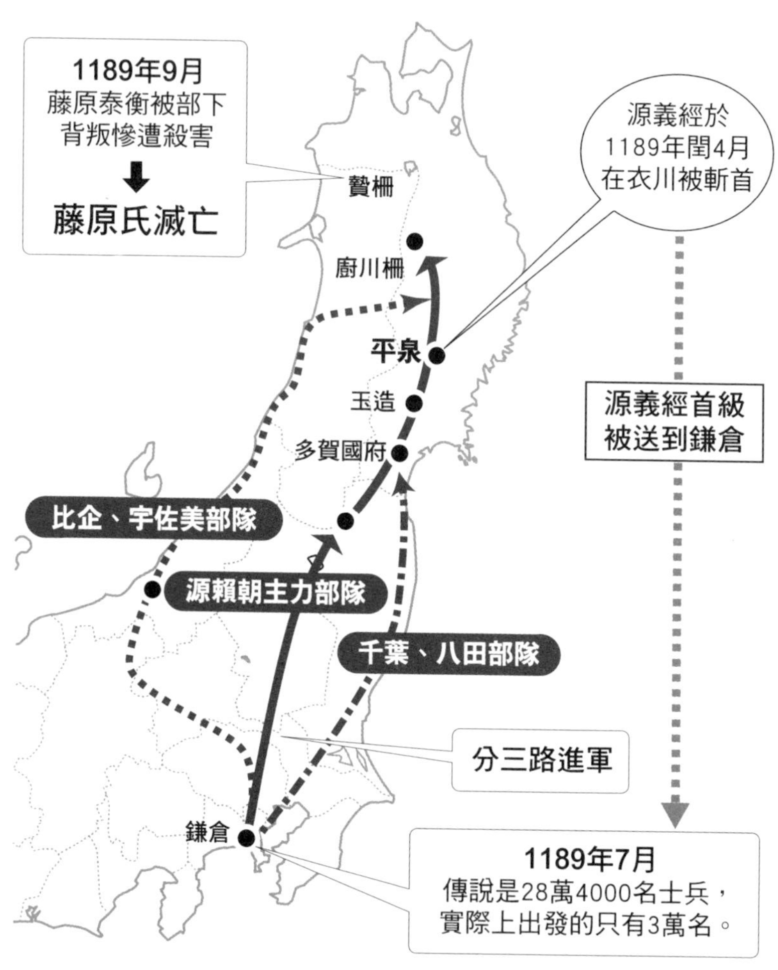

專欄

# 安德天皇並未死於壇之浦？

在壇之浦戰役時，當平氏已經注定敗北之際，二位尼對安德天皇說：「海浪下有一處極樂淨土，我們去那裡吧！」之後便投海而死，當時安德天皇年僅八歲。

但是，安德天皇並未死於壇之浦一說，自古以來便深植於民間。據說抱著安德天皇投海的按察局被源氏方所救；或說安德天皇的遺體始終未被發現，這些傳說正是臆測安德天皇仍存活的由來。也有一種說法指出，當初投海的是安德天皇的替身。

《硫黃大權現宮禦本緣》中記載，把平時房七歲的女兒假扮成安德天皇的模樣，命令她代替安德天皇投海自殺。《鹿兒島外史》中則是記載，當時是命平有盛的女兒披上安德天皇的衣物投海身亡。

傳說當時安德天皇趁隙坐著小船偷偷逃到鬼界島（硫黃島），直到六十八歲才去逝，自稱為安德子孫的家族在太平洋戰爭之後，以長濱天皇的身分躍上了檯面。在對馬的嚴原也有稱之為安德陵墓的墓地，在《宗家禦系圖》中記載，幸運抵達九州的安德從築前國渡海到對馬，後來迎娶薩摩島津氏的女兒為妻，生了七個小孩之後，於七十三歲結束一生。而其子孫就是承攬日朝貿易的對馬宗氏。

其他還有傳說指出，安德天皇漂流到因幡國的加露浦，建造了一處暫時的皇宮，但兩年後便夭折，或有一說表示他逃到了四國的祖谷山（德島縣三好郡）以及橫倉山（高知縣高岡郡），在山裡度過餘生。

目前，正式被承認的安德陵墓乃是赤間神社阿彌陀佛寺陵（下關市），但安樂寺中被稱為（鳥取縣岩美郡國府町）石堂的古墳，也有人說就是安德天皇的陵墓。

第2章

# 執權政治的時代

## 實權由將軍轉移至執權手中

# 武士掌控政治實權的時代終於到來

## 鎌倉幕府為武士所建立的政權

「源平之亂」的勝利者是清和源氏的掌權者源賴朝。由於生父源義朝在「平治之亂」中戰敗，因此從十四歲到二十歲的這段時間，源賴朝一直在伊豆過著流浪的生活。

然而，當以仁王的諭令抵達時，源賴朝響應號召而大張旗鼓討伐平氏，接著迅速平定東國。之後，源賴朝接受後白河上皇請託派遣大軍揮師西國，討伐源義仲，並且消滅了平氏。

讓人無法理解的是，源賴朝初期一直不參與朝廷權力，雖然他身居東國，卻始終刻意與朝廷保持著一定的距離。然而，這項舉動並非出自源賴朝個人的意志，而是關東全體武士的施壓使然。

自古以來，關東的經濟圈便與西國相異，因此一直希望能夠從朝廷中獨立出來。十世紀中葉時，平將門甚至還自稱新皇，企圖建立一個獨立國家。可見，關東武士所期望的是成立一個以鎌倉為據點的東國武士政

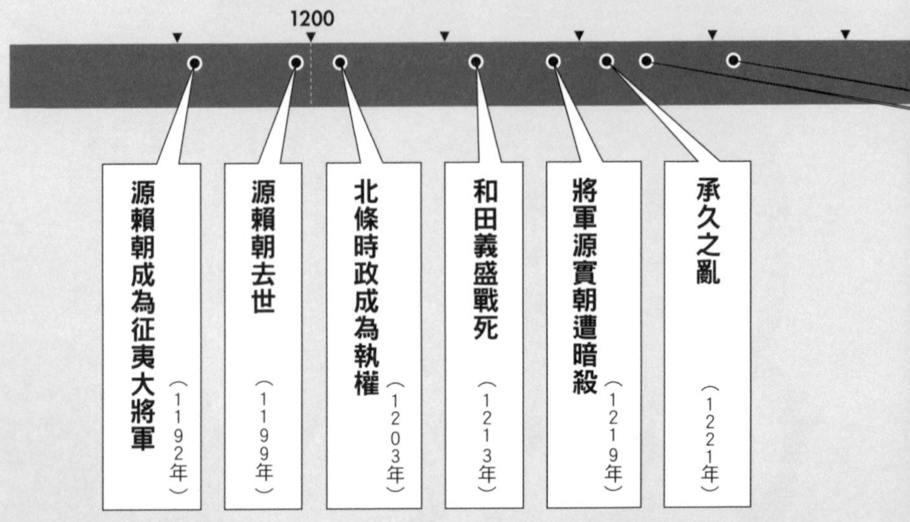

權，因此並不願意源賴朝接近朝廷而進出西國。

## 發展成全國政權的鎌倉幕府

然而，將軍源實朝遭暗殺一事，讓源氏將軍在第三代時便宣告斷絕。後鳥羽上皇誤以為幕府勢力就此轉弱，因此意圖舉兵打倒幕府，重新將全國納入朝廷統治之下，此即為「承久之亂」。不過，後鳥羽上皇的野心在幕府大軍到達前便已成了夢幻泡影，因為東國武士的勢力已經擴展到了西國，鎌倉幕府早已成為全國性政權。

當時的幕府政治乃是由有力武士（評定眾）所組成的合議制，有力武士的最高階級即為輔佐將軍的執權，因此稱之為「執權政治」，而鎌倉幕府的執權一職代代皆由北條氏擔任。

但在實際施政上，乃是沿襲明文規定的武士道德「御成敗（貞永）式目」，因此較為公平，十三世紀中葉可說是鎌倉幕府的政治體制最為安定的時期。

幕府的家臣稱為御家人，御家人被任命為各地的地頭，主要管理莊園與領地，其地位與土地均受到保障。如此一來，日本轉變為一個由武士主導的社會。

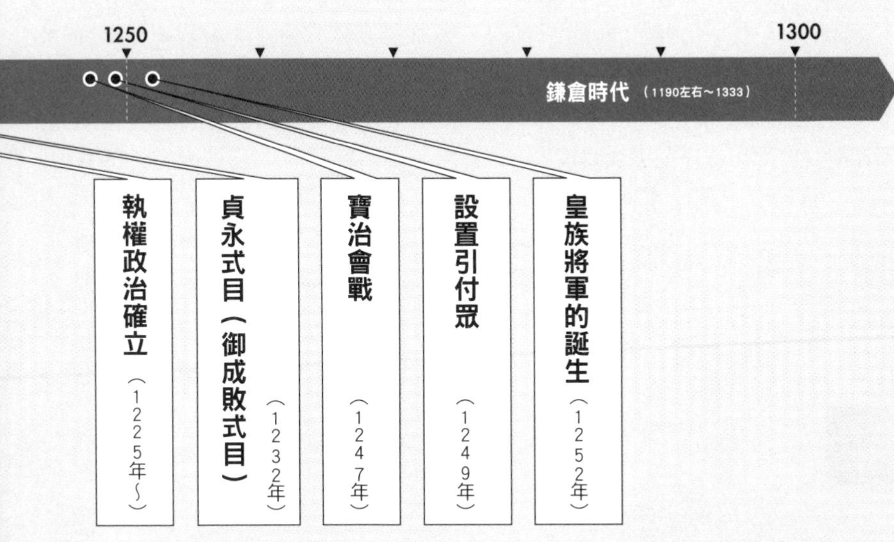

**1192年　源賴朝就任征夷大將軍**

# 鎌倉幕府得以成立的基礎

與源賴朝締結主從關係的「御家人」努力「奉公」，因而受頒「御恩」，而這也是幕府成立的基礎所在。

## 源賴朝終於就任征夷大將軍

消滅了奧州藤原氏的源賴朝，在次年的建久元年（一一九〇）率大軍進京，與後白河法皇第一次見面。源賴朝當場受封權大納言，並賜封右近衛大將之職，由其掌管全國的軍事與警察權。然而，源賴朝心之所繫的其實是征夷大將軍一職。

眾所周知，征夷大將軍一職須由朝廷委任。征夷大將軍手上握有軍事權，任務在於討伐蝦夷以及管控東國。因此為了鞏固本身的政權，源賴朝無論如何也要當上征夷大將軍，但後白河法皇卻遲遲不允許。一直到了建久三年（一一九二），後白河法皇去世，源賴朝終於得以就任征夷大將軍。

「幕府」一詞原本便是指征夷大將軍的陣地。建久三年，源賴朝政權可說是實至名歸，被稱為「鎌倉幕府」。

## 鎌倉陛下與御家人的關係

處於草創階段的鎌倉幕府，其政治組織尚未完全確立。雖然設有「侍所」、「政所」、「問注所」等政務機關，但充其量也只是協助源賴朝做決定的機關而已。

基本上，鎌倉幕府可說是與源賴朝（鎌倉殿下）締結主從關係的武士，依其個別的人際關係所建立的政權，而與源賴朝締結主從關係的武士稱之為「御家人」。

御家人必須對源賴朝盡「奉公」之義務。具體而言，即當戰事發生時，御家人須能捨身為源賴朝效命。此外，御家人平時也有其他任務在身，例如保衛京都（京都大番役）、守護鎌倉（鎌倉番役）、進行皇宮、幕府內設施與寺院的修繕（關東御公事）等。

為了回報御家人的貢獻，鎌倉陛下源賴朝會賜與御家人新的土地（新恩給予），並保證其擁有歷代

**歷史筆記**　北條政子原本應該嫁給山木兼隆，但後來她與源賴朝相戀並且私奔，無可奈何的北條時政（政子之父）只好承認北條政子與源賴朝的關係。

祖先的領地（本領安堵），或是推舉御家人任朝廷官職等，此稱之為「御恩」。鎌倉幕府便是由奉公與御恩的互惠關係所建立。

附帶一提的是，幕府的經濟基礎來自從平氏手上沒收而來的諸多龐大莊園（關東御領），以及朝廷所贈與、以關東為中心的知行國（關東御分國）的收入。

**●源賴朝與御家人的關係**

**1199年** 源賴朝的下場

# 源賴朝真因墜馬而死嗎？

傳説源賴朝是因為墜馬而死，但實際上可能是有力御家人以意外為由，刻意隱瞞源賴朝的真正死因。

## 關東武士的特質

正如在十世紀「將門之亂」之中所見，關東武士自古以來就展現了很強的自主性，而這樣的自主性源自於關東武士對於朝廷的極度不滿。由於關東與朝廷所在的京都分屬不同的經濟圈，即使不依賴朝廷也能夠獨立生存，但卻必須任由朝廷榨取稅金。

源賴朝乃源氏的嫡系，身為武士領導者的源賴朝當時正好身處伊豆。因此，當以仁王的諭令一出，關東武士均認為正是獨立的好機會，便尊源賴朝以反朝廷（平氏政權）。源賴朝最初只是關東統合的一個象徵，其手上並未握有實權，而且必須鎮守鎌倉。

實際上，源賴朝也曾經想要親自討伐平氏，但並未獲得關東武士同意。關東武士擔心源賴朝與後白河法皇接觸後，可能會被朝廷收買，如此一來便無法保持獨立的態勢。然而事實上，源賴朝之弟源義經當時已經被後白河法皇所攏絡了。

就在關東武士平定奧州之際，源賴朝開始掌握幕府的實權，甚至殺害了反對進京的有力御家人上總廣常，此時的源賴朝已經具足專制力量。之後，源賴朝加強與朝廷的合作關係，以征夷大將軍一職為後盾，加強對御家人的統禦。

## 源賴朝的下場

正治元年（一一九九）正月十三日，源賴朝去世，享年五十三歲。據《吾妻鏡》中記載，源賴朝是在參加相模川的造橋落成典禮時，意外墜馬而死。

然而，讓人難以理解的是，在此書當中，正治元年前後四年的記述完全空白，源賴朝的死因居然在他去世三年之後才有所記載。從這情況看來，即使有傳言指出源賴朝

**歷史筆記** 相傳源賴朝在相模川落馬而死，當時的橋墩中（直徑六十公分的檜木柱子）有十一根在關東大地震時出現在水田中央。

是因平氏的鬼魂作祟而死，或是被其正室北條政子所殺，但是實際上都無法否定源賴朝或許是被有力御家人所害的可能性。

如上所述，進京之後，源賴朝急切地與朝廷接近，為了爭取如平清盛般的外戚地位，他計畫接近院近臣源通親與丹後局，並打算把長女大姬嫁給後鳥羽天皇。這計畫雖因大姬的早逝而失敗，但源賴朝又費盡心思地想把次女送入宮中，意圖藉此掌握朝廷實權，而落馬事故正是在此時發生。

由於關東武士冀望自朝廷獨立出來，不用說，源賴朝的政治野心自然不為他們所容。因此，有力御家人故意安排了一場意外，密謀殺害源賴朝，這樣的可能性是很高的。

## ●源賴朝真正的死因

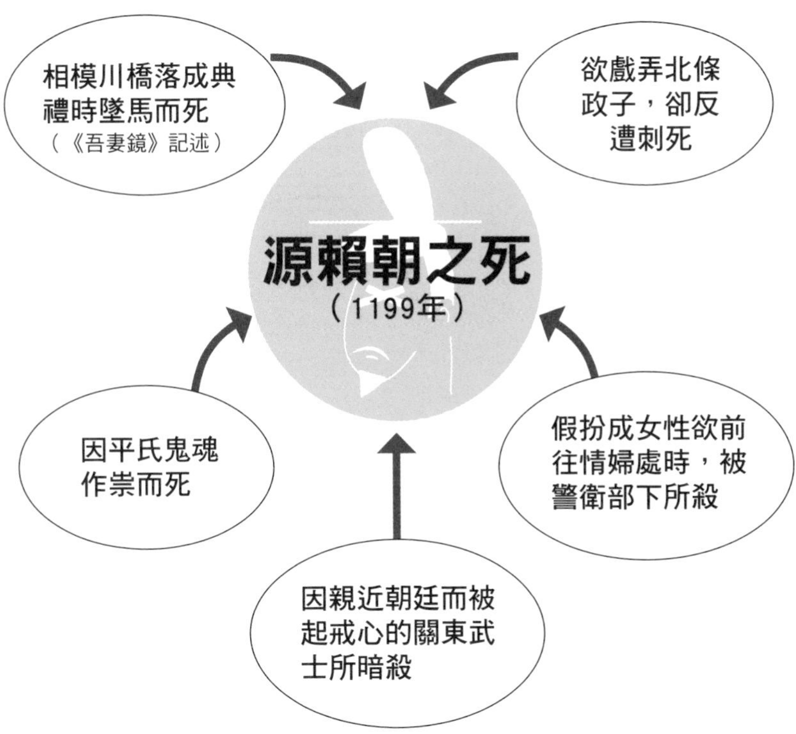

1203年 比企能員之亂

# 欲行獨裁的二代將軍源賴家

賴家企圖實行獨裁政治，卻被欲削減將軍權力的北條時政軟禁於伊豆。

## 源賴家企圖實施獨裁政治

當幕府將軍的獨裁體制已經整頓好之際，源賴朝突然去世，造成了幕府的體制大幅動搖。源賴朝遺臣對於究竟要延續將軍獨裁體制，或是由有力御家人組成合議政治一事，暗地裡開始蠢蠢欲動。

源賴朝的繼承者為長男源賴家（當時十八歲），有力御家人為了實現合議政治，奪取了源賴家的裁判權，建立由北條時政、三浦義澄、八田知家、和田義盛、比企能員、梶原景時、大江廣元、三善康信等十三位有力人士所組成的集團指導體制，而當時源賴朝也不過才去世三個月而已。

若源賴家是個安於現狀之人，那麼源賴家的嫡系子孫便能代代繼任將軍職位。不過，源賴家卻對此強烈不滿，他與父親源賴朝同樣都想建立將軍獨裁政治。當時雖有其他勢力支持源賴家，但最後卻為源賴家帶來悲劇。

源賴家得到岳父比企能員（源賴家正室若狹局之父）以及梶原景時的支援，把周圍勢力鞏固在身邊，並由源賴家親自裁決政務，在建仁二年（一二〇二）就任一心嚮往的征夷大將軍。

## 北條時政的陰謀

然而，北條時政對源賴家的種種舉動卻抱持著高度警戒。北條時政為源賴家生母北條政子之父。站在外戚的立場，他擔心將軍的獨裁會引發有力御家人的反彈，屆時恐怕連自己都會受牽連而被消滅，因此開始盤算削減將軍權力。

建仁三年（一二〇三）三月源賴家病危，北條時政忖度源賴家的歿日已近，認為此時正是改變政治體制的大好機會。為防止下任將軍進行獨裁，他向有力御家人主張，待源賴家一死，應該把東國的統治

**歷史筆記** 被軟禁的源賴家在入浴時遭到北條氏的刺客襲擊，雖然源賴家猛烈抵抗，最後仍被刺客用繩索勒住脖子刺殺致死。

權讓給源賴家嫡男源一幡，把西國的統治權讓給源賴家之弟源實朝，讓將軍的權力一分為二。但是，源賴家的岳父比企能員強烈反對，並計畫討伐北條一族。然而，北條時政卻先謀殺了比企能員，甚至將比企一族給抄家滅族了。

奪走了源賴家左右手的北條時政，強迫臥病在床的源賴家出家，並將其軟禁於伊豆的修善寺。之後又讓源賴家之弟源實朝就任三代將軍，恢復了由有力御家人組成的集團指導體制。

●源氏系譜

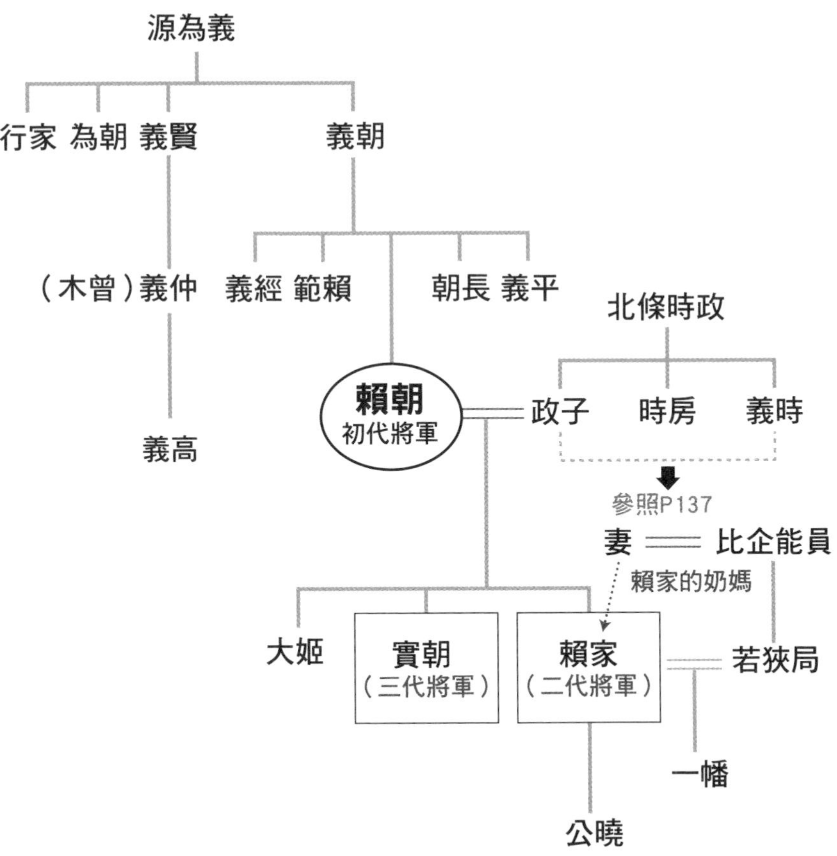

1213年 和田會戰

# 北條氏的權力鬥爭

北條政子與其弟北條義時雖極力阻擋父親北條時政強悍的作風，但北條氏本身的力量仍逐漸壯大起來。

## 北條時政流放伊豆

北條時政擁立將軍源實朝，以外戚身分掌有大權。他就任政所的「別當」（長官），控制了幕府，並且於元久元年（一二〇四）暗殺軟禁於修禪寺的源賴家。次年，還把有力御家人畠山一族冠上謀反之罪而將之抄家滅族。

然而，當北條時政意圖廢源實朝擁平賀朝雅（北條時政繼室牧之方的女婿）為將軍而動作頻頻之際，源實朝的母親，亦即北條時政之女北條政子偕同其弟北條義時阻擋了這個計畫。

由於北條時政如此粗暴的做法無法獲得有力御家人的認同，結果當然導致北條氏自食惡果。北條政子與北條義時得到有力御家人三浦氏的協助，於是強迫父親北條時政出家，並將他軟禁在伊豆。

## 北條義時打敗和田氏成為執權

但是北條氏的勢力並未因此而削弱。從北條時政處奪取權力的北條義時，在建曆三年（一二一三）以侍所別當身分打敗了長年統帥御家人的和田義盛，並就任別當之職。

事情的發端乃是安念法師的自白。同年二月，信濃國的泉親衡奉前將軍源賴家遺子源千壽之命計畫打倒北條氏一事被發覺，北條氏逼問泉親衡的朋友安念法師，才知道原來和田義盛之子和田義直與和田義重、甚至外甥和田胤長都牽涉在此陰謀內。

得知此消息的和田義盛立即前往拜訪將軍源實朝，表達和田一族無罪。最後只有外甥和田胤長未獲赦免，在沒收領地之後被流放到了陸奧國（青森），而和田胤長的沒收地則變成了北條義時的領地。相傳這整個事件乃北條義時為了整垮和田義盛所安排的謀略，這些事情惹火了和田義

歷史筆記

差點被北條時政擁立為將軍的平賀朝雅雖任職京都守護，但當北條時政失勢時，即被北條義時的部下所殺害。

盛，決定討伐北條義時。

然而，由於同族三浦義村背叛密告，讓北條氏知道了和田義盛的舉兵計畫，和田義盛只好不待友軍集結就在鎌倉舉兵。

和田義盛因長年擔任侍所別當而能確實指揮部隊，使得幕府軍一時之間陷入苦戰，但不久御家人便從各地趕來幫助幕府軍，戰況逆轉，最後和田義盛終於被逼退到由比之濱，御家人將和田一族全部消滅。

從此以後，北條氏代代得以兼任政所與侍所的「別當」一職。此地位稱為「執權」，所謂的執權政治，便是由北條義時的時代正式開始。

## ●鎌倉幕府的官制變化

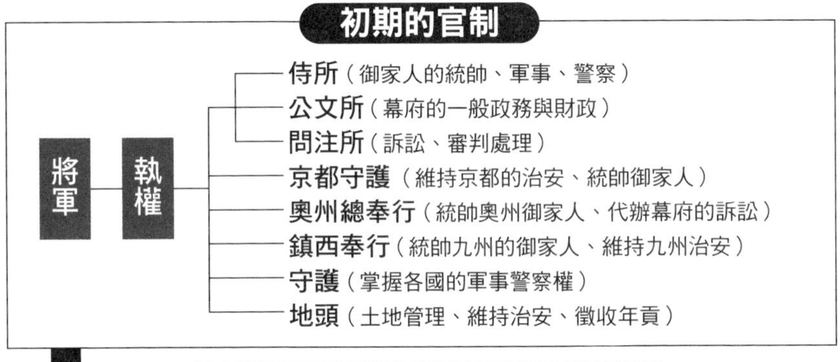


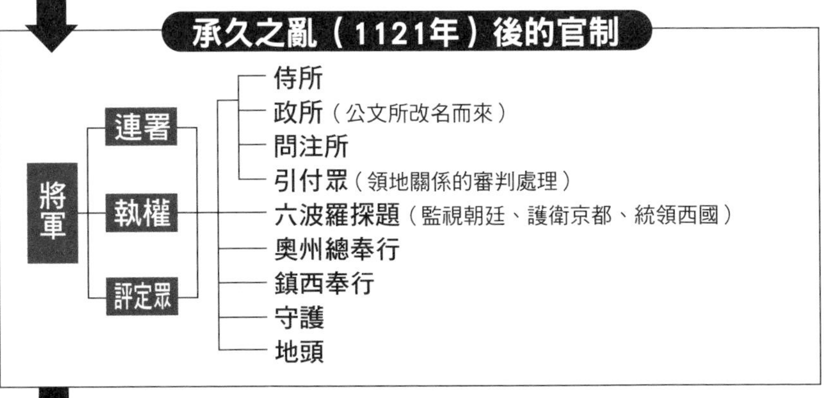


元寇（1274年、1281年）以後的官制

得宗家（北條氏嫡系）的專制政治

**1219年 暗殺源實朝**

# 僅延續三代的源氏將軍

三代將軍源實朝被源賴家的遺子源公曉所暗殺，源氏將軍於第三代就斷絕了。

## 鶴岡八幡宮的悲劇

承久元年（一二一九）一月二十七日，將軍源實朝率領御家人以及由京都前來的貴族，莊嚴地前往鶴岡八幡宮。此行是為了舉行祭祖儀式，以向祖先表達得以就任右大臣的感謝之意。

右大臣，乃是遠遠超過權大納言的高位，而源實朝的父親源賴朝也不過擔任權大納言而已。然而，即使官位高過父親，但源實朝卻是個有名無實的魁儡將軍，幕府的實權完全由外戚北條一族所操控。或許是因為無法參政而心有不滿，源實朝後來熱中於和歌與蹴鞠（譯注：古代一種踢鹿皮球的運動），藉此逃避事實。

源實朝在建保五年（一二一七），委託宋朝的技術人員陳和卿建造一艘大船，他不顧周遭的反對執意要乘船渡海到中國（宋）。雖然最後由於船隻無法浮於水面，而終告渡海失敗。由此卻可充分了解對於將軍一職已無所企求的源實朝，其心境之無奈。

## 到底是誰唆使了源公曉？

源實朝在結束朝拜儀式後，從宮廟階梯下來之際，突然有個年輕人從階梯兩旁的大銀杏樹蔭裡跳出來，砍殺源實朝，並奪其首級而後逃脫。

當時因為事情發生得太過突然引起四周譁然，而殺害源實朝的年輕人正是源公曉，他是前將軍源賴家的遺子。據說源公曉是因為被人灌輸說：「源實朝就是陷害你父親、奪走將軍一職的人」，所以才犯下殺人罪行。

源公曉殺害源實朝之後，立即對實力僅次於北條義時的三浦義村表示：「源實朝死後，將軍一職應該就由我來擔任才是。我想和你談談此事。」然而，三浦義村假裝有

**歷史筆記**　源公曉非常怨恨將軍源實朝。在成功殺害將軍之後，據説源公曉無時無刻都攜帶著將軍源實朝的頭顱，即便是用餐也是如此。

所回應地將源公曉誘出，並將之殺害，事件終於就此平息。但是這整個事件盛傳乃是由三浦義村所設計的陰謀。

理由是，在朝拜儀式中，源公曉同時把捧持將軍配劍的武士也殺害了。而當天原本擔任此工作的應是北條義時，但是因為事發前北條義時因身體不適而改由源仲章負責。若當時北條義時被殺，那麼幕府的實權將由北條氏轉移至三浦氏手中，而當中最大的獲益者應該就是三浦義村。

因此，不少學者與作家推論此事件乃是三浦義村在幕後策劃。原本源公曉要暗殺的是北條義時，但卻失敗了，三浦義村是為了湮滅證據才將源公曉殺害。不過，也有人說幕後操縱者應是北條義時。但無論如何，源氏將軍僅延續了三代便斷絕了。

## ●與三代將軍源實朝之死相關的人物

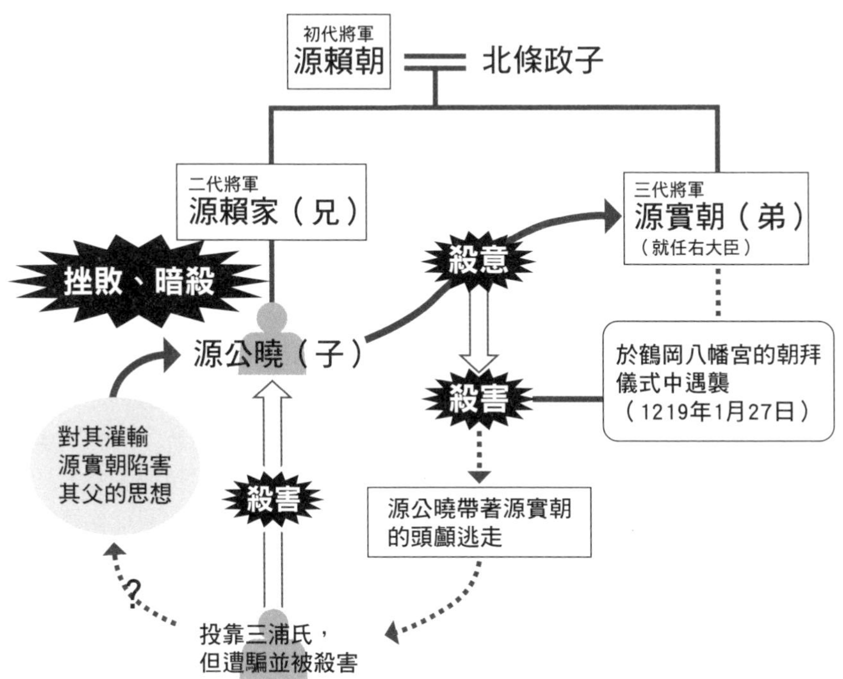

1221年 追討北條義時的諭令

# 後鳥羽上皇企圖稱霸全國

後鳥羽上皇把源氏將軍的滅絕當做是稱霸全國的大好機會。他準備追討北條義時並希望藉此機會掌握全國。

## 文武雙全的後鳥羽上皇

將軍源實朝被暗殺當時，朝廷的執政者為後鳥羽上皇。後鳥羽上皇喜好風雅之道，也常接觸蹴鞠、琵琶演奏、奏笛等，其中他最投入的是和歌，不僅設置了和歌所，並下命令編纂《新古今和歌集》。

但是，後鳥羽上皇最為與眾不同之處，在於他非常喜愛武藝，而這在皇族身上是非常少見的。他熱愛懸笠（譯注：將笠或板子當做目標的一種騎射訓練）與賽馬活動，還在宮中製作太刀（譯注：日本古代佩用的長刀）贈送給貴族，而《古今著聞集》中更記載著後鳥羽上皇親自捕捉盜賊的傳說。

當時，全國分為東邊的幕府與西邊的朝廷。源賴朝打算把女兒大姬嫁給後鳥羽上皇，企圖成為外戚並意圖統一公武（朝廷與幕府）。但源賴朝死後，關東武士並不打算向西邊延伸勢力，而是以脫離朝廷獨立統一東國為首要目的。

當時西國受後鳥羽上皇的控制，而將軍源實朝也打從心底敬愛擅於和歌的後鳥羽上皇，尊其為「君」而臣屬其下。但是後鳥羽上皇很可能盤算著透過源實朝將幕府納入朝廷的統治版圖，藉公武合併達到上皇親政。

## 後鳥羽上皇為追討源義時？

然而，扮演公武合併中間角色的將軍源實朝卻被源公曉給殺了。源實朝並無子嗣，所以無計可施的幕府向朝廷表示欲接受後鳥羽上皇的皇子，立其為新將軍。

後鳥羽上皇由此看出幕府的實力已經趨弱。他甚至認為此時絕不能對幕府伸出援手，而是要一鼓作氣打敗幕府，進而統一全國。或許是因為後鳥羽上皇擅於武藝、具有陽剛性格，因而有企圖打敗幕府並統一全國的野心，然而這樣的特質

**歷史筆記** 菊花之所以成為天皇家的家徽，是因為後鳥羽上皇非常喜愛菊花。據說後鳥羽上皇所穿的衣物皆繡有菊花圖紋，而他亦會在親手製作的太刀上刻上菊花圖樣。

卻也造成他不幸的開始。

源實朝死後三年，後鳥羽上皇召集北邊、西邊武士的親衛隊，以及固守京都的關東御家人，稱之為騎射隊。承久三年（一二二一）五月十四日，下達追討北條義時的「院宣」（上皇、法皇的命令），號召西國十四國的武士舉兵。然而，這次的舉兵可以說並非為了討伐幕府，而是以討伐北條氏為目的，意圖藉此瓦解御家人。

## ●幕府與朝廷的二元控制架構

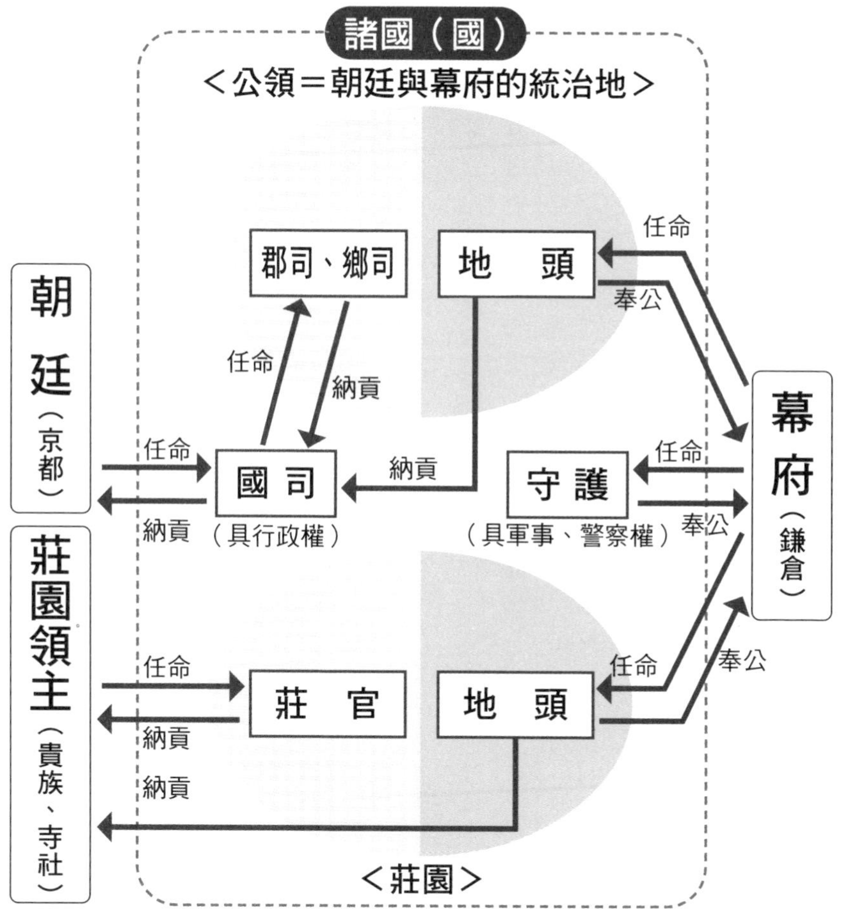

**1221年　承久之亂**

# 動搖日本的大內亂

北條政子發表演説，促成東國御家人團結合作擊敗上皇軍。不僅壓制了東國的動亂，更使鎌倉幕府成為一個全國性政權。

## 尼將軍北條政子的著名演說

當時，後鳥羽上皇對於武士而言是一種莫大的權威象徵。因此，擔任京都警衛而身處京都的御家人，幾乎都是親後鳥羽上皇一方。其中也包括元政所別當大江廣元的長男大江親廣，以及三浦義村之弟三浦胤義等有力的御家人。但是當後鳥羽上皇發布院宣之後四天，鎌倉隨即發生起義事件，御家人對於後鳥羽上皇的忠心也大為動搖。

當時把御家人團結起來的正是源賴朝之妻北條政子。幕府在源實朝死後把九條道家之子九條三寅（之後的源賴經）迎往鎌倉，奉之為將軍。九條家因為曾是攝關家，所以源賴經也被稱為「攝家將軍」，但九條三寅因為尚未成年，在成人式之前皆由北條政子負責輔佐，因此北條政子可說是實質上的將軍，當時大家都稱她為「尼將軍」。

北條政子集合了主要的御家人，對他們演說。她在演講中開門見山表示：「請大家拋棄各自的想法，這是我最後的肺腑之言……」，她述說著御家人曾經如何蒙受源賴朝的恩澤，泣訴著說：「若有人仍想與後鳥羽上皇同一陣線，請取我的性命再去吧！」深受這番話感動的御家人於是立即宣誓與後鳥羽上皇決一死戰。

## 二頭政治的結局

幕府對遠江國（靜岡縣西部）以東十五國發出動員令，命北條泰時（執權北條義時嫡男）為總大將，共計十九萬的大軍，分東海道、東山道、北陸道三路西進。

相對於此，皇軍所集結的兵力頂多三萬而已，不如後鳥羽上皇的預期。而且上皇軍在各地作戰均遭滑鐵盧，宇治川的防衛陣線也被輕易擊破，就連後鳥羽上皇也被俘虜。

承久之亂後，被放逐到隱岐的後鳥羽上皇於源福寺內設置了行在所，過著吟詠和歌的平靜生活，十八年後以六十歲之齡辭世。

戰後，幕府把動亂首謀者後鳥羽上皇放逐到隱岐，並把土御門上皇放逐到土佐，把順德上皇放逐到佐渡。此外，幕府亦設置了專門進行監視朝廷以及統御西國武士的「六波羅探題」；對於由敵人手上沒收的土地，則派遣有戰功者擔任地頭，幕府的勢力範圍因此擴展到了西國。

因為「承久之亂」，公武二元統治的制度，鎌倉幕府也因此成為一個全國性政權。有些學者甚至認為鎌倉幕府至此才真正成立。

## ●承久之亂的經過

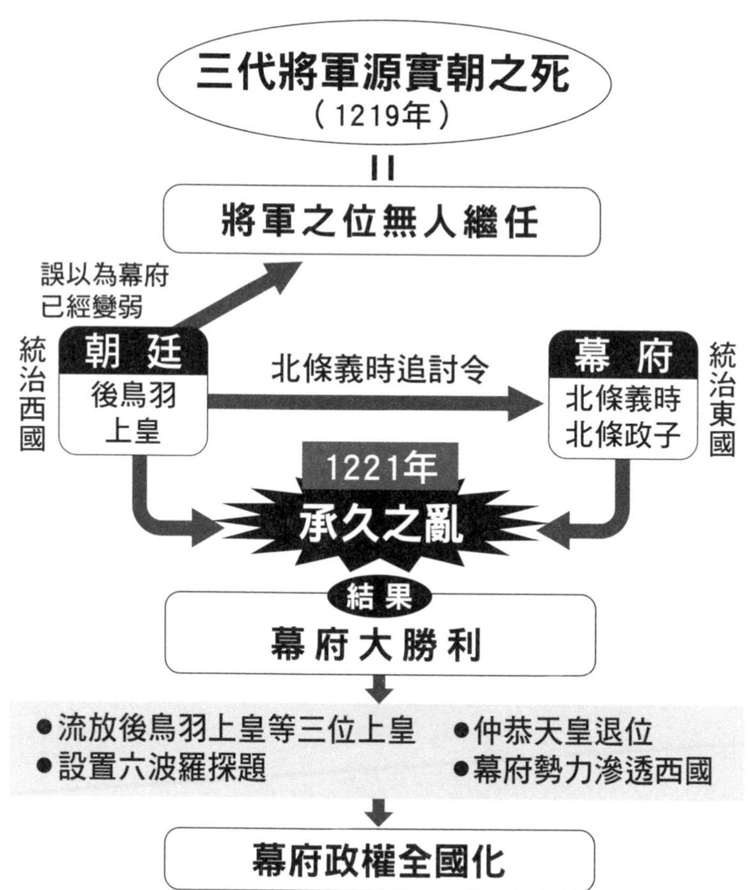

1225年 執權政治的確立

# 北條泰時的合議制政治

幕府內部不斷出現權力鬥爭，最後由採行合議制的三代執權北條泰時確立了穩定的幕政。

## 北條一族的家督騷動

元仁元年（一二二四）六月，執權北條義時去世。因為他是猝死，所以當時被暗殺的傳聞甚囂塵上。

當時北條義時嫡男北條泰時在京都的六波羅探題監督西國，得知父親過世消息後，便火速趕回關東。但是，北條泰時卻未直接進入鎌倉而是停留在伊豆。

這是因為北條泰時得知伊賀氏（北條泰時同父異母之弟北條政村的生母）和伊賀氏的親哥哥伊賀光宗，企圖擁立北條政村為執權。而伊賀光宗更拉攏了實力僅次於北條氏的三浦義村，這樣的情形，簡直可以說是北條一族的繼承人爭奪戰。

而化解這次危機的還是北條政子。北條政子親自跑到三浦義村的公館裡，請求大家說：「有人預謀要造反，請大家務必要守護北條泰時啊！」當然這是因為北條政子早就知道三浦義村和伊賀氏集結的事情，因此先發制人，三浦氏的行動便被壓了下來，北條泰時也安然就任第三代執權。

## 北條泰時確立執權政治

承久之亂之後，幕府內也有人妄想叛亂掌權，所以在北條泰時剛開始治理國事時，局勢非常不穩定。因此，北條泰時招攬當時掌理京都六波羅探題的叔父北條時房，請他到鎌倉擔任輔佐執權的工作，稱為「連署」。此外，北條泰時還任用十一名有力御家人為「評定眾」，重要政務便由執權、連署、評定眾，共計十三人來做評定，幕政漸漸轉為合議制（參見P61）。

評定眾當中，一直想排擠北條泰時的伊賀光宗及三浦義村也名列在其中，因為北條泰時想要藉由延攬有力人士，避免政治間的對立，

**歷史筆記** 由於北條義時因身體突然衰弱而暴斃，當時對北條義時的死因有各種揣測。有人說是因為腳氣性心臟病、冤魂附身等。可是，其中最有力的說法是其妻伊賀氏所說的毒殺之說。

意圖在互相協調的集團指導體制之下進行幕政。不久，幕政果然安定了下來。

北條泰時的人格相當高尚，發生飢荒時，他會為了救助農民，而將自家的米糧全部發放給農民，而且一點也不奢華浪費，甚至連午餐和一些酒宴都節省了。當時有一本書稱為《沙石集》，裡面評論北條泰時為「難得的賢人，足以為萬人父母」，據說當時御家人對北條泰時都極為信任。

## ●北條家執權政治之流程圖

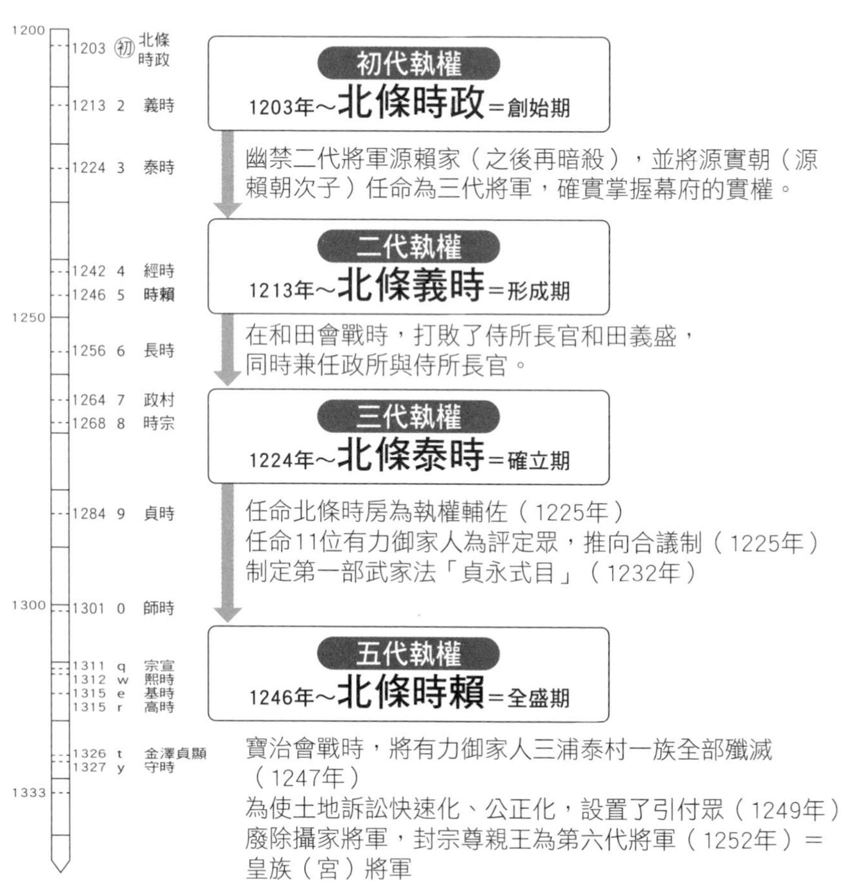

## 1232年 御成敗式目

# 女性的繼承權

幕府頒布適用於御家人的審判基準「御成敗式目」，之後的數百年間，「御成敗式目」更一直影響著武家法令。

### 武士的成文法

因採用集團指導體制而穩定了幕政的三代執權北條泰時，在貞永元年（一二三二）八月時，公布了「御成敗式目」（貞永式目）的五十一條法令，這就是適用於鎌倉幕府御家人的審判基準。所謂「成敗」，是指裁斷、裁決，「式目」則是法律之意。

由於在「承久之亂」中獲勝，幕府便在西國設置地頭，由御家人擔任，結果卻造成地頭、西國莊園領主與農民之間的激烈糾紛。因此為了平息糾紛，做為裁決基準的成文法律也就應運而生了。

自古代開始，日本便有朝廷「律令」（法律）存在，當時「律令」（公家法）也扮演了法律的角色，而莊園也有各自的「本所法」。之所以要特別制定適用於御家人的法律，是因為武士和貴族的道德及習慣相差甚遠的緣故。

鎌倉時代的武士相當重視「為將軍善盡奉公、重武勇、尊重一門之主、並能知恥」的道理，這些「道理」均成為裁判的指標。源賴朝過去的判決先例，也被尊為「源賴朝以來的先例」，而成為後來判決時的重要依據。北條泰時將這些「道理」及「先例」變成了明確的文字規範，以此制定了「御成敗式目」，做為武士間的裁判基準。

### 御成敗式目的特徵

御成敗式目與公家法、本所法最大的差別在於，御成敗式目認可了女性的繼承權。此外，沒有子嗣的女性也可以領養小孩。比較有趣的是，御成敗式目表示父母擁有反悔的權力。財產過繼給小孩之後，假如父母改變心意，可以再把財產收回。

御成敗式目因應實際需要而追加項目。當鎌倉幕府衰退，由室町

北條泰時是個宅心仁厚之人，當弟弟北條朝時的房子遭盜賊侵入時，他立刻放下繁忙的政務趕到弟弟身邊，當時讓弟弟朝時非常地感動。

幕府取而代之時，御成敗式目也被沿用，成為規範室町幕府御家人的法律。此外，御成敗式目對戰國大名所制定的「分國法」也帶來了很大的影響，據說也影響了江戶幕府的「武家諸法度」。也就是說，有將近六百五十年的時間，御成敗式目一直是武士的裁決基準。

## ●何謂御成敗式目？

三代執權北條泰時所制定

武士之道 ＋ 源賴朝以來的先例

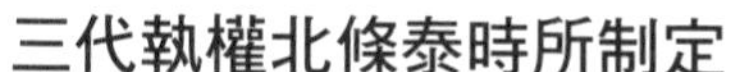

**專為御家人制定的成文法**

||

御成敗式目（貞永式目）
（1232年）

起草：淨圓與太田康連等人

**目的** 為執行公平的裁判

**條文** 共51條→之後陸續增加（式目追加）

**內容**
- 僅適用於御家人
- 領地爭奪裁決
- 繼承權問題裁決
- 犯罪處分規定
- 規定朝廷與莊園領主的關係
- 尊敬寺社之事

**做為武士基本法典，影響直至江戶時代**

12世紀末～13世紀　地頭的任命

# 武士為何追隨源賴朝與鎌倉幕府？

鎌倉幕府任命武士為地頭，因而鞏固了所占有的領地。而這樣的信任感更加深了主從之間的關係。

### 成為地頭的好處

所謂武士，是指那些祖先早期開拓原野，然後在與代代居住在相同土地的國司、中央貴族、有力寺社等結合，逐漸擴大自己領地的有力農民（開發領主）。源賴朝取得政權之後，便和東國的武士締結主從關係，武士因此成為了御家人。源賴朝將成為臣下的武士任命為幕府地方職地頭。

地頭的工作就是維持莊園或公有領地的治安並管理年貢，地頭向農民徵收年貢，然後再交給領主或國衙（各國的政廳）來做統一分配。除了徵收年貢之外，地頭還會向農民徵收米糧，這也是地頭的定期收入。從以前開始，武士的工作內容即是如此。

也就是說，對於成為御家人的武士，鎌倉幕府認可其工作內容，並保障其領土與身分（本領安堵）。所以，武士成為地頭之後，等同是有了幕府權力做靠山，便可安心執行治理工作。

### 拚命的武士

日語中有「一生懸命」這麼一個詞，意思是「非常努力」、「拚命」的意思。「一生懸命」源自於「一所懸命」，是從「武士只為一個領地努力，並以該領地為生」的精神演變而來。

對武士來說，祖先傳下來的土地，是自己應該死守的最重要的財產。當領地遭受國司或領主的暴行或迫害，為盜賊所侵擾，或者外來者的侵略，武士會拚了命，守衛祖先所留下的領土。武士憑靠的就是自身的度量與一族的武力。

但是，當武士被任命為地頭，一旦擁有實際的權力，武士的不安全感也會隨之消失，因此東國的武士便心甘情願地跟隨源賴朝。

承久之亂後，幕府的統治力量遠播至西國。許多御家人被派至西國莊園擔任地頭，而這樣的地頭稱為新補地頭。

●武士的土地統治

墾田永年私財法
（743年）

**＝允許開墾地的永久私有**

**有力農民著手開墾**

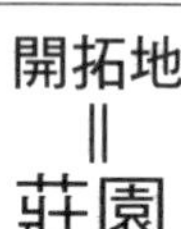

開拓地
‖
莊園

為躲避國司的蠻橫及企圖避稅，有力農民會投靠貴族或寺社，靠著領主使自己成為莊官（武士）統治地方。

鎌倉幕府誕生之後

幕府

多數東國莊官成為御家人

任命為地頭，保障其地位

莊官
（武士）

被任命為地頭的莊官，
藉幕府權威反抗莊園領主。

# 武士的住屋

武士住的房子非常大，但生活卻極為樸實。平時他們會利用農民、下人之力，積極開墾荒地

## 武士居住的武士館

戰國時代與江戶時代的武士通常集中居住在城下町或都市；鎌倉時代的武士基本上則是在自己的領地上建築房舍，獨立生活。當將軍要作戰時，武士便會盡快抵達幕府總部所在的鎌倉，而這也是史書裡說的：「重要時刻，衝啊！前往鎌倉。」

武士所居住的房子稱為「館」，館大多蓋在視野良好、靠近河流的高地上。考古學家挖掘之後發現，在《一遍上人繪傳》等繪卷作品當中，可以看到館的周圍都有很深的堀溝，還有土牆和板塀。憑藉這些屏障可以讓武士們免於受外敵攻擊，入口則有櫓門立著，還有許多的楯排列著，在櫓門上面有一個看台，可以隨時警戒是否有敵人來襲。

「母屋」的設計比「寢殿造」簡單（參見P195），但是非常巨大。因為除了妻子之外，父母或武士的兄弟姐妹、叔父、叔母、外甥、姪子（女）等也都會居住在一起（譯注：寢殿造是日本中世紀時代，貴族所採用的住宅建築式樣）。

## 武士生活非常簡樸

武士（御家人）的收入，除了擔任地頭一職可以獲得加徵米貢之外，在房屋周圍還設了稱為「門田」或「佃」等不需繳稅的直營地，武士可以要求領地內的農民耕作，取得收入。此外，他們會藉農民或下人之力，積極開墾原野或荒地。

武士的生活相當樸實。簡樸被視為是一種美德，幕府也會適時地獎勵這樣的美德，這是幕府一直以來的傳統。據說，源賴朝曾經因為看不慣武士太過輕浮的衣裝，憤而抽刀削下武士的袖子。而五代執權北條時賴在與重臣大佛宣時用餐時，僅以味噌來下酒，諸如此類的故事，都可以看出幕府希望御家人生活儉約。

日語中有個名詞「三人張」，意指需由兩人握弓，另一人拉弦的強弓。據說關東武士當中還有將「五人張」視為愛弓的強者，實在是厲害啊！

一直到鎌倉時代後期，由於貨幣經濟愈來愈發達，商品經濟（譯注：用貨幣去購買貨品的經濟模式）席捲日本，武士的生活也開始流於奢華，有愈來愈多的武士因為負債而開始變賣祖先留下的土地，而這現象也成為幕府崩壞的主因之一。

## ●武士館的構造

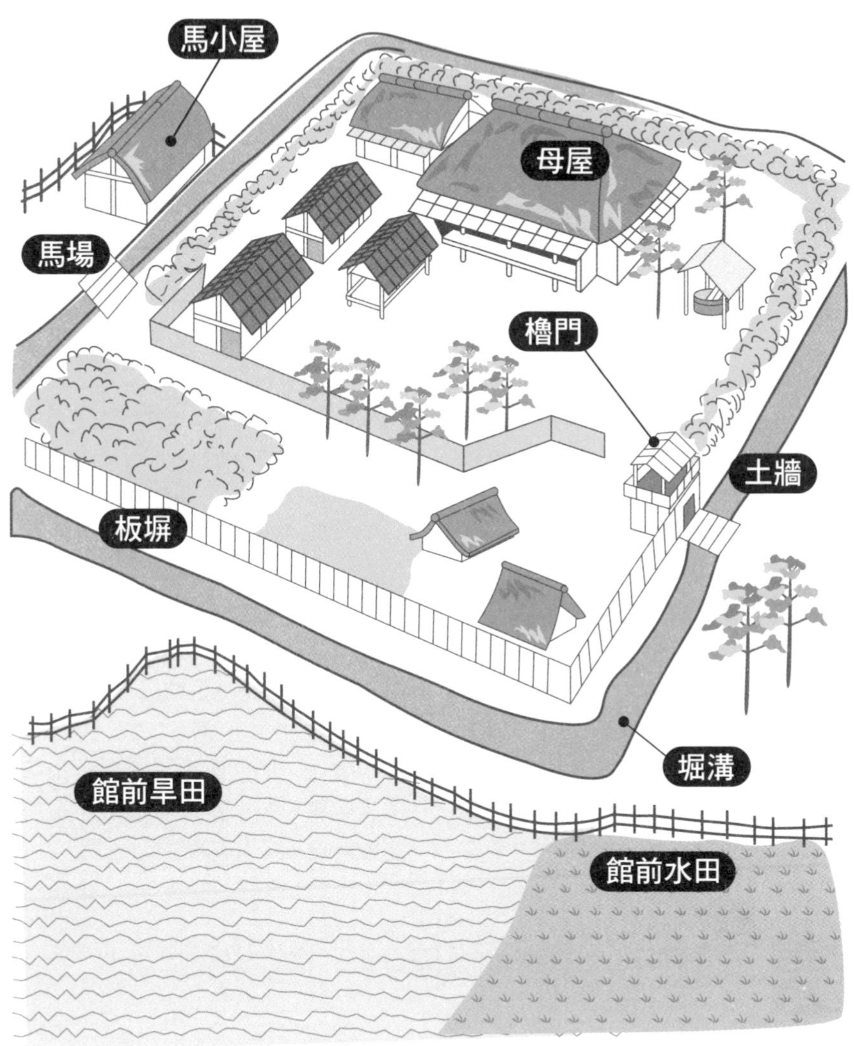

12世紀末～13世紀　武士道與騎射三物

# 勤練武藝的武士

不膽怯、能知恥、貴武勇等「武士道」的典型在此時代誕生。

### 當時武士的作戰法

武士館裡面一定有馬屋，同時也設置了可騎馬奔馳的馬場。因為當時作戰都必須依靠騎馬，所以戰績的成敗往往取決於武士是否能夠靈活地駕馭馬匹，以及馬的優劣。所以，武士會把馬匹養在離自己最近的地方，像家人一樣地照顧。

此外，武士平常也不會怠忽武藝的訓練，武藝不純熟的武士可能就會戰敗身亡。因為當時武士的作戰方式在世界歷史中可說是絕無僅有，不管有多少人參戰，採取的都是以一對一的個人戰。

上了戰場，武士會選定一個想與其對戰的敵人，接著向對方報出名號說：「我是住在某某國的某某人。」被下戰帖的一方若認為對方是個好對手，同樣地也會向對方報上自己的名字，然後雙方騎著馬展開一對一對決。決戰時，絕對不會有其他的武士加入戰局，也就是說，武士的個人武藝就是對決當下生死存亡的關鍵。

### 武家之學

因此武士會在狩獵場進行笠懸、流鏑馬、犬追物、卷狩（在放牧鹿、豬等的狩獵場裡，同時有很多人從四方集中圍捕獵物）等模擬訓練。

所謂「笠懸」，是指將笠或板子當做射擊目標的騎射訓練；「流鏑馬」是指在騎馬同時射擊固定靶心的訓練；「犬追物」則是指追趕集體脫逃的狗，以箭射狗的訓練。

如此獨特的訓練可能也影響了之後的武士道。直到平安時代末期，「兵之道」、「弓馬之道」、「武家之學」等在貴族和庶民身上看不見的武士特有道德已然確立。

具體而言，武士之道包括了「不膽怯、能知恥、貴武勇、維護一族榮譽、為君捨命就義」，這些之後也成為武士道的原型。

當時使用的弓，其有效射程距離為五十公尺，因為風力會影響到弓的威力，所以盡量在上風處放箭是不變的鐵則。

## ●武士的訓練與武士道

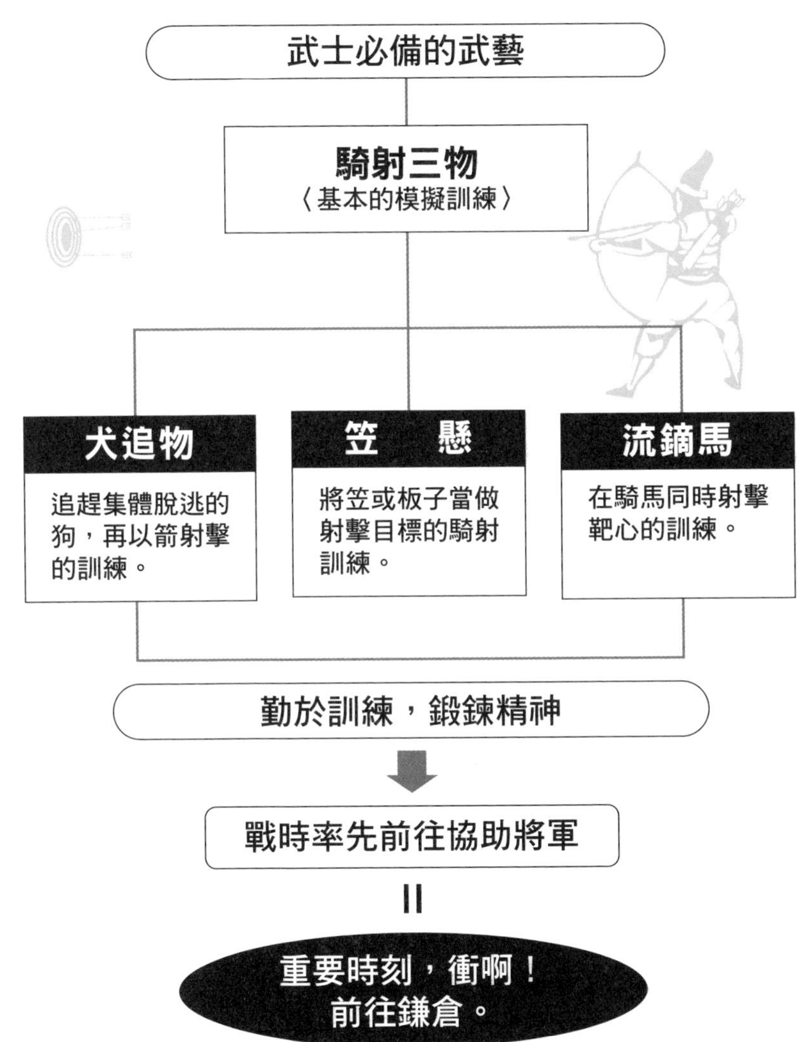
武士必備的武藝
騎射三物
〈基本的模擬訓練〉
犬追物
追趕集體脫逃的狗，再以箭射擊的訓練。
笠　懸
將笠或板子當做射擊目標的騎射訓練。
流鏑馬
在騎馬同時射擊靶心的訓練。
勤於訓練，鍛鍊精神
戰時率先前往協助將軍
＝
重要時刻，衝啊！前往鎌倉。

12世紀末～13世紀　惣領制與繼承制度

# 武士的惣領制

以血緣關係制定的「惣領制」讓武士團更團結，更加強彼此之間的連繫。

## 惣領制讓武士更團結

鎌倉時代的武士以血緣關係為集團核心，因此相當團結。宗家和分家集合在一起便成為某某一家，戰爭時便是一門或一家的對戰。

一門、一家的領導者是宗家的首長，稱做「惣領」（家督），以外的一族便稱為「庶子」。發生戰鬥時，惣領是一門、一家的指揮官，平時則統理一門、一家的領地和成員。與鎌倉殿下（將軍）形成主從關係的也是惣領，惣領還可把番役（京都或鎌倉的警備工作）、莊園的納貢等平時的奉公或職務，分派給庶子執行。

同時，「本領安堵」與「新恩給與」（給予土地做為恩賞）的御恩，也由惣領執行，將恩賞分配給庶子。其他如祭祀祖先，或氏神、氏寺等的管理等，也都是惣領的重要工作。因此，當時武士團的組織結構便稱之為「惣領制」。

## 武士的繼承制度

可是，武士團並不是只由惣領和庶子所構成，還有一門、一家中奉獻的的郎黨，以及身分更低一些的隸屬於武家的下人與隨從。下人與隨從不需繳納年貢，但須為主家提供勞力，據說他們也會成為被買賣的對象。

當時武士採取稱為「分割繼承」的遺產繼承制度，當惣領繼任人選繼承現任惣領的主要財產之後，剩下的領地才會分配給庶子繼承。與其他時期相比，鎌倉時代的女性地位較高，雖然當時仍有性別歧視存在，但女性跟男性一樣擁有財產繼承權，有時候女性也會成為御家人。只是鎌倉後期，女性地位逐漸低下，繼承權也慢慢地被剝奪了。

分割繼承制度實施後，幕府不再賜封土地，惣領（御家人）的領地也愈分愈小。在這樣的惡性循環之下，御家人於是愈來愈貧窮。

鎌倉時代的武士，在作戰時會找和自己能力相當或能力更好的武者來挑戰。能力在自己之下之人被視為「不必理會的敵人」，即使錯身而過，亦會視而不見。

## ●惣領制制度

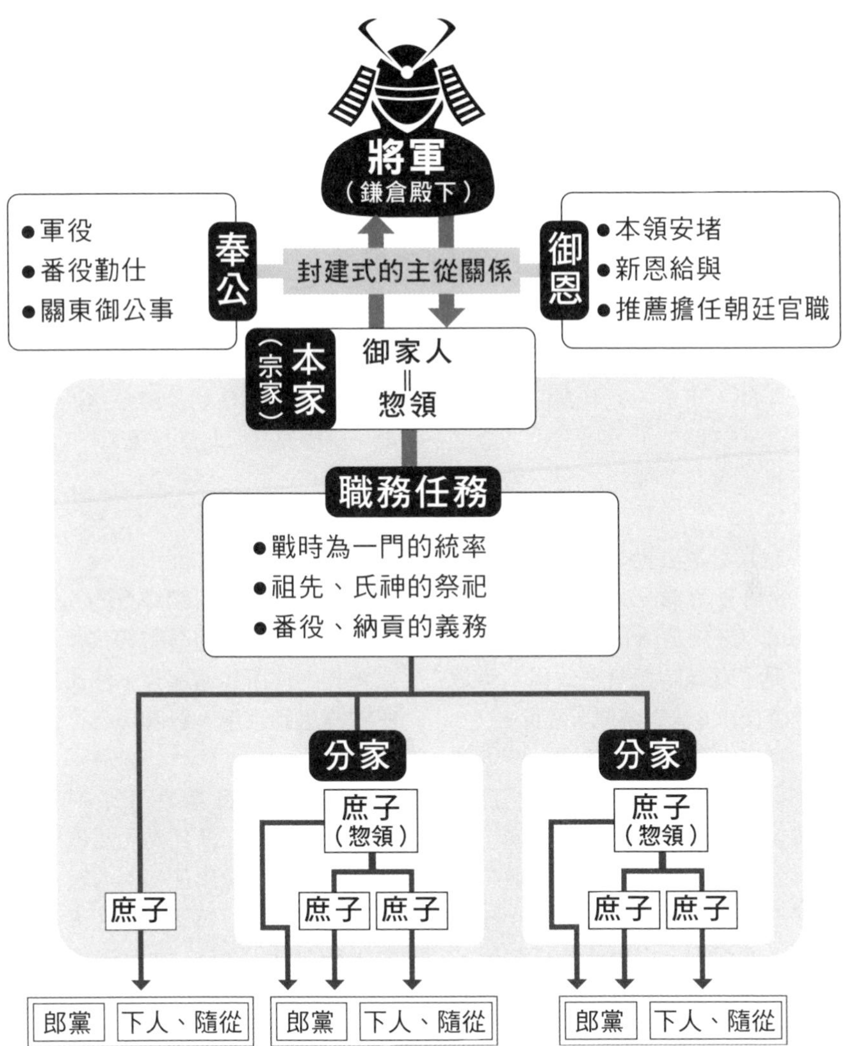
將軍
（鎌倉殿下）
●軍役
●番役勤仕
●關東御公事
奉公
封建式的主從關係
御恩
●本領安堵
●新恩給與
●推薦擔任朝廷官職
本家（宗家）
御家人
||
惣領
職務任務
●戰時為一門的統率
●祖先、氏神的祭祀
●番役、納貢的義務
分家
分家
庶子（惣領）
庶子（惣領）
庶子
庶子
庶子
庶子
庶子
郎黨
下人、隨從
郎黨
下人、隨從
郎黨
下人、隨從

**1251年　攝家將軍的斷絕**

# 皇族出身的幕府將軍

五代執權北條時賴為了與有力御家人對抗，將四代、五代的攝家將軍放逐到京都。

## 攝家將軍的陰謀

幕府最安定的時期，是採取由有力御家人集團指導體制（參見P68）的三代執權北條泰時治世的二十年間。可是，北條泰時在仁治三年（一二四二），以五十九歲之齡辭世之後，又開始了另一波的政治鬥爭。

北條泰時去世時，四代執權北條經時才十九歲。北條經時是北條泰時的孫子，原本應該是由北條泰時的兒子北條時氏執掌政權，可是北條時氏比北條泰時還早過世。

寬元二年（一二四四）時，四代將軍藤原賴經（參見P66）把將軍一職讓位給藤原賴嗣。之後過了兩年，執權北條經時在二十四歲時結束了他年輕的生命。當時北條經時的兒子還很小，尚無法擔任執權。因此，便由北條經時年僅十九歲的弟弟北條時賴就任執權。

對此感到不滿的是北條時賴的叔父北條光時，因為他也覬覦著執權一職，於是北條光時便和前將軍（四代將軍）藤原賴經、評定眾（有力御家人）的三善康持、千葉秀胤、後藤基綱及藤原為佐等勾結，企圖要打垮北條時賴。

## 北條時賴的政治

北條時賴得知此消息後立刻展開反擊。他隨即封鎖鎌倉的入口，並先發制人地用重兵將四代將軍藤原賴經的住所包圍起來，然後把藤原賴經送到京都，將關係者全部流放。

只是，在此叛亂事件中，由於居中牽線的三浦氏勢力雄厚，這時還無法對他做出任何的處置。不久，執權北條時賴便把住在高野山的外祖父安達景盛請到鎌倉來，請他擔任輔佐的職位，進行政治整頓，同時計畫討伐三浦氏。

在建長四年（一二五二），執

**歷史筆記**　四代將軍藤原賴經於建長八年（一二五六）八月於京都突然死亡。一個半月之後，藤原賴經之子五代將軍藤原賴嗣也隨後去世。

權的北條時賴以幕府將軍藤原賴嗣（藤原賴經之子）意圖造反為由，強制將他遣送至京都，廢絕了攝家將軍一職，改迎後嵯峨天皇第一皇子宗尊親王為六代將軍。宗尊親王被稱做宮將軍（親王將軍），到鎌倉幕府滅亡為止，總共傳了四代。

## ●鎌倉幕府的歷代將軍

**源氏將軍**

**初代　源賴朝**（在位1192～1199）＝＝**北條政子**（尼將軍）（1157～1225）

**二代　源賴家**（在位1202～1203）
以專制為目標，
但在祖父北條時政的壓力下下台。

**三代　源實朝**（在位1203～1219）
無法掌握實權，
被源賴家之子源公曉所殺。

**斷　絕**

**攝家（藤原）將軍**

**四代　藤原賴經**（在位1226～1244）
九條道家之子。退位後也被稱為大殿，勢力強大。
1246年被北條時賴流放京都。

**五代　藤原賴嗣**（在位1244～1251）
四代賴經之子。1251年因謀反之罪而退位，
隔年被流放京都。

**斷　絕**

**宮（親王、皇族）將軍**

**六代　宗尊親王**（在位1252～1266）
後嵯峨天皇之子。
1266年因被懷疑謀反而被流放京都。

**七代　惟康親王**（在位1266～1289）
宗尊之子。1289年因遭懷疑謀反而被流放京都。

**八代　久明親王**（在位1289～1308）
後深草天皇之子。
1308年把將軍之位讓給兒子守邦，回到京都。

**九代　守邦親王**（在位1308～1333）
久明親王之子。幕府滅亡之日辭去將軍一職出家，
但也在同年去世，享年33歲。

1247年 寶治會戰

# 廣受民眾歡迎的北條時賴

北條時賴將排斥自己的有力御家人三浦氏滅亡，可是北條時賴自己卻在三十七歲時就過世了。

## 北條氏與三浦氏的關係

三浦氏以相模國的三浦半島為據點。過去在源賴朝舉兵時，三浦氏曾協助源賴朝；源賴朝死後三浦氏便與北條氏結為親戚關係，在幕府當中，其權力凌駕於其他有力御家人之上。可是，如同前面所描述的，在寬元四年（一二四六），三浦氏和名越光時勾結，企圖推翻當時的五代執權北條時賴。

隔年，北條時賴便伺機出動討伐三浦氏。北條時賴經常向外祖父安達景盛挑撥離間，讓三浦氏跟外祖父發生爭執，然後又佯裝為調停者，減低三浦氏對自己的戒心。

有一回，北條時賴突然命令安達氏襲擊三浦氏宅邸，而且還趁機翻臉，對北條氏家族發出出擊命令，而這就是所謂的「寶治會戰」（一二四七）。

## 三浦氏的滅亡與北條時賴的良政

因為安達氏出其不意的襲擊，三浦氏的宅邸不久便燒毀了，在無可奈何之下，以三浦泰村為首的三浦一族只好守在源賴朝的墓地法華堂激烈地抵抗。可是，最後仍徒勞無功，三浦一族和郎黨都自食惡果，死亡人數據說多達五百人。

次日，北條時賴派兵到三浦泰村女婿千葉秀胤居住的上總國官邸，將他一併除掉。北條時賴消滅了包含三浦氏與千葉氏，目的正是為了穩固自己的地位。

雖然北條時賴用極為霸道的手法，將有力御家人全都消滅，但他在政治上卻交出了一張亮麗的成績單。北條時賴獎勵樸實節儉的生活，勸戒大家減少打鬥及飲酒，實施了保護弱者的良政。

但不久，北條時賴罹患了痢疾，於是他便出家辭去執權一

**歷史筆記** 北條時賴重用禪僧蘭溪道隆建造建長寺等，據說當時他已歸依禪宗，在他迎接大限時，也是以坐禪的方式結束人生。

職。即使宣稱自己已在最明寺出家，北條時賴依舊默默地幫助幕府，有好一陣子一直在幕後輔助當時的執權北條長時。弘長三年（一二六三），正值三十七歲壯年的北條時賴便離開了人世。

有趣的是，雖然北條時賴已死，但因他生前施行良政，當時所有的老百姓都認為他是英雄，甚至在他死後還流傳著如同水戶黃門一般的迴國傳說，傳說內容如下：「北條時賴在出家後，到各地周遊，勸善懲惡」（譯注：水戶黃門本名德川光圀，其父是德川家康的么子賴房。水戶黃門最大的貢獻在於聘請明朝朱舜水為師，奠定日本的尊儒傳統。因此民間編造出許多他微服出訪的有趣故事，宛如日本的包青天）。

## ●三浦氏滅亡之前的動向

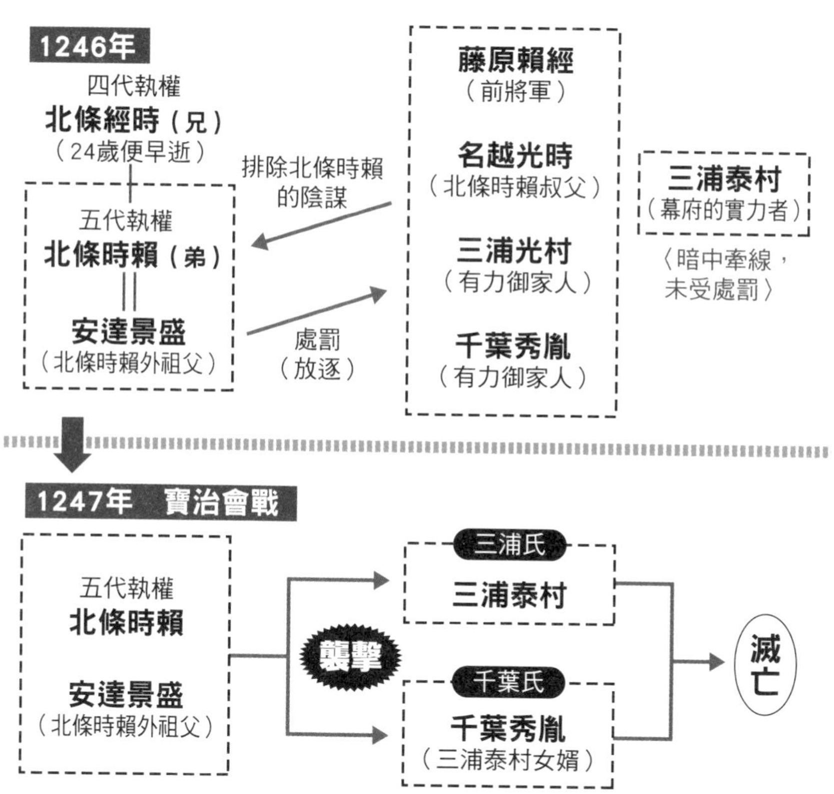

**1249年** 引付眾的設置

# 鎌倉時代的裁判制度

首先是三問三答的書面質詢，此時若無法做判決，就會經由口頭辯論直接對質，最後做出判決。

## 設置引付眾

建長元年（一二四九），五代執權北條時賴在「評定眾」之下設置了「引付眾」（訴訟的審理官）。二階堂行方等四人就任「初代引付眾」之職，他們多是出身右筆（書記官）的優秀官員，而他們的工作就是必須快速且公正地解決不斷激增的御家人領地相關訴訟。

引付眾總共設置三方（三局），不久擴大為五方。其中一方（一局）是在身為領導者的引付長官之下，設置數名的引付眾。以下便針對幕府解決訴訟的模式詳細說明。

## 訴訟的審理方式

訴訟手續稱為「引付訴訟」。首先，原告（提出告訴之人）可以向幕府的問注所（譯注：訴狀的審查機構）提出訴狀。問注所進而判斷是否可受理訴訟，決定可受理時，便馬上將案子送交引付眾。接著在引付眾當中會抽籤決定負責此案的人，由負責人向被告發送問狀（詢問陳辯之文書）。

被告的陳訴狀（陳辯書）內容會告知原告，原告對此做出的反論將成為第二次的訴狀，被告必須再針對第二次的訴狀提出反論，這樣的程序會反覆進行三次。經由如此三問三答的書面質詢，再對照御成敗式目決定何者為是、何者為非。假如一切明確了，便可在此時做出判決。

若此時還是無法做出適當判決，原告與被告便須在引付眾面前，以口頭辯論方式直接對質。如此一來，引付眾會根據口頭辯論的結果做出初步判決，然後將全案送交評定會議（由執權、連署、評定眾所組成的幕府最高會議）。

最後由評定會議做出最後的訴訟裁決。判決決定後便會做成判決書（下知狀），再由引付眾的訴訟負責人將判決書交給勝訴的一方。

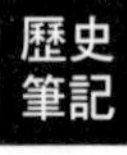


過去認為熊谷次郎直實是因為後悔自己殺了平敦盛，才不再當武士。然而，爭奪領地的訴訟敗訴似乎才是他出家的真正原因。

●鎌倉幕府的訴訟過程

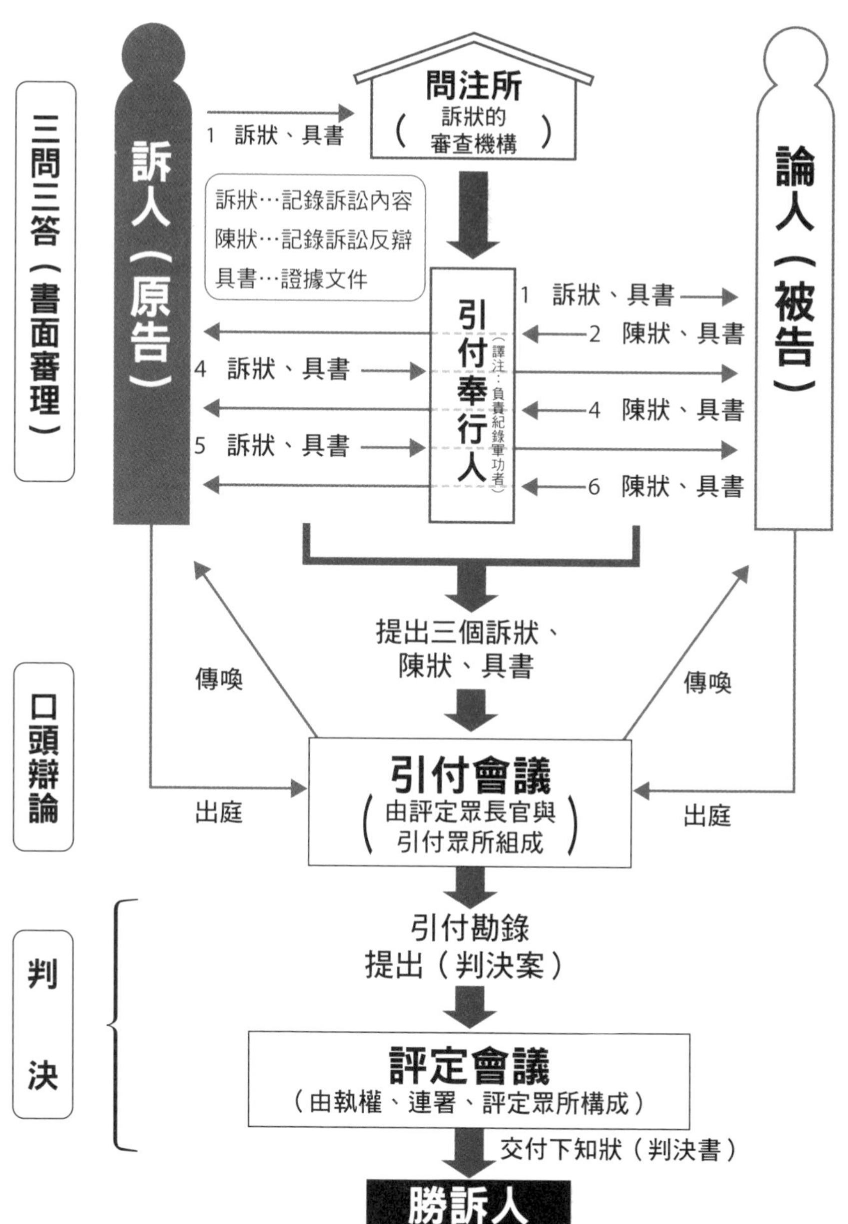
三問三答（書面審理）
訴人（原告）
問注所
（訴狀的審查機構）
1 訴狀、具書
訴狀…記錄訴訟內容
陳狀…記錄訴訟反辯
具書…證據文件
引付奉行人（譯注：負責紀錄軍功者）
1 訴狀、具書
2 陳狀、具書
4 訴狀、具書
4 陳狀、具書
5 訴狀、具書
6 陳狀、具書
論人（被告）
提出三個訴狀、陳狀、具書
口頭辯論
傳喚
傳喚
出庭
出庭
引付會議
（由評定眾長官與引付眾所組成）
判決
引付勘錄
提出（判決案）
評定會議
（由執權、連署、評定眾所構成）
交付下知狀（判決書）
勝訴人

13世紀　地頭請與下地中分

# 地頭與莊園領主

一是統治地方的武士（地頭），一是以京都為據點的莊園領主，想當然爾，統治地方的武士勢力勢必會愈來愈強大。

## 勢力強大的地頭

鎌倉時代的訴訟事件幾乎都是土地糾紛相關問題。尤其是在承久之亂之後，幕府成為全國性政權，地頭（御家人）和莊園領主的紛爭便日益激增。

這是由於幕府逐漸強大之後，地頭便開始將莊園占為私領地。有些地頭未將領民徵收的年貢交給領主，而是將年貢占為己有，而且還使用私刑，勞役領民做事。

現今還留存著的建治元年（一二七五）阿氐河莊的百姓等申狀，也就是莊園領主向圓滿院上告地頭湯淺氏的訴狀。湯淺氏恐嚇領民說：「假如你們敢不聽我的話，我就割掉你們妻子的耳朵和鼻子，把頭髮剃光，再用繩子綁起來」，迫使領民進行勞動。

此外，過去一直不受幕府統治的西國也被配置了地頭，這也是造成糾紛擴大的一大原因。為了因應這種狀況，幕府於是設置了引付眾。

## 地頭請與下地中分

幕府經由判決來約束地頭，然而，由於領主遠在京都，光憑敗訴處分就想要約束地方地頭的行為，根本是不可能的事。而幕府也非常明白這一點，於是便以「地頭請」的獎勵方式來解決紛爭。

「地頭請」是領主與地頭所簽訂的契約，只要地頭將領內年貢全數繳上，莊園的一切事物就交由地頭處置，領主不再過問。假若「地頭請」還不能解決問題，最後的一個辦法就是「下地中分」。所謂「下地中分」就是將莊園劃分為兩半，一半屬於領主，另一半屬於地頭，而地頭絕對不可以干涉領主莊園的一切事務。

地頭（御家人）之所以逐漸強大是有歷史脈絡可尋的。地頭的祖先大多是開發領主（即之後的武士）。

**歷史筆記**　秋田縣井川町近年出土了一塊繪有人魚像的杉板，推測為鎌倉時代的文物。然而，杉板上畫的其實是一個全身覆蓋滿鱗片、形貌極其怪異的男子圖。

他們利用手下的農民來開墾周圍的土地，並且將土地送給有力貴族或寺社，尊封他們為領主，甚至甘願在領主下擔任莊官（莊園管理人）。地頭這樣做的目的在於欲利用領主的權威來保護自己開墾的土地，避免遭受其他武士或國司侵占。

不過，此時的領主已不具備任何權力，只有幕府可以保障土地的安全。既然如此，為什麼還要向領主繳納年貢？為什麼還要奴役領民呢？大家會有這樣的疑問是理所當然的，而這也可說是時代的演變。

●幕府的仲裁讓地頭勢力愈趨強大

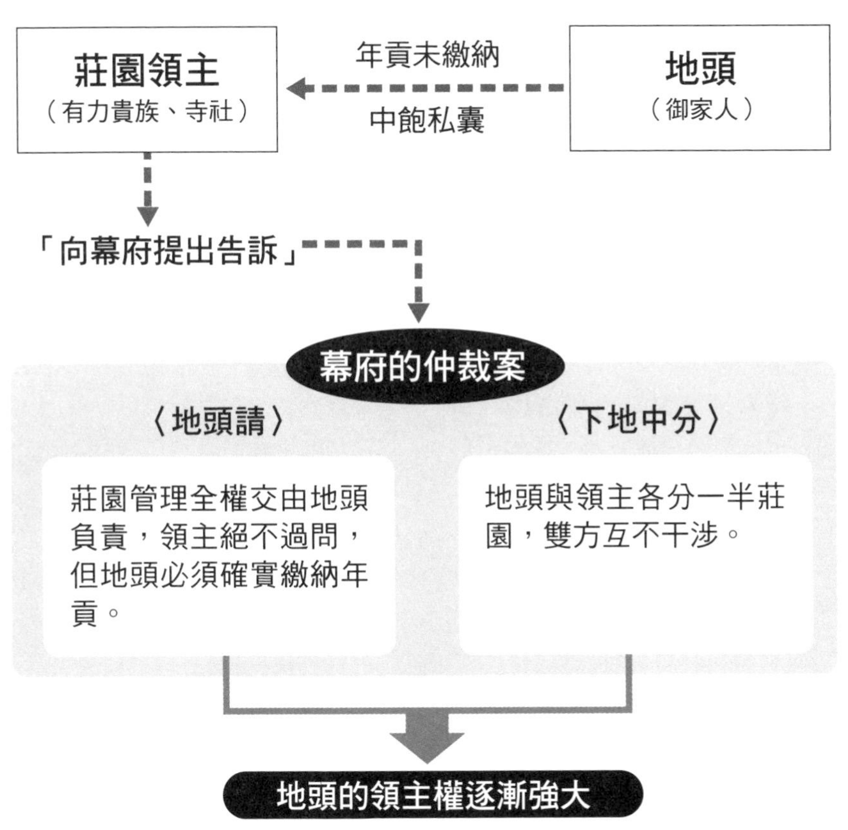

**12世紀末～14世紀前半** 中世的巨大都市鎌倉

# 幕府的主要據點——鎌倉

由七條開山道路守護著的鎌倉，在三代執權北條泰時的時代，即是一個規劃完善的繁華都市。

## 鎌倉的地形

如前所述，源賴朝將政權設置在鎌倉，鎌倉地名的由來，是因為當地的地形很像爐灶的緣故。

鎌倉的三方都被約一百公尺的低山所圍繞，前方相模灣附近則是一片廣大的土地。雖然周邊的山都不高，卻都很險峻。要進入鎌倉，除了這七條開山道路，沒有其他陸路可以進入鎌倉。此外，七條開山道路皆設有城門，只要在上方建構防禦設施，鎌倉的防守機制便可說是滴水不漏了。

鎌倉同時也是沿著由比之濱通行東海道的交通要塞。源賴朝在大臣山的山麓上重建了原本在由比的鶴岡八幡宮，同時也開拓了連接八幡與由比之濱的若宮大路。據說鶴岡八幡宮即象徵京都的皇宮，而若宮大路象徵的是平安京的朱雀大路。

## 中世都市的發展

鎌倉真正發展為中世都市，是在三代執權北條泰時的時代。幕府從狹小的大倉移到若宮大路旁邊時，山路也整備完成，並開闢了港口和賀江之津。

由於由比之濱是一個淺灘，因此大船無法進港，同時也因為西風強勁的關係，使得船隻容易在此翻覆。於是北條泰時便在由比之濱的東邊建造以石塊堆積而成的防波堤，改造成可以讓大船靠岸的港口，也就是和賀江之津。

因此，全國各地船隻絡繹不絕

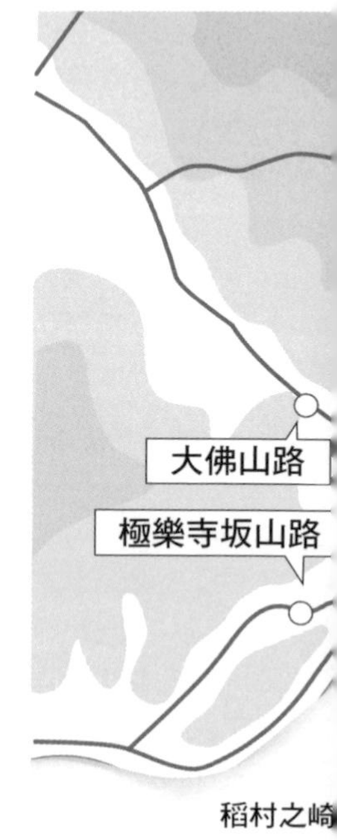

由比之濱的東邊，退潮之後會出現一片石原景像。據說這是以人工堆疊石塊而成之和賀江之津的遺跡。

地來到鎌倉，由比之濱周邊也開始聚集了許多商人，當地變得非常繁榮。

材木座這個地名起因於這裡過去是木材商人的居住區，除此之外，其他還有米座、絹座等稱為「鎌倉七座」的商人居住區。

此外，由於建長寺、圓覺寺、東慶寺等佛寺陸續設立在鎌倉，因此漸漸地有許多的僧侶群居於此。

有力御家人也開始在幕府周邊興建館舍，為數眾多的商人也因看好御家人的消費能力而在此聚集。

最盛時期的鎌倉地區，人口超過了十萬人，可以想像鎌倉在當時一定是個相當大的城市。

## ●被低山與海所環繞的鎌倉地形

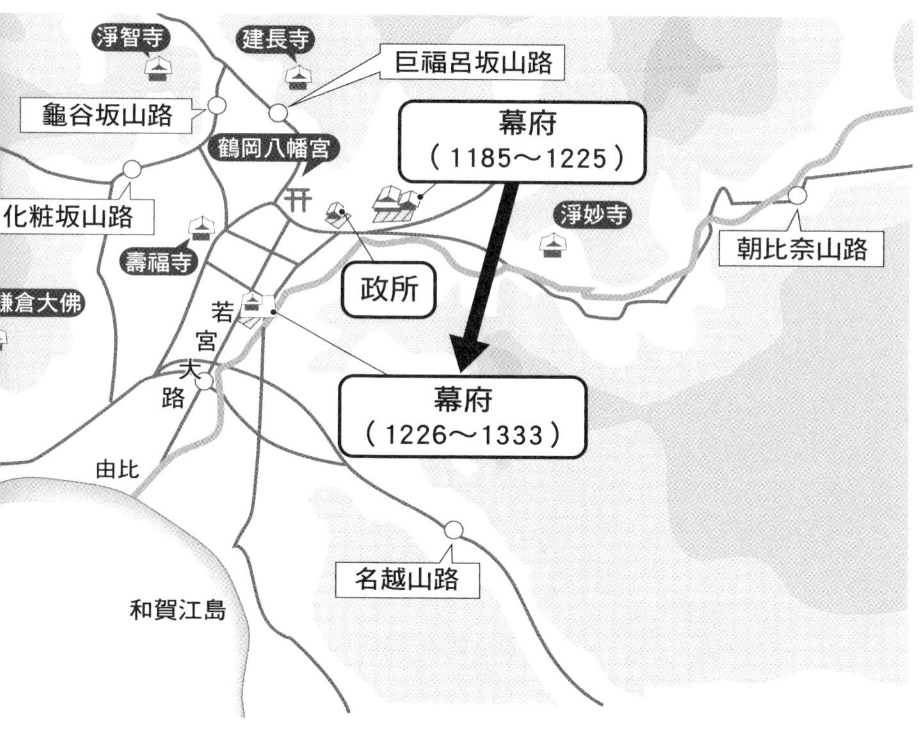

專欄

# 源賴朝的真正面貌為何？

京都的神護寺裡有著被稱為「神護寺三像」的三張肖像畫。其中有一張，世人一直相信那就是源賴朝的畫像。

為什麼會說「一直相信」呢？這是因為古書裡雖然記載有「此肖像是源賴朝」的字句，但實際的肖像畫上卻沒有清楚載明畫像主人的名字。

可是，在過去的十幾年前，日本高中的日本史教科書一直告訴我們，此肖像乃出自鎌倉時代肖像畫名家藤原隆信之筆，是日本國寶，更是肖像畫的傑作。因此只要講到源賴朝，大家便會馬上聯想到神護寺的肖像。事實上，這張肖像的神情充滿威嚴，比較像是樹立武士政權之征夷大將軍的容貌。

目前的日本的高中教科書在介紹這張肖像時，會加上「傳為源賴朝像」的註記。事實上，這是因為最近這幾年出現了有力說法，表示這張肖像並不是源賴朝，所以教科書裡才會加上這樣的註記。那麼，這張肖像到底是在畫誰呢？

美術史學家米倉迪夫在其著作《源賴朝像一沉默的肖像畫》（日本平凡社）中，主張這張肖像是開創室町幕府之足利尊氏的弟弟足利直義。米倉迪夫是依據神護寺內足利直義所寫的《足利直義願文》當中的一段，才做出這樣的判斷，並推定神護寺內另外兩張肖像正是足利尊氏和足利義詮（尊氏之子，為第二代將軍）。足利直義在文中寫道：「為祈求願望實現，所以奉納兄尊氏和自己的肖像」。

在米倉迪夫之前，也有人提出疑問，強烈主張畫像的製作年代是在鎌倉末期。但將畫像中的主人特定為足利直義，米倉迪夫還是第一人。不過按這麼看來，神護寺的肖像畫可能真的並不是源賴朝。

第3章

# 蒙古入侵與鎌倉文化

## 中國文化開始滲透

# 中國元朝蒙古人的入侵讓日本的武士階層轉為貧窮

## 鎌倉時代的國際化

鎌倉時代是個充滿國際色彩的時代。許多日本人前往中國宋朝，也有許多中國佛僧及商人到達日本，日本與宋朝之間的國際交流相當興盛。

被平氏所燒毀的東大寺，其中大佛殿及南大門採用了中國佛寺的樣式重建。鎌倉時代的繪畫，有許多作品的風格與宋朝的特色一樣。而鎌倉新佛教中的臨濟宗和曹洞宗，則是榮西和道元自宋朝帶回的大陸直傳禪宗。此外，也有許多從中國前往日本的去日僧，在日本擔任幕府的政治顧問。

中國文化與日本文化之間，不斷進行著國際交流。日本進入鎌倉時代之後，貨幣經濟愈來愈發達，而當時大部份流通的貨幣，正是中國宋朝的貨幣。不過，當時頻繁的國際交流也帶來了負面影響，導致中國元朝蒙古人的入侵（元寇）。

## 蒙古人的入侵與北條氏的獨裁體制

壓制了朝鮮半島的元朝忽必烈，一直想要統治日本。可是，八代執權北條時宗拒絕了他的要求，因此忽必烈兩次派兵到北九州。不過，忽必烈的大軍因遇上暴風雨而折損，使日本免於受到元朝的侵略。然而蒙古人的入侵卻為日本國內帶來了巨大的影響。

其中最大的影響就是加速了御家人的貧窮化。鎌倉中期以後，由於長期採行分割繼承制度，土地不斷被細分（參見P78），御家人當中開始出現難以為生者。在此同時，從中國傳入的貨幣經濟使得許多武士債台高築，紛紛拋出手上所擁有的土地。

趁著這樣的狀況，蒙古人屢次對日本出兵。在這場戰役當中，應戰所需的物品及旅費全部須由御家人自費負擔，也因為這是和國外的戰爭，所以幾乎無法得到任何幕府的恩賞。

另一方面，蒙古人出軍日本以後，北條氏變得更專制獨裁，全國的守護一職完全被北條一族所獨占。因此，御家人對北條氏漸感不滿而心生憎恨，也無法再效忠於幕府。

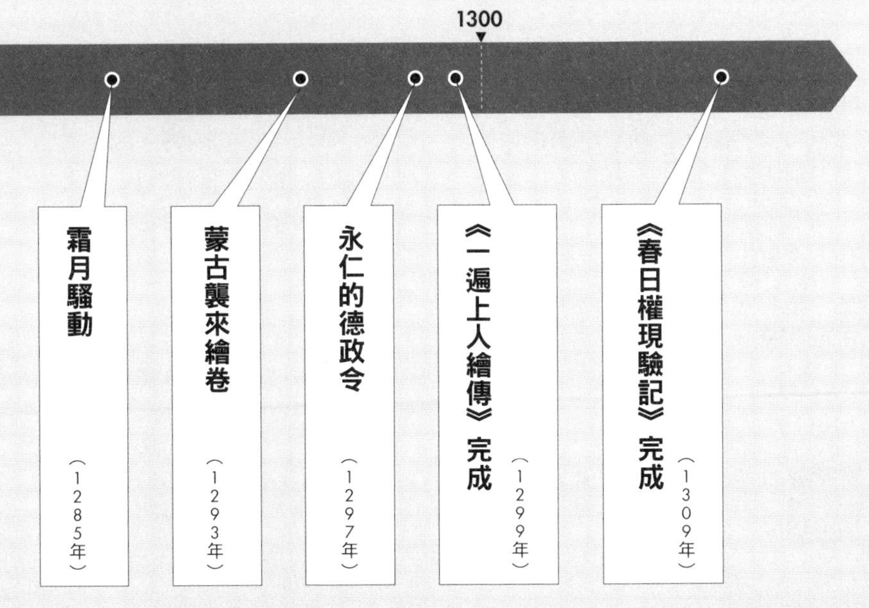

1274年 文永之役

# 讓御家人聞之喪膽的元朝兵器

元朝派遣超過三萬人的大軍襲擊日本。日本雖因不熟悉敵軍而陷入苦戰，但一場暴風雨讓日本得以躲過被侵略的命運。

## 建立元帝國的蒙古民族

十三世紀初時，出身蒙古高原的成吉思汗統治了蒙古民族，他以集團騎馬戰法席捲各地，很快地就建立起西到歐洲、東至金（中國北部）的大帝國。之後，成吉思汗的兒子窩闊台滅了金，孫子忽必烈亦將勢力延伸到西藏和高麗，更加擴大了勢力版圖，並將國號改為「元」。

文永五年（一二六八），忽必烈派遣使者到九州的大宰府（譯注：古時管理九州、壹岐、對馬，兼任當地國防、外交等事務的官職），目的是為了向日本表示友好，要求日本斷絕與南宋的貿易關係，藉以削弱南宋經濟，進而消滅南宋。然而，中國元朝國書上的一句「不至於出兵，沒有人喜歡出兵」，讓八代執權北條時宗感到非常無禮，因而拒絕了元朝的要求。

但是，這可以說是北條時宗的無知所造成的誤判。假若時宗明白元朝勢力有多麼強大，態度理應不會如此。據說事實上這是因為當時幕府重用南宋出身的僧侶，而這些僧侶為了保護祖國，於是故意提供錯誤的訊息給時宗，試圖要讓日本對元朝產生敵意。忽必烈後來又五度派遣使者赴日，希望與日本建立國交，但北條時宗依舊是無動於衷。

## 畏懼元軍戰法的御家人

因此，忽必烈在文永十一年（一二七四），派遣了超過三萬人的大軍，從九州的博多登陸。幕府御家人雖然對元軍展開迎擊，卻被敵人的戰法耍得團團轉。因為武士向來採取一對一的個人戰，當御家人欲上前對敵方報上姓名時，馬上就被元兵團團包圍，然後被亂箭殺死。

同時，元軍也使用了讓日本士兵害怕的毒箭，他們將箭射到馬的

二〇〇四年秋天，成吉思汗的靈廟（譯注：祭奉祖先的廟宇），經由日本國學院大學、新瀉大學與蒙古科學協會考古學研究所的聯合調查確認發現。

腹部，再把武士從馬背上拉下來，直接殺掉。此外他們還使用一種會出火、冒煙、並發出爆裂聲響的鐵球，稱為「爆裂彈」，這種武器同樣讓御家人相當恐懼。

假如這場戰役日夜不停地持續作戰，幕府軍勢必定會完全潰敗。然而，每當夜晚來臨，元朝士兵便會回到船上，可能是因為身處不熟悉的敵方陣地，因此夜間改採警戒式的防守戰法。不料當晚來了一陣暴風雨，據說天亮時便發現元軍船隻已經全數翻覆沉沒，而這場戰役被稱為「文永之役」。

然而近年出現了一個新的說法，表示當晚根本就沒有什麼大風，而元軍的來襲只是為了一探日本的實力，並沒有準備要侵略日本。

## ●元軍來襲的路線

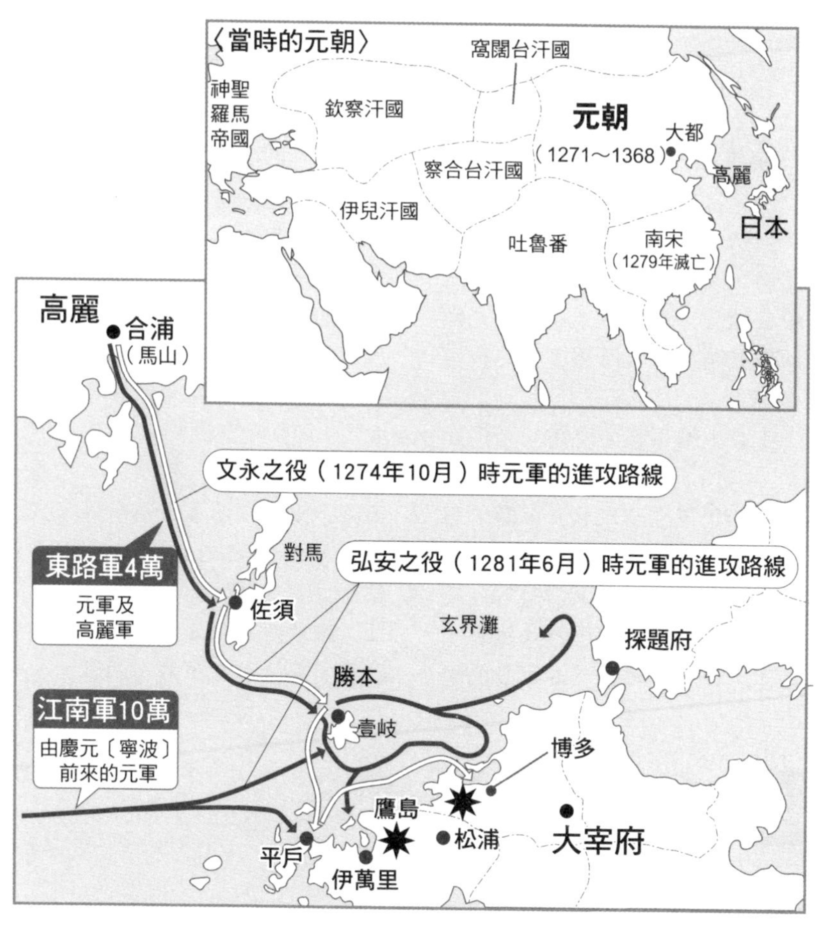

**1281年　弘安之役**

# 大風再次逼退二度來襲的元朝

元軍的二度來襲派遣了十四萬大軍，不過，日本再次因颱風而得救。

## 蒙古來襲的因應對策

文永之役時，蒙古毫無預警地對日本發動襲擊。為此，幕府預測元軍必會再次來襲，於是強化了異國警固番役（譯注：鞏固北九州防務，京都朝廷和各地神社寺院的邊防機關）。異國警固番役在文永之役之前便已設立，是由在九州持有領地的御家人，輪流在九州北部擔任警備工作。

同時，西國地方的守護則改由北條一族出任，不是御家人的武士也必須受守護指揮，建構出完備的迎戰體制。而幕府預測蒙古會自博多灣登陸，因而在此建造了長約二十公里的石牆（堤防、石造建築）。

建治元年（一二七五）時，忽必烈派遣使者杜世忠來日，再次要求幕府臣服於元朝。但當時的執權北條時宗並未讓杜世忠進入鎌倉，更在龍之口將之殺害，此舉為的是向日本國內外宣誓絕對不向元朝稱臣的決心。

## 遭神風逼退的蒙古人

得知此事的忽必烈大為震怒，不過當時他正傾全力平定南宋，因此沒有立刻派兵攻打日本。

弘安二年（一二七九），成功滅亡南宋的忽必烈為了遠征日本，開始做周詳的準備。兩年後，軍分二路來到九州（參見P95）。東路軍由蒙古兵、前高麗兵、前南宋兵組合而成，約有四萬名士兵；江南軍則以前南宋軍為中心，共計十萬名，兩路軍隊加起來總共為十四萬大軍，陣仗極為龐大。

弘安四年（一二八一）六月，東路軍來到了博多，當時御家人以石牆為屏障奮力迎戰，始終沒有讓敵軍順利登陸。這次防禦的成功，歸功於御家人透過文永之役的經驗，充分研究了敵方的戰法。因

**歷史筆記**　為了抵抗暴風雨，元軍用繩索將一艘艘的船綁在一起，但這麼做卻造成船隻因搖晃而發生激烈碰撞，反而造成更大的損害。

此，在江南軍抵達前，東路軍只能繼續在海上漂流。

七月，江南軍以前所未見的、多達三千五百艘船的龐大陣仗出現在平戶海面，他們在此與東路軍會合，停留於鷹島海域。元朝派遣如此龐大的船隊，目的就是希望幕府能夠投降，不過就在七月三十日，又有強烈颱風侵襲九州，元軍的船隊幾乎都沉沒了，大半的元兵就像海藻一樣，消失在茫茫大海之中，史稱「弘安之役」。

之後，忽必烈雖然仍有遠征日本的計畫，可是因為中國和東南亞陸續有叛亂發生，疲於鎮壓叛兵的他早已分身乏術。而元軍這兩次的入侵行動稱為「元寇來襲」或「蒙古來襲」。

## ●與元軍的兩次戰役

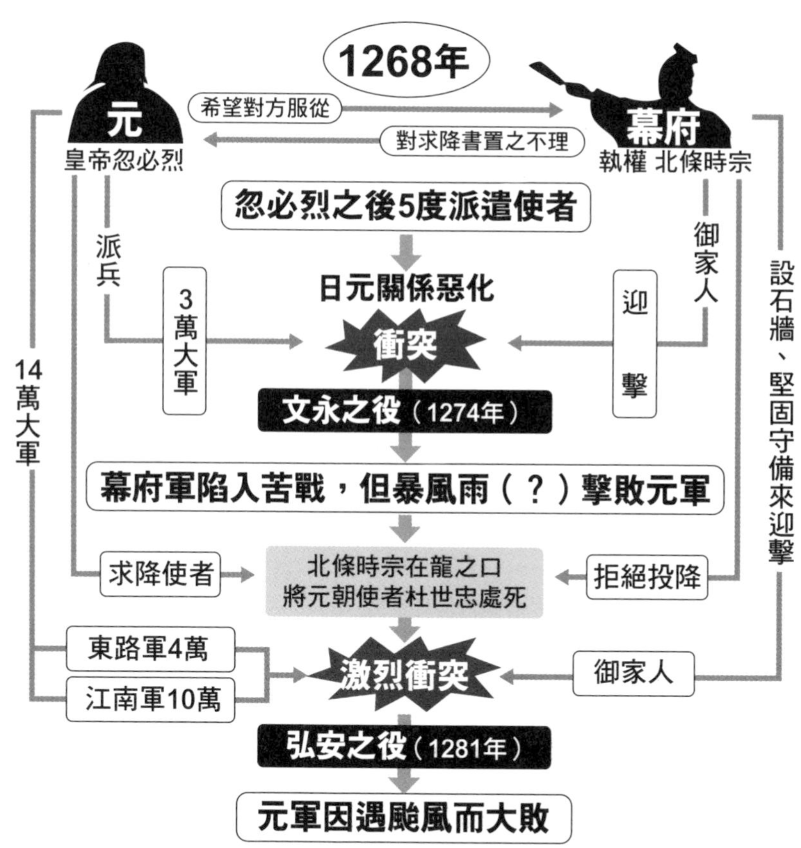

1285年 霜月騷動

# 御家人與北條家的鬥爭

鎌倉幕府的權力鬥爭愈來愈複雜，最後勝出的是北條家的得宗。

## 北條得宗的強大

五代執權北條時賴把藤原賴經將軍和藤原賴嗣放逐到京都、排除同族的名越光時之後，他在寶治會戰（參見P82）中消滅了三浦氏，因此時賴以後的北條氏嫡系得以握有更大的權力。

北條氏嫡系的當主稱為「得宗」，這個名稱取自北條義時的號「德宗」而來。北條時賴之子時宗在蒙古人（元寇）侵略的時候，讓為數眾多的北條一族擔任西國的守護。此外，他還不把「評定眾」（譯注：凡政所、問注所掌管的重大事宜、財政、訴訟審判等均要經評定眾討論通過）當一回事，率領御內人（得宗家的家臣）展開祕密會議，決定了許多重大事務。漸漸地，得宗派的力量愈來愈強大。

然而，北條時宗在三十四歲時便去世了。一二八四年，時宗之子北條貞時在十四歲時成為得宗，當時的政治實權掌握在御家人代表，也就是北條貞時外祖父安達泰盛的手中。安達泰盛壓制了御內人的力量，維持執權政治，同時也保護著御家人。

## 御家人獲勝的霜月騷動

當時的內管領（御內人代表）平賴綱對安達泰盛掌握執權一事感到非常不滿，他對北條貞時說：「安達泰盛的兒子安達宗盛預謀造反，不僅對將軍的位置虎視眈眈，還覬覦幕府的實權。」於是，平賴綱在弘安八年（一二八五）獲得北條貞時的許可，攻擊安達泰盛的官邸。

對此，安達泰盛率領小笠原氏、三浦氏、伊東氏、吉良氏等有力御家人力抗，使得鎌倉城內烽火四起，連將軍官邸也被燒毀，戰況相當激烈。

最後，安達這一方愈來愈居劣

**歷史筆記** 據說平賴綱的長子宗綱向得宗北條貞時密告，表示父親企圖將次男助宗扶為將軍，為此平賴綱遭到貞時討伐。

勢，最後終於潰敗，為首的五百餘名武將全部都以自殺收場。這場戰役稱為「霜月騷動」（譯注：霜月乃指農曆十一月），戰役之後，御家人必須臣服於御內人。

霜月騷動中獲勝的平賴綱（內管領）掌握了幕府的實權，但已經長大成人的北條貞時因為厭惡平賴綱的專制蠻橫，於是開始自己執掌政權。此時以北條貞時為首的御內人專制體制確立，這在日本史中稱為「得宗專制政治」。

## ●得宗專制政治的結構

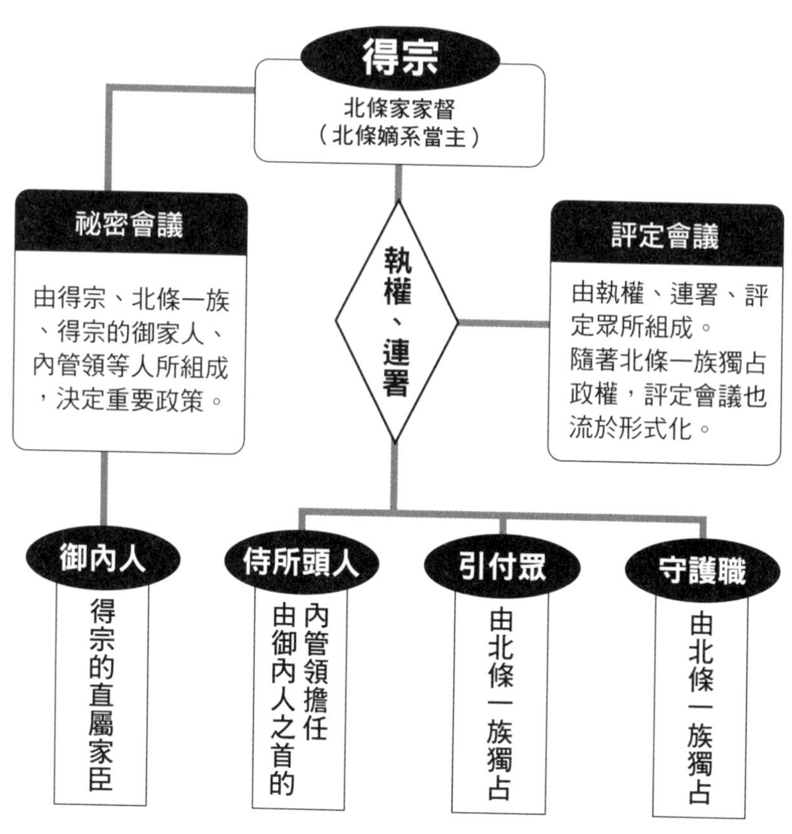

13世紀末～14世紀初　御家人的貧窮化

# 武士沒落的遠因

分割繼承、貨幣經濟的滲透、蒙古入侵的影響等，在在造成了御家人的貧窮化，而御家人也逐漸失去對幕府的向心力。

## 對元寇的恩賞感到不滿

我們之所以可以知道蒙古人侵略時（元寇），御家人和蒙古人作戰的模樣，全都是拜肥後國的御家人竹崎季長所賜。他為了讓子孫緬懷自己奮戰的過程，請畫家畫了《蒙古襲來繪詞》，從畫中便可得知當時戰爭的情況。可是，繪卷上面不是只有描繪戰爭，還記錄著戰後的恩賞。

文永之役之後，竹崎季長始終等不到幕府的恩賞。耐不住性子的竹崎季長於是從肥後前往鎌倉去陳情。可是，幕府裡沒有一個人理會他，最後他終於找到了幕府中的有力人士安達泰盛，向他說明理由，最後終於獲得恩賞，意氣風發地回到肥厚國。其實竹崎季長算是幸運的了。因為除了少數人之外，大部分參與戰役的御家人完全沒有得到任何恩賞。

所謂恩賞，指的就是賜予土地。若是日本國內的戰役，勝方可以沒收戰敗一方的土地，但對外的戰役就沒有土地可以要求。然而，御家人都是賭上性命奮力作戰，許多人死於戰場，或者受傷，付出了很大的犧牲。即使如此，他們還是沒有得到任何恩賞，因此元寇來襲之後的御家人在經濟上遭受到重大打擊。

## 分割繼承與貨幣經濟的滲透

元寇之後，御家人的貧窮化快速擴大，但其真正原因不能歸咎於恩賞太少，主因之一應是分割繼承的緣故。

如七十八頁所述，鎌倉武士所採用的繼承方式，是由長男繼承主要財產，其他的財產再由其兄弟姐妹分配繼承。如此一來，一定會讓領地愈變愈小，最後致使愈來愈多的御家人無法自給自足。

另一個主要的原因，是御家

永仁的德政令讓高利貸業者的利益受損，之後高利貸業者便在借貸文件上加註：「往後發布之德政令皆不適用於此合約」。

人受到了貨幣經濟的影響。鎌倉時代中期之後，由於貨幣經濟的發達（參見P102），貨幣開始在日本全國流通，隨之並且出現了放高利貸的業者。

但御家人當中，許多人借了高利貸之後無力償還，只好變賣祖先傳下來的土地。針對這樣的情形，幕府在永仁五年（一二九七）以御家人為對象制定了一項法律，讓御家人收回過去因變賣或典當所失去的土地。這項稱為「永仁德政令」的法律，雖然暫時拯救了御家人，但之後還是有很多人變賣土地，終究無法阻擋御家人逐漸貧窮的趨勢。

## ●逐漸貧窮的御家人

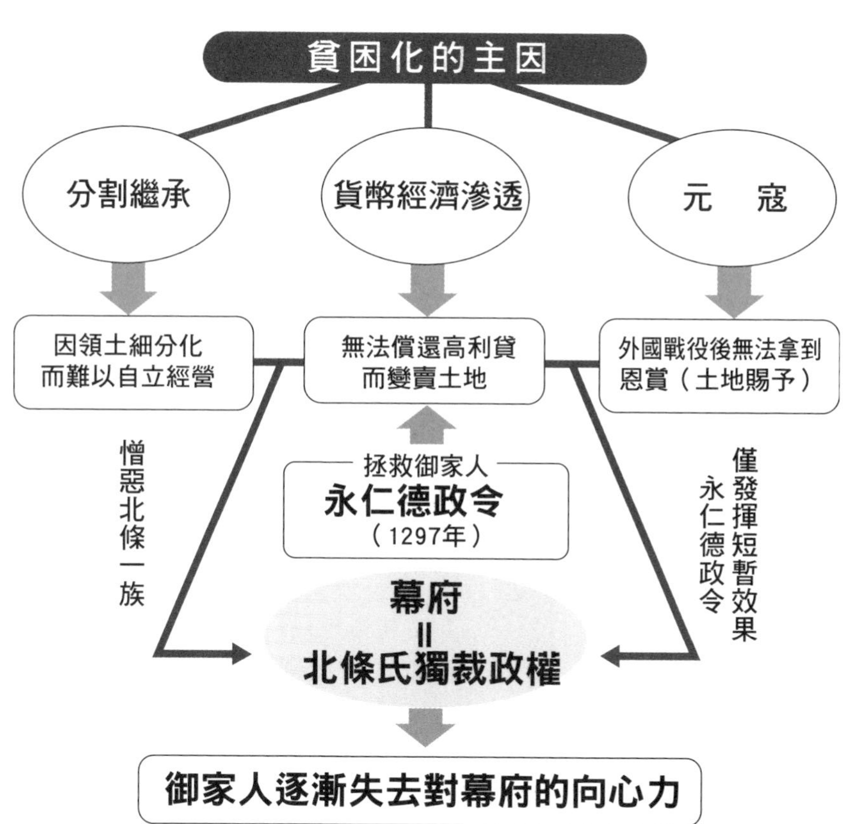

**13世紀　鎌倉時代的金融交易**

# 宋錢流入促使貨幣制度發達

鎌倉後期，貨幣制度極為發達，而票據也開始使用在遠地的商品交易上。

## 宋錢的輸入與貨幣制度的發達

鎌倉時代時，幕府與中國宋朝（南宋）的交流頻繁，自十二世紀中期開始，便有大量的宋錢輸入日本。而當時不只貴族、武士使用金錢，一般的平民階層也會使用，因此當時日本國內也確立了以宋錢為流通貨幣的貨幣制度。

根據研究推測，當時流入日本的宋錢大約有兩億貫。所謂「貫」，指的是一千枚一文錢。因為當時錢不是一枚一枚地使用，而是以一百文或一貫文為單位，串綁在繩子上，一串串地使用。

對於貨幣大量流入日本一事，中國宋朝其實並不樂見。於是宋朝多次制定禁止國內產品出口的法令，據說在一二四九年時還曾追蹤由寧波出發的日本船，總共追討回兩萬貫的銅錢。

## 金融制度的發達

鎌倉時代中期之後，在地方都市、大寺社的門前，或是各交通要塞等民眾聚集的場所，都會有定期市場（一個月有三次的三齋市場等）。在這樣的定期市場，除了附近農民會帶農作物前來，商人或手工業者也會運來鞋子、布、農具、餐具等，陳列販售許多商品。另外像在京都這樣的大都市，也開始出現有「見世棚」之稱之每天營業的小賣店。

到了鎌倉後期，農民也開始在市場銷售農作物與人換取錢幣，也有愈來愈多的農民改以錢來繳納給地頭和莊官的年貢。隨著貨幣制度的發展，也出現了以高利息借貸金錢的專業金融業者。有趣的是，當時甚至也有女性的高利貸業者。

此時，遠地間的商品交易也愈趨頻繁，由於金錢在運送過程容易發生危險或遺失，因此便開始使用稱為「為替」的匯票。專門處理這

**歷史筆記**　竹崎季長請人畫下他在元寇來襲時的英姿，畫作稱為《蒙古襲來繪詞》，但據說畫中的蒙古兵是後世加畫上去的。

種匯票的業者稱為「問丸」，「問丸」通常會開設在車站、港口等交通要地，除了發行匯票之外，也接受商品運送或委託販賣的要求。

## ●遠距交易系統

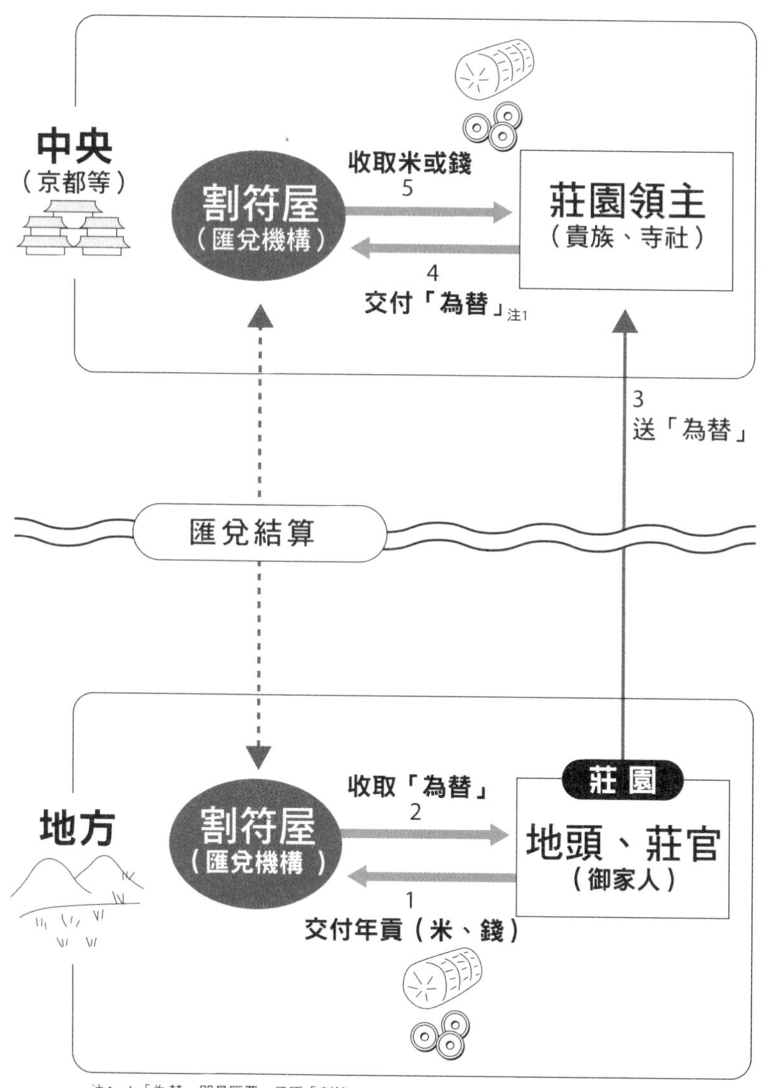


注1 ：「為替」即是匯票，又稱「割符」。

13世紀　鎌倉時代的農業

# 農民快速竄起的原因

肥料、鐵製農具、牛馬的利用等，提升了農民的生產力，農產量大為增加。而販售多餘的農作物也讓農民的生活變得富裕。

## 農村的領導者名主

鎌倉時代的耕地，分成莊園（私領）和國衙領（公領）。莊園的領主為貴族或大寺社，而國衙領雖然是國司統治下的土地，但隨著國司的領主化，國衙領與莊園也就沒有什麼兩樣。

莊園和國衙領的管理者都是幕府的地頭，在地頭手下負責農業經營的是稱為「名主」的有力農民。莊園領主與國司將農地的耕作交由名主負責，名主會派直屬的下人或隨屬進行耕作，剩餘的土地便讓小百姓、或稱為「作人」的小規模自立農民耕作，而名主也就是農村經營的領導者。

鎌倉時代的農民（名主或作人），會被領主徵收「年貢、公事、夫役」等三種稅。「年貢」指的是稻米收穫量的三到四成；「公事」是需交付的土地特產；「夫役」則是協助修築堤坊等勞動工作。

不過，當時的農民對於領主或地頭所提出的要求並不在乎。他們會向幕府或朝廷提出百姓申訴狀或者向領主要求改善，假如無法解決，便會寫起請文（譯注：對神佛起誓的文書），然後逃到山野裡以示抵抗。

## 優越的農業技術

鎌倉時代的農業生產力有相當驚人的進步，這是因為耕作方法和以前有很大的不同。當時的農民已經懂得使用肥料，他們會在田裡面放入腐壞的葉土或草木灰，再施人肥（人的排泄物）。在古代，把人的排泄物投入田裡是一種犯法的行為。但來到了中世（鎌倉、室町時代），人們的思想已經有了一些轉變。

而中世的農民還把馬或牛牽到田裡，借用牠們的力量來耕作（牛馬耕）。同時，由於鍬或鋤頭等的

**歷史筆記**　當時的農業是引小河或湧泉灌溉，因為技術上尚無法利用大河，所以只要持續多日的晴天，水田馬上就會乾涸。

價格便宜，農具也由木製變成以鐵製品為主，可輕易達到深耕的目的。稻子在經過品種改良之後，開發出早稻、中稻、晚稻，二毛作（譯注：一年二熟的栽種方式）也開始普及。

因此，到了鎌倉末期，許多農民因為販售多餘的農作物而變得富有，紛紛從作人變成名主，富裕的名主則成為武士，和鄰黨結成同盟，掠奪莊園並與幕府對立。這種新興的武士稱為「惡黨」，他們也成為了之後討伐幕府的推動力。

## ●農業生產力提高所帶來的社會變化

① 肥料的使用 ⇨ 腐壞的葉土、草木灰、人肥

② 耕作方法改變 ⇨ 牛馬耕、鐵製農具普及

③ 品種改良 ⇨ 早稻、中稻、晚稻

④ 二毛作 ⇨ 以京畿為中心開始普及

剩餘的生產物增加

富裕的農民變成武士

惡黨（新興武士）出現

13世紀　手工業的發展

# 專業職人與手工業者的出現

由於農業生產力提高，原料價格也相對低廉。此時開始有人購買原料製作成商品販售，賺取生活所需。

## 從副業到專業的手工業

由於農業生產力大幅提升，造成手工業顯著發展，這也是鎌倉時代的特徵之一。

鎌倉時代的農民，除了要以米糧來繳納年貢以外，還必須生產特產品繳交公庫。較具代表性的特產品為麻、楮（和紙原料）、藍（染布時使用）、荏胡麻（油的原料）等。只是到了鎌倉時代中期，農業生產力的提升，使得特產品剩餘很多，於是農民們便將這些剩餘的農產品拿到三齋市場（定期市場）販賣。

這個時代中，除了從事農作，同時也有許多農民從事手工業。農民將麻、楮、藍等拿到市場販賣換得錢幣，而使用這些原料生產麻布或紙，也可以支撐買入原料者的生活開支。因此，各地開始出現專業的師傅或手工業者，他們的產品經由小販運送到各地，在三齋市場販賣。

## 同業工會的成立

手工業者原本散居在農村，但後來有很多人漸漸地遷移到莊園領主所居住的京都、奈良、或鎌倉等大都市。因為在這些大都市當中，有來自全國莊園各地的特產品，原料的取得比較容易，而且大都市消費人口也多，交易活動更為活絡。

於是，流動性強的手工業者開始聚集，組成了同業工會。他們尊寺社或貴族等莊園領主為主人，並向工會繳稅（座役），藉此取得在領內從事工商業活動的獨占權，並以便宜的價格取得原料。像這種排他性的手工業同業工會，稱為「座」，其發展的數量愈來愈多，規模也逐漸擴大。

鎌倉時代，讓牛拖著犁耕作的牛耕方式在西日本相當普及。從《松崎天神緣起繪卷》當中，便可得知當時牛耕的情形。

## ●手工業者的出現

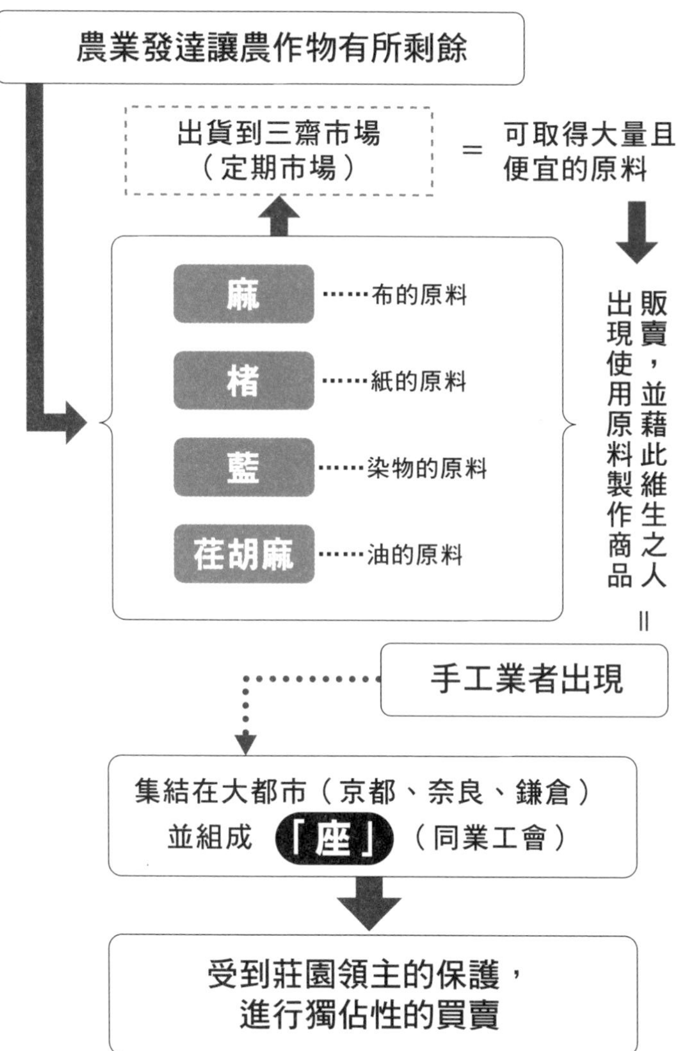
農業發達讓農作物有所剩餘
出貨到三齋市場
（定期市場）
＝
可取得大量且
便宜的原料
麻……布的原料
楮……紙的原料
藍……染物的原料
荏胡麻……油的原料
販賣，並藉此維生之人
出現使用原料製作商品
＝
手工業者出現
集結在大都市（京都、奈良、鎌倉）
並組成「座」（同業工會）
受到莊園領主的保護，
進行獨佔性的買賣

12世紀末～13世紀　鎌倉新佛教之一

# 念佛即可獲得救贖

念佛就可以通往極樂世界，「他力本願」（譯注：借佛的願力成佛）的教義獲得民眾熱烈的支持。

### 唸南無阿彌陀佛便能得救

出身美作國武士家的法然，年幼時便進入比叡山延曆寺修行佛道。不久，法然便開始以「不論身分地位、不需出家嚴格修行，只要誠心地唸『南無阿彌陀佛』（念佛），就可以通往極樂世界」的新觀念傳道。

此番劃時代的教義不但獲得了貴族與武士認同，也受到庶民的熱烈支持，因而急速傳播開來。然而，法然卻受到舊佛教勢力的憎惡，承元元年（一二〇七）時一度被放逐到土佐，但不久便獲得赦免，法然的宗派也被稱為「淨土宗」。

法然有個出身貴族的高徒，名叫親鸞。當法然遭流放的時候，他也被流放到越後國。然而親鸞在獲得赦免之後，並未立即返回京都，而是長年留在關東地方，宣揚念佛。

### 惡人也能得救

親鸞的教義比法然更簡單，他說：「只要曾有那麼一回誠心地唸『南無阿彌陀佛』，便可以通往極樂世界」，而且還斷言：「阿彌陀如來首先會渡化自覺罪惡深重的人」。此教義被稱為惡人正機說。親鸞還說：「要相信往生後將會去到極樂世界，那時就能見到阿彌陀如來」，大力提倡他力本願。

親鸞的教義強調只要透過簡易的修行方式，便能通往極樂世界，這樣的教義獲得民眾的支持，親鸞死後，深信教義的人將此教稱為「淨土真宗」。

晚法然與親鸞一些出現的是一遍，他提出了念佛號便可得到救贖的教義。「無論相信與否，不論是善人或惡人，只要口中唸誦佛號便能得救。」一遍走遍全國各地宣揚這樣的教義，甚至發給民眾印有「南無阿彌陀佛、決定往生六十

**歷史筆記**　回到京都的親鸞為了導正關東信徒的異行，派遣長男善鸞前去糾正，但因為善鸞竟開始傳異端，萬分苦惱之下，親鸞便與善鸞斷絕關係。

萬人」的小紙卡，一遍還推廣一種用身體表達獲救喜悅的舞蹈念佛方式，而一遍所創的教派稱之為「時宗」。

鎌倉時代的佛教主流為天台宗或真言宗等舊佛教，到了室町時代中期，法然、親鸞、一遍的「藉由念佛通往極樂世界」的新教義則獲得民眾熱烈的支持。

## ●提倡念佛即可獲得救贖之教派

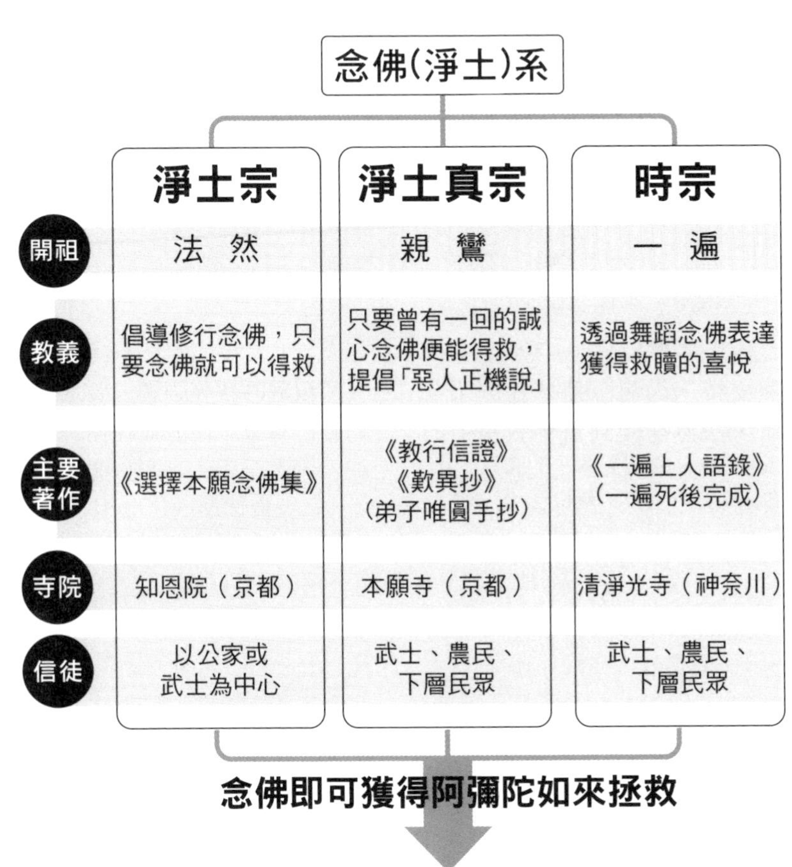

12世紀末～13世紀前半　鎌倉新佛教之二

# 宣揚禪宗的榮西與道元

坐禪的嚴厲修行方式獲得了武士的支持，臨濟宗也因此受到幕府的保護。

## 受到幕府保護的榮西

「臨濟宗」是禪宗的一派。必須一邊思考「公案」（師父所給的問題），一邊坐禪，藉由獨自思考來達到自我開悟，這種憑藉自身努力的「自力」教義正是此派的真髓。

出身備中國吉備津宮中神官家的榮西，從中國宋朝將臨濟禪帶回日本，並且開啟一宗派。榮西在比叡山學習佛法後，曾兩度前往宋朝，在天台山萬年寺和天童山景德寺學禪，並且獲得臨濟禪的認同而歸國。可是，當他回到京都要宣揚禪宗的時候，卻受到比叡山的迫害，無可奈何之下，只好轉往鎌倉。

坐禪這種嚴格的修行方式，似乎非常符合關東武士的作風，使得禪很快地在武士之間流傳開來。據說鎌倉幕府的北條政子及二代將軍源賴家也皈依榮西，而幕府也請榮西擔任源賴朝一週年忌辰的主持僧。此外，幕府還為榮西在京都創建了建仁寺，而榮西同時也是鎌倉壽福寺的開山祖。之後，榮西所開創的日本臨濟宗（禪宗）便在幕府的庇蔭下逐漸開枝散葉。

五代執權源時賴自宋朝邀請蘭溪道隆前來創建建長寺；八代執權源時宗則是興建圓覺寺，並聘請無學祖元主持，他們都是宋朝臨濟禪的僧侶。

## 只管打坐的道元

源道元是內大臣源通親的兒子，由於父母親在他年幼時便已去世，之後他便進入比叡山，出家研讀佛法。後來道元跟隨榮西的弟子明全學禪，因為深受教義的感動，為了更深入探究禪道而前往中國宋朝。在宋朝，他向天童山景德寺的如淨學習曹洞禪，回日本之後開啟了曹洞宗一派。

曹洞禪與臨濟禪的最大差異在於曹洞禪沒有「公案」。「心無

對於要求禁止禪宗的比叡山延曆寺，榮西在其主要著作《興禪護國論》中詳盡說明禪的歷史與正當性，針對比叡山延曆寺的批判做了反辯。

旁騖、專心坐禪便能頓悟」是道元的主張，因此這個教派也被稱為「只管打坐」。向來非常保護禪宗的鎌倉幕府也多次向道元招手，希望他能前來鎌倉。不過道元不願意趨炎附勢，於是請求波多野義重的協助去到越前國，在越前國開設永平寺，全心培育弟子。到了鎌倉末期，曹洞宗也已普及至民眾之間。

## ●主張修禪悟道之教派

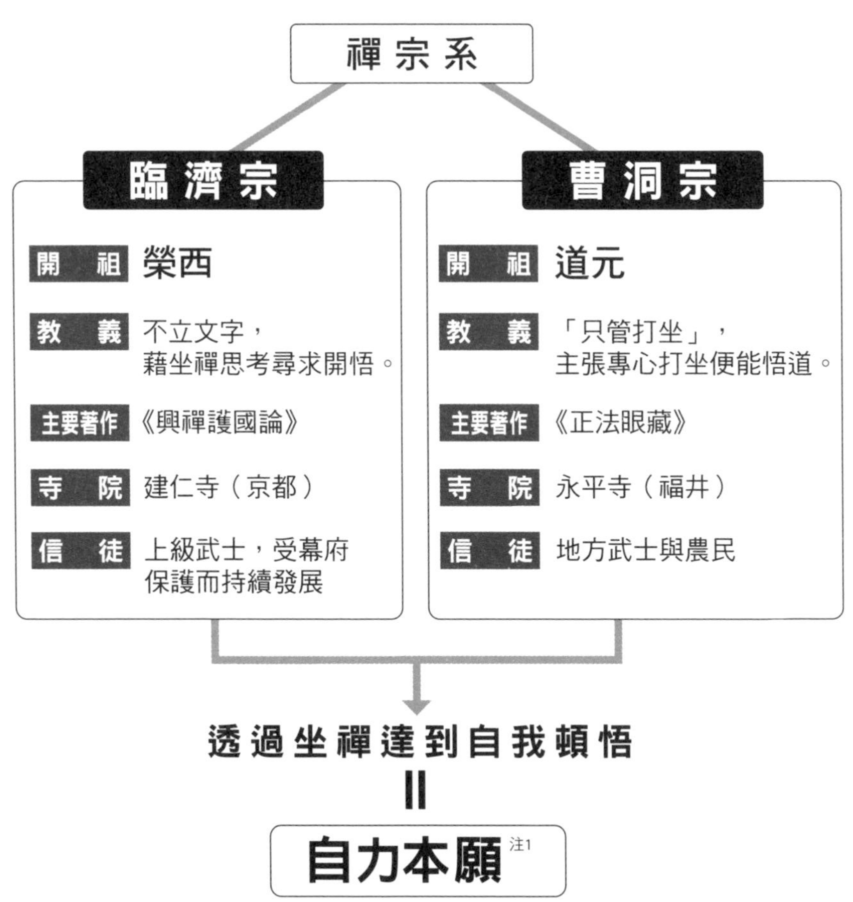


注1：自力本願乃指透過自我修行達到頓悟。

13世紀中葉 鎌倉新佛教之三

# 日蓮強烈抨擊舊佛教

日蓮提倡唸誦《法華經》的「題目」便可成佛，並強烈抨擊其他宗派，為此，日蓮曾兩度遭流放。

## 日蓮的街頭傳教

「念佛無間、禪天魔、真言亡國、律國賊」（譯注：念佛者將造無間地獄之業，禪宗是天魔所為，真言宗是亡國之惡法，律宗是國賊之妄說）。說這句話的是一位名叫日蓮的僧侶，他在鎌倉街頭強烈地抨擊念佛宗、禪宗、真言宗、律宗等其他宗派。

日蓮是安房國小湊的漁夫之子。他十二歲的時候便出家，入比叡山學習佛法。在研讀各教經典之後，他深信法華經是最高教義。於是他開始提倡唸誦《法華經》真髓「南無妙法蓮華經」（題目），表示這麼做便能成就心願，死後也可以成佛。

如前所述，日蓮他強烈抨擊其他宗派教義，他警告人們說：「假如再這麼容許念佛或禪，日本一定會遭受其他國家的侵略，而且會不斷發生內亂。」日蓮把他對其他宗派教義的攻訐寫進《立正安國論》裡，並將此書呈給當時的執權北條時賴。

日蓮過於偏激的言行舉止當然受到其他宗派的強烈反駁，甚至還惹惱了當權者。因此，日蓮曾兩度被流放，地點分別是伊豆和佐渡。即使如此，日蓮還是堅持自己的信念，晚年時隱居於甲斐國身延山，全心培育弟子。不久，日蓮宗終於獲得地方武士和都市商人的支持，成為他們的信仰。

## 舊佛教的革新

鎌倉新佛教（六派）興盛時，舊佛教方面也出現了一群致力於改革的僧侶。舊佛教是鎌倉新佛教的相對說法，也稱為顯密佛教，具體而言包括了天台宗、真言宗以及南都六宗（南都即為奈良）。其中，改革動作最大的就是南都六宗，當中法相宗的貞慶、華嚴宗的高弁、律宗的睿尊，以及其弟子忍性所進

**歷史筆記** 據說在流放佐渡的途中，日蓮在龍口（鎌倉郊外）時就要被處斬……，突然間雷電交加火光迸射，劊子手的刀子跟著斷落。

行的改革更是值得一提。

貞慶和高弁宣揚戒律的功德，他們強烈主張重視戒律一事，並進行宗派的整合。

叡尊和忍信也提倡戒律的重要性，忍性同時還推動社會福利事業，他在奈良設立了救濟病人的機構（北山十八間戶），也在關東鎌倉設立悲田院（救助窮人與病患的機構），致力於提升舊佛教的威信，希望找回民眾的信賴。

## ●重視題目的日蓮宗

天台宗系

**日蓮宗**

| | |
|---|---|
| 開祖 | 日蓮 |
| 教義 | 主張唸誦「題目」便可成佛<br>強烈抨擊其他宗派 |
| 主要著作 | 《立正安國論》 |
| 寺院 | 久遠寺（位於山梨縣） |
| 信徒 | 下級武士與工商業者 |

12世紀末～13世紀　中世的神佛信仰

# 庶民的神佛信仰

中世的人們，生活中經常出現死亡的場景，在精神上需要依賴之下，神佛思想早已深入到民間。

## 依靠神佛信仰而活的人們

如果閱讀創造攝關政治全盛時期的藤原道長所寫的日記（《御堂關白記》），會發現古代的貴族非常迷信，而且相信怨靈的存在。事實上，進入中世之後，這樣的情況並沒有任何改變，無論貴族、武士或民眾，大家仍舊迷信並敬畏鬼神。這是因為當時的生活狀況跟現今完全不同，當時人們無時無刻不面臨死亡問題。

當時醫學尚未發達，人民很可能因為流行性感冒而死亡；若是天花開始流行，村子裡面立刻就有人陸續死亡。當時的人們不知道病毒與細菌的存在，因而把疾病的傳染視為怨靈作祟或是神佛的處罰。為了能平安過完一生，當時的人們虔誠地信仰神佛，並不時舉辦祭典活動以求神佛保佑。此外，鎌倉時代時，日本氣候進入小冰期，因此經常發生寒害，許多人因此餓死。

義和元年（一一八一）、寬喜二年（一二三〇），以及正嘉三年（一二五九）的狀況更為嚴重。當時發生大飢荒，許多農民因而離開村莊淪為流民。這些流民成群結隊地流入京都等都市，到處哀鴻遍野，有如人間地獄。

## 神佛信仰成為生活重心

在這樣的背景之下，神佛信仰深入中世紀人們的生活。以農村為例，正月時為了祈求五穀豐饒，會舉行向神佛祈念的「修正會」與「田遊」（譯注：模擬完整耕作過程以祈求豐收的儀式）儀式；六月便會舉行鎮壓怨靈的御靈會，以及將疫病神或害蟲趕出村莊的驅蟲會；七月舉行盂蘭盆會祭祀祖先；八月舉行魚、鳥放生會；十月則舉行感恩神明賜與豐收的收穫祭。為祈求神佛保佑而做的種種活動，逐漸成為一整年生活中的重要大事。

**歷史筆記**　一二三〇年寬喜飢荒發生時，鎌倉幕府暫時解除了禁止人口買賣的法律，由此可見當時的飢荒有多麼嚴重。

此外，中世的人們還會利用「起請文」（譯注：對神佛起誓的文書）來促進合作或簽訂契約。起請文上寫有許多神佛的名字，人們相信若是違反約定，就會受到神佛的處罰。而當時還有「一味神水」這樣一個名詞。當村民欲群起反抗領主或地頭而企圖逃脫時，他們會喝下和有起請文燃燒後灰燼的水，藉由這樣的作法來尋求團結。

另外，在中世要判決一個人有罪與否時，大多會以「湯起請」的方式決定。所謂「湯起請」，就是要受審者自沸騰的熱水中取出小石頭，之後再依受審者燙傷的程度做出判決。當時像這樣將所有的事情交由神意來判決是非常普遍的。由此可知，中世人們的生活經常都會受到神佛的影響。

## ●中世的神佛信仰

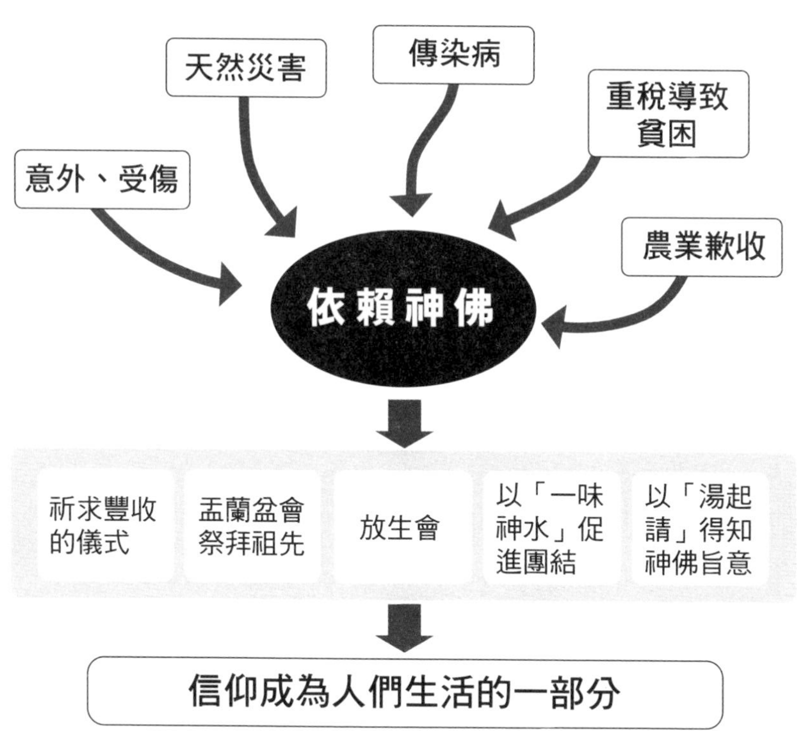

12世紀末～14世紀前半　鎌倉文化

# 都市文化普及至地方

交通的發達增加了地方武士與庶民接觸中央文化的機會，而中國的文物也在此時大量流入日本。

## 鎌倉文化的特徵

鎌倉時代，是統治階層發生大變動的時代。鎌倉時代參與國政的階層，從原本的京都貴族轉移到地方武士。可是，在文化方面還是受到了貴族文化的影響；直到室町時代，武士才開始創造出特有的新文化。

雖說如此，不過在鎌倉時代，由於因交通發達使人物往來大量增加以及由御家人擔任京都大番役（警備役）等的關係，地方武士與庶民接觸中央（京都）文化的機會變多，從平安末期就開始影響地方的中央文化，影響也又更進一步的強化。

同時，從平氏政權時代開始，日宋貿易逐漸頻繁，隨著中國文物的大量流入，也有愈來愈多的中國僧侶（文化人）造訪日本，他們引進了最新的中國文化，鎌倉文化因而具有強烈的中國色彩，並呈現出中日文化融合的現象。

## 各領域的發展

鎌倉時代的建築，除了日本自古以來的和式風格，又多了來自中國的禪宗、大佛等兩大樣式。不久，融合這兩大樣式的細部技巧和和室風格的「折衷樣式」隨之產生。在雕刻領域當中，奈良佛師（譯注：打造佛像的工匠）的活躍最受矚目。尤其是運慶、快慶等慶派的佛師們，他們突破了前代的風格，開始創造許多貌似真人的作品。

在繪畫領域方面，鎌倉時代的繪畫作品同樣突破了前代風格。特別是肖像畫方面，平安時代了無個性的畫法消失了，取而代之的是以真人為素描對象的寫實作品。此外，繪卷物（譯注：一段故事接一張圖的畫卷，收起時捲成圓筒狀於中央綁繩）的流行，也是鎌倉時代的特色之一。

**歷史筆記**　吉田兼好的《徒然草》記載，鎌倉時代時唐物（中國的進口品）被視為珍品，每當唐物被運送到鎌倉的和賀江津時，總會有許多人聚集而來搶著購買。

鎌倉文學的代表，首推「軍記物語」的盛行。另外像是《保元物語》與《平治物語》這類漢字與假名並用的作品，以及由琵琶法師口述的口傳文學《平家物語》等，都是可以讓學識不高的武士或庶民容易閱讀且感到有趣的作品。而武士時代象徵之甲冑與刀劍等工藝領域，也在此時興盛發展。

## ●鎌倉文化的主要作品（12世紀末～14世紀前半）

**建築**

大佛風格（天竺風格）…東大寺南大門
禪宗樣式（唐風格）…圓覺寺舍利殿
和樣式…三十三間堂　（蓮華王院本堂）
折衷樣式…觀心寺金堂

**雕刻**

東大寺南大門金剛力士像（運慶、快慶）
興福寺天燈鬼、龍燈鬼像（康弁）
東大寺僧形八幡神像（快慶）
三十三間堂千手觀音像（湛慶）
興福寺無著、世親像（運慶）
六波羅蜜寺空也上人像（康勝）

**繪畫**

緣起物…《北野天神緣起繪卷》、《春日權現驗記》、《石山寺緣起繪卷》
傳記物…《一遍上人繪傳》、《法然上人繪傳》
會戰物…《蒙古襲來繪詞》、《平治物語繪卷》
肖像畫｛似　繪…藤原隆信、藤原信實｜頂　相…禪僧的肖像畫｝

**文學**

和　歌…《新古今和歌集》（藤原定家等人）
《金槐和歌集》（源實朝）
《山家集》（西行）
隨　筆…《方丈記》（鴨長明）
《徒然草》（吉田兼好）
歷　史…《愚管抄》（慈圓）、《吾妻鏡》（鎌倉幕府）
說　話…《十訓抄》、《宇治拾遺物語》
《古今著聞集》（橘成季）、《沙石集》
軍記物…《保元物語》、《平治物語》、《平家物語》
紀　行…《十六夜日記》（阿佛尼）

**學問**

古典研究…釋日本紀（卜部兼方）
有職故實…禁祕抄（順德天皇）
圖 書 館…金澤文庫（北條實時）
伊勢神道…神本佛迹說
《類聚神祇本源》（度會家行）

亦有庶民文化萌芽的跡象。可看到公家與武家兩種文化兼容的特色，

13世紀　慶派的雕刻

# 鎌倉時代的雕刻

鎌倉時代出現許多優秀的雕刻作品，其中包括了天才雕刻家運慶與快慶所雕刻的金剛力士像。

## 極其昌盛的慶派

鎌倉時代的佛師們，幾乎都是採用受到藤原道長重用的定朝流派。其中不乏大放異彩者，像是定朝的曾孫、康助的弟子康慶，他同時也是慶派的始祖。

而使慶派蓬勃發展的，是以奈良為據點的康慶之子運慶。當平重衡燒毀南都，東大寺和興福寺等奈良的許多寺廟也毀於這場兵火之下。因此，當時有大量的佛像需求，而負責重建工作的僧侶文覺與重源便將打造佛像的工作交由當地的慶派去做。

運慶的作風非常寫實。雖然是雕刻佛像，卻是栩栩如生，從肩膀到胸部的肌肉彷彿真人一般，甚至連血管都清楚可見。而運慶之子湛慶也承襲了其父的長才，充分展現出雕刻的肉體美。不久，運慶便受到源賴朝的賞識，在關東完成了許多作品。運用接木手法、在短時間內大量製作佛像可說是是慶派的一大特徵。

說到慶派的代表作，當然就是動員同派全體佛師所建造之矗立於東大寺南大門的雙體金剛力士像。兩尊像都是超過八公尺的巨大作品，但慶派的佛師們卻只在短短的七十天之內便完成了。當時製作的靈魂人物是運慶，以及康慶的弟子快慶。

## 鎌倉大佛的歷史

鎌倉時代的佛像當中，最著名的首推鎌倉大佛。這尊大佛鎮座於長谷高德院內，是一座超過十一公尺高的巨大金銅像，稱為阿彌陀如來坐像。據說當時鑄造大佛的經費是由僧侶淨光向大眾募款而來，而當時的執權北條泰時也提供了援助。

現在的鎌倉大佛是露天放置的，但在寬元元年（一二四三）鎌

**歷史筆記**　據說運慶製作了許多佛像，但是戰前時期確認為運慶作品卻只有六尊，實在是出人意外的少。

倉大佛開眼之際，則是鎮座於大佛殿之內。然而室町時代時，大佛殿多次遭到颱風、海嘯侵襲而毀壞，因此鎌倉大佛才會變成目前的露天狀態。

另有一說法為，大佛最早是木造的，後來因為颱風而與大佛殿一起毀壞了，所以才在建長四年（一二五二）將佛像改造為金銅佛像。鎌倉大佛在製作過程中，將身體分成七部分，臉分成六部分，由下往上依序分別鑄造完成。鎮坐於高德院內的大佛，至今已成為鎌倉的象徵。

## ●慶派的傳承與其代表作

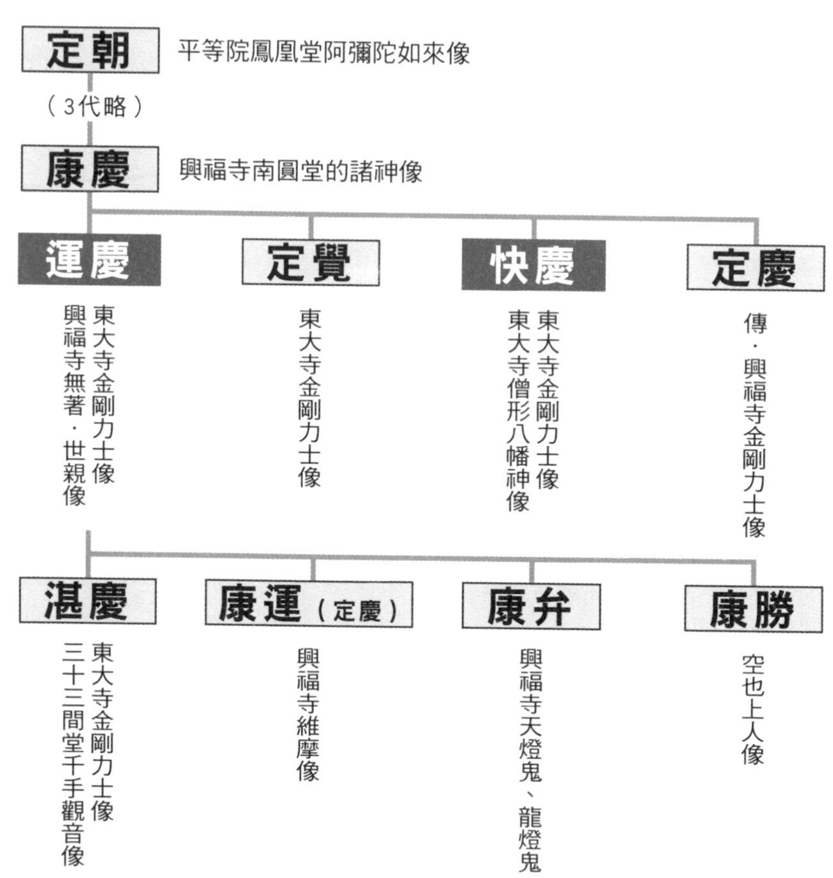

1181年　重建東大寺

# 大佛樣式與禪宗樣式

採用不同建築樣式的建築物陸續出現，包括由宋朝傳來的雄偉豪壯的「大佛樣式」，與匠心獨具的「禪宗樣式」等。

## 以大佛樣式重建東大寺

治承四年（一一八〇），平重衡燒毀東大寺，在源平戰亂之後，由僧侶重源擔任重建東大寺的工作。重源有三次入宋的經驗，他認為：「要復建東大寺巨大大佛殿和南大門，採用中國宋朝江南一帶的建築樣式是最適合的。」於是，重源便聘請陳和卿等宋朝的匠師前來指導重建工作。

雖然大佛殿在源平之亂中完全燒毀了，所幸南大門並沒有毀壞。南大門高度超過了二十五公尺，但建造的概念卻相當簡單，在巨大的圓柱上打洞，然後插入相互交錯的肘木，藉以支撐屋頂。此建造方法，整體建築物的百分之八十僅僅用到了五種建材。對於急於重建的重源而言，是可以快速建造的技術。

由於沒有建造天花板，因此抬頭時只見肘木和頭貫（譯注：橫向連接柱子與柱子的部分）交錯縱橫，看起來非常壯觀。重源所採用的這種建築樣式即稱為「大佛樣式」，這種建築樣式不重細部，較為粗枝大葉，並不符合當時日本人的喜好。因此在重源死後，這種建築樣式也就漸趨式微。

## 禪宗樣式深受日本人的喜好

鎌倉時代中期，陸續有禪宗的僧侶來日，而跟著這些僧侶一起流傳至日本的寺院建築樣式便是「禪宗樣式」。

禪宗樣式的特徵是，如海蝦彎曲背脊般的弓形樑（海老虹梁）、格扇窗（棧唐戶）、花頭窗、放射狀的扇垂木，以及坡度陡斜的屋頂等。每一處細部都極具匠心，整體而言非常地均整協調。和大佛樣式恰好相反，禪宗樣式深受日本人的喜愛，之後便在日本廣為流傳。而禪宗樣式中最具代表性的建築物為圓覺寺舍利殿。

**歷史筆記**　重建東大寺南大門的宋朝工匠陳和卿，為一心想渡海入宋的將軍源實朝監造大船，但這艘大船卻無法浮於水面。之後，陳和卿的下落便不明。

日本雖然有很多外來的建築樣式，但平安時代之後的建築樣式（和樣式）並沒有因此而被遺忘。鎌倉時代的三十三間堂，以及石山寺多寶塔等，都是以和樣式建築的傑作。

除此之外，融合了中國的新樣式一和樣式的「折衷樣式」所建造的寺院建築，也在鎌倉後期大量出現。其中以觀心院的金堂為主要代表。由此可見，鎌倉時代的建築樣式的確產生了極大的變革。

## ●建築的四大樣式

**大佛樣式**

- 從中國宋朝南方傳來
- 由重源引進
- 風格豪邁雄偉

代表作

**東大寺南大門**

**禪宗樣式**

- 從宋朝傳來
- 整體性協調，細部獨具匠心

代表作

**圓覺寺舍利殿**

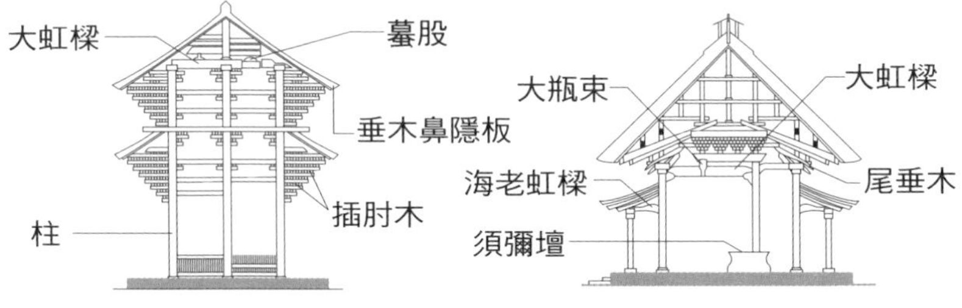


**和樣式**

平安時代便有的傳統樣式，優美且柔和

代表作

**三十三間堂**（蓮華王院本堂）

**折衷樣式**

將大佛樣式與禪宗樣式融入和樣式

代表作

**觀心寺金堂**

13世紀～14世紀前半　鎌倉時代的繪畫

# 繪卷物廣為流傳

鎌倉時代的繪畫，除了繪卷物之外，受宋朝影響的似繪與頂相等也大為流行，可說是繪畫革命的時代。

## 繪卷物的興起

《源氏物語繪卷》、《伴大納言繪卷》等繪卷作品從平安末期便十分盛行，即便到了鎌倉時代，仍未失去光采而廣受歡迎。

繪卷物的代表作品有以「平治之亂」為題材的《平治物語繪卷》、生動描繪法然的《法然上人繪傳》、傳述記錄北野天滿宮由來的《北野天神緣起繪卷》等，都是相當有名的作品。

所謂的繪卷物，就是在一段故事之後以繪畫表現先前故事的情景，透過圖文的反覆交替展開故事情節。因此，即使不認識字，也可以透過圖畫來了解故事內容，以及宗教教義或神祕體驗等。此外，由於繪卷物大多描繪著當時人們的風俗民情、村莊市鎮的樣貌，以及人們的生活方式，在歷史研究上是非常珍貴的資料。

鎌倉時代，由於受到六道輪迴思想的影響，因此有描繪地獄景象的《地獄草紙》、介紹各種疾病的《病草紙》，以及描繪餓鬼模樣的《餓鬼草紙》等作品。像這樣透過圖畫表現是非善惡，使人引以為戒，也是繪卷物的一大特徵。

## 似繪和頂相

在鎌倉時代的繪畫中，似繪可說最能反映鎌倉文化的國際性。所謂的似繪，就是人物的肖像畫。因為受到宋畫很大的影響，使得過去無法表現人物個性的畫法，逐漸被淘汰，轉為描繪人物的瞬間動態的畫作，這可說是日本繪畫史上的一大改革。

似繪的代表人物為藤原隆信。過去一直認為神護寺裡的源賴朝像是他的代表作，但許多研究的結果，發現神護寺裡的肖像很可能不是源賴朝，目前較有力的說法表示該幅肖像是南北朝時代的作品，而

**歷史筆記**　留有頂相傳世的蘭溪道隆，有感於日本的禪宗將會蓬勃發展，因而在一二四六年應邀以來自南宋的高僧身分，在鎌倉開設建長寺。

畫中人物是足利直義（足利尊氏的弟弟）。現今日本許多教科書在談及藤原隆信的代表作時，也刪除了神護寺肖像畫的部份（參見P90）。

鎌倉時代流行高僧在自己的肖像畫上題字讚揚自己，然後再傳給弟子。這種似繪便稱為頂相。許多頂相作品之後成了信仰的器物，這樣的風俗習慣也是從宋朝傳來。

## ●鎌倉繪畫的特徵

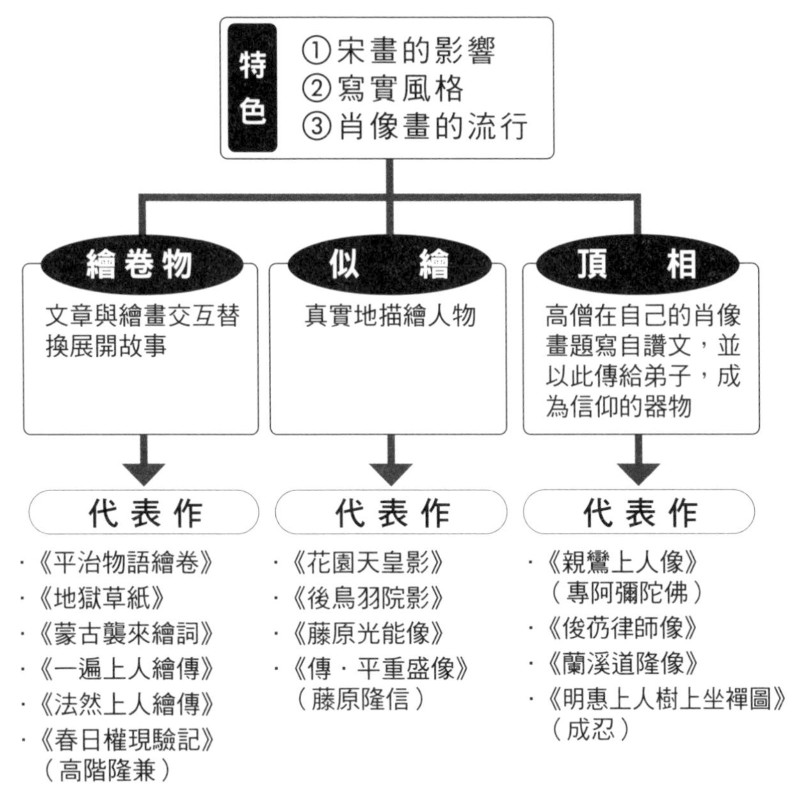

# 鎌倉文學的無常觀

鎌倉時代的軍記物語與隨筆中出現了許多充滿無常觀的優秀作品，而和歌也在鎌倉時代綻放了最後的光芒。

## 平家物語的世界

提起鎌倉時代的文學，立即浮現腦海的就是軍記物語傑作的代表作《平家物語》。「祇園精舍的鐘聲，彷彿諸行無常之證。沙羅雙樹的花色，映照著盛者必衰之理。驕傲之人無法長久，一切宛如春夜之夢。強盛者終究會滅，如同風前之塵。」日本的國中生或高中生，對於《平家物語》開頭的詞多能朗朗上口。

《平家物語》是從佛教的觀點，描寫平家一門的盛衰。當時有位琵琶法師（眼睛看不見的僧形藝人），拿著琵琶伴奏並吟唱故事，將此故事推廣到各地，於是形成口傳文學。關於《平家物語》的作者，可信度較高的說法是由信濃地區前司行長所著，但至今仍無法確定。

鎌倉時代的軍記物語，代表作品則是《平家物語》和《承久記》。

## 佛教無常觀下的出世文學

如同我們在《平家物語》裡所見的，鎌倉時代的文學充滿了佛教的無常思想。而那些出世作者的作品更是一直流傳至今，這一點相當值得我們注意。

比方說鴨長明，他因無法獲得神職工作而出家，後來寫下隨筆作品《方丈記》；另外還有吉田（卜部）兼好，他在主人二條天皇去世之後就出家，隱居之後寫下了隨筆作品《徒然草》，而以擅於撰寫歌集著名的西行也是如此。西行雖出身武家，但年紀輕輕便看破紅塵出家，到各地漂泊，也留下了非常優秀的歌集《山家集》。

此外，和歌在鎌倉時代也綻放了最後光芒。除了西行之外，尚有藤原定家、藤原家隆等許多優秀的歌人。他們奉後鳥羽上皇之命編纂《新古今和歌集》（勅撰和歌集），充滿技巧和情緒的歌風，稱

**歷史筆記** 吉田兼好曾替高師直代筆寫情書，也曾藉機接近足利直義，他的所作所為實在不像一般所認為的出世之人。

之為新古今調。附帶一提的是，第三代將軍源實朝也長於和歌，留下了《金槐和歌集》。

鎌倉時代還有慈圓的《愚管抄》、鎌倉幕府正史作品《吾妻鏡》、中山史親所寫的《水鏡》等歷史作品。

## ●鎌倉文學的特色與主要作品

**特色**

①佛教的無常思想
②出世者的文學
③和歌最後的光芒
④軍記物語的流行

**和歌**

《山家集》（西行）
《新古今和歌集》（藤原定家等）
《金槐和歌集》（源實朝）

**紀行文❷**

《東關紀行》（源親行）
《十六夜日記》（阿佛尼）

**軍記物語**

《保元物語》
《平治物語》
《平家物語》

**歷史書**

《水鏡》
《愚管抄》（慈圓）
《吾妻鏡》

**隨筆**

《方丈記》（鴨長明）
《徒然草》（吉田兼好）

**有職故實❸**

《世俗淺深祕抄》（後鳥羽上皇）
《禁祕抄》（順德天皇）

**說話❶**

《宇治拾遺物語》
《古今著聞集》（橘成季）
《沙石集》（無住）

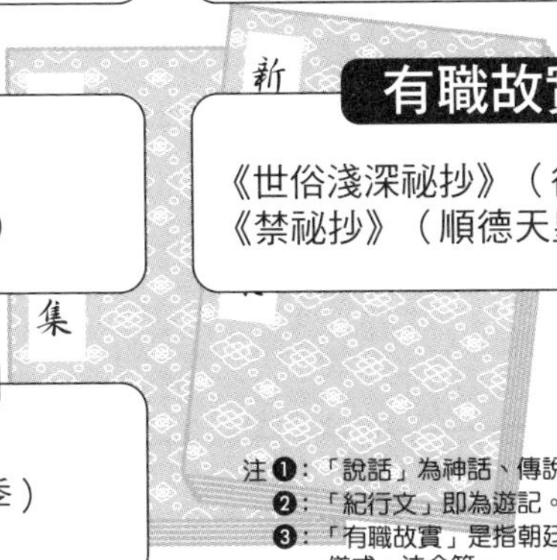

注❶：「說話」為神話、傳說、童話等總稱。
❷：「紀行文」即為遊記。
❸：「有職故實」是指朝廷或武家故有的行禮儀式、法令等。

# 鎌倉時代的女性地位

鎌倉時代時，女性地位逐漸提升，開始出現像北條政子或藤原兼子那樣握有實權的女性。

## 逐漸提升的女性地位

據古書記載，鎌倉時代女性有繼承丈夫土地的權利，也有人被任命為御家人或地頭。鎌倉後期，結婚通常都是女方嫁入男方家中；但在鎌倉初期，也有男方嫁入女方家中的例子，而且女性婚後仍沿用舊姓，所有的財產也由自己管理。假如女性死亡，又沒有子女，則財產通常會歸還給女方的家人。

此外，父母親也擁有絕對的權力。假若父母將財產過繼給子女後又後悔，父母有權要求子女歸還。若子女對母親提出告訴，在當時也會被視為違反常理。

女性的地位雖然提高，但男女還是沒有平等。由於受佛教思想影響，認為女性是一種罪孽的存在，因此有許多場所禁止女性進入，而且只有男性才擁有離婚權。不過，男性只能在兩種狀況下提出離婚，分別是妻子陷入重度悲傷，或是生不出孩子（特別是男孩）。假如女性想離婚，則必須先逃離夫家，之後再經由訴訟裁判獲得離婚認可。

## 站在權力頂點的兩個女人

慈圓在其作《愚管抄》當中，有感而發地說道：「由女人掌權的日本國，即將成為女人天下啊！」當時源賴朝之女大姬是否要進入後鳥羽天皇後宮，以及皇族將軍問題都將由兩個女人來決定，因此他對當時的政治現狀下了如此的註解。

兩個女人當中的一人是源賴朝的妻子北條政子。如前所述，源賴朝死後北條政子掌握了極大的政治力量，當時的攝家將軍年紀尚小，北條政子遂以輔佐者身分握有實際政權，被稱為「尼將軍」，而幕府正史的《吾妻鏡》當中的北條政子便被記述為將軍。

另外一個女人則是藤原兼子（卿二位）。藤原兼子是後鳥羽上

**歷史筆記**　鎌倉時代，開創曹洞宗的道元在著作《正法眼藏》中，針對禁止女性出入部分場所一事提出嚴厲的批判，並提倡男女平等。

皇的奶媽，由於上皇對她非常順從，因此許多想要出人頭地的貴族紛紛聚集到藤原兼子的宅邸前，據說她的屋子裡滿是貴族送的金銀財寶。

附帶一提的是，當時的衛生條件極差，因此生產這件事通常伴隨著很大的危險。不僅許多女人會流產或產下死胎，也有許多人在生產或哺乳期時死亡。所以當時為了要讓生產後婦女能盡快恢復體力，一定會僱用奶媽來照顧嬰兒。

## ●尼將軍北條政子動盪的一生

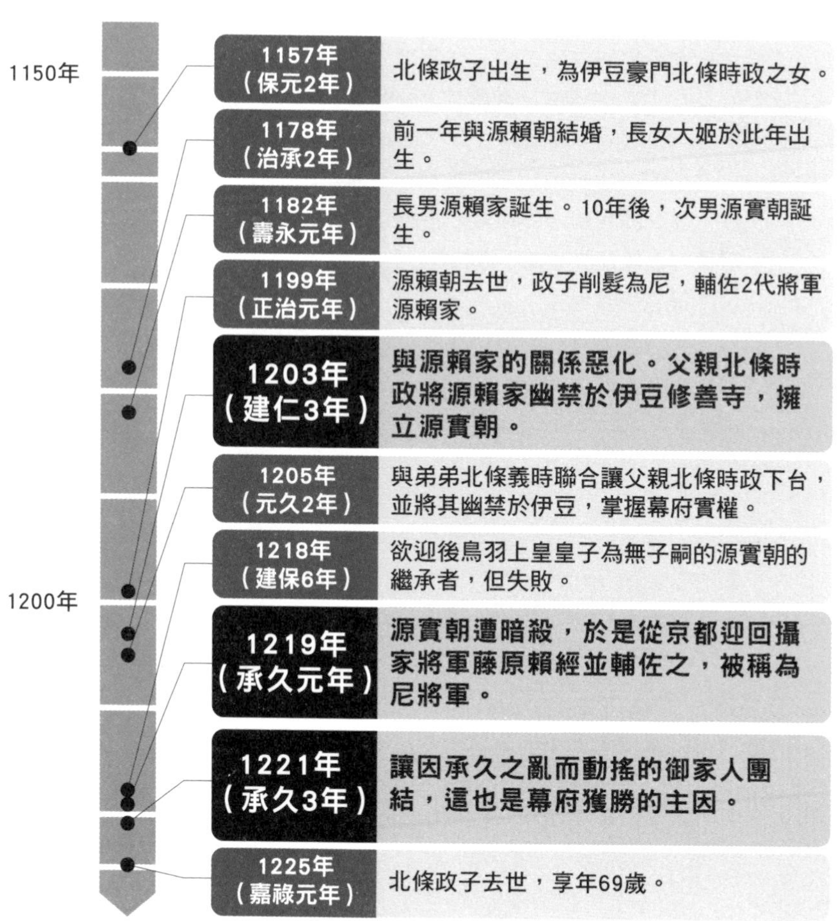

專欄

## 中世人的生命輕如鴻毛

曾有政治家說：「人們的生命，比地球還要重」。但以現代人的觀點來看，中世人的生命可說是輕如鴻毛。中世是個戰爭的時代，期間發生了源平爭亂、南北朝動亂等。在這些戰爭當中，有許多的人命都成為了無辜的犧牲品。而傳染病的流行以及飢荒，也奪走了無數的人命。甚至還有許多人是自己結束了生命，尤其是有「觀音補陀落渡海」之稱的集體自殺行動，讓室町時代末期來到日本的外國傳教士非常驚訝。

加斯帕・維列拉在《耶穌會士日本通信》一書中提到，許多人穿上最好的衣服，然後乘船投入江中。這些人在袖子裡放入許多石頭，以愉快的心情投入江中。

「觀音補陀落渡海」是祈求來世通往極樂世界的一種儀式。當時信仰淨土思想的一般庶民非常希望能夠通往極樂世界，據說這種集體自殺的場面在港口經常可以看見。與其活在這個充滿戰亂或疾病、飢荒的世界上，不如拋開痛苦，一起通往極樂世界，這對當時的人而言，幾乎是脫離痛苦的方法。

生命重量之輕，也可從人口販賣盛行一事得知。在室町末期的京都，有許多人欺騙女性並將其賣掉，《信長公記》當中便記載有京都所司代的村井貞勝（織田信長家臣）懲罰人口販子一事。

不過，當時誘拐人口的例子卻很少。大多數的情形都是父母將孩子賣給人口販子以換取微薄的錢財。男子通常會被送到富農家當下人做粗活，而女子則被賣做娼婦，都被迫過著奴隸的生活。

# 南北朝的動亂

## 日本分裂的危機

# 新武士政權誕生，但政治終究無法安定

## 鎌倉幕府的瓦解

看到鎌倉幕府失去了御家人的推崇，後醍醐天皇終於也出兵發動討幕。出兵後，後醍醐天皇馬上被幕府抓走並遭到放逐，但由於楠木正成與護良親王的頑強抵抗，優勢開始轉換到天皇那邊。最後，御家人足利高氏（之後的尊氏）和新田義貞的叛變，讓鎌倉幕府一百五十年的歷史畫下句點。

取代鎌倉幕府執政的是後醍醐天皇所建立的建武政府。然而，建武政府對於討幕有功的武士非常冷漠，武士很快就開始叛離，在短短的兩年間便被足利尊氏推翻。不久，尊氏便在京都開設了幕府（武士政權）。

另一方面，後醍醐天皇從京都遷至大和國吉野，並對天下宣告：

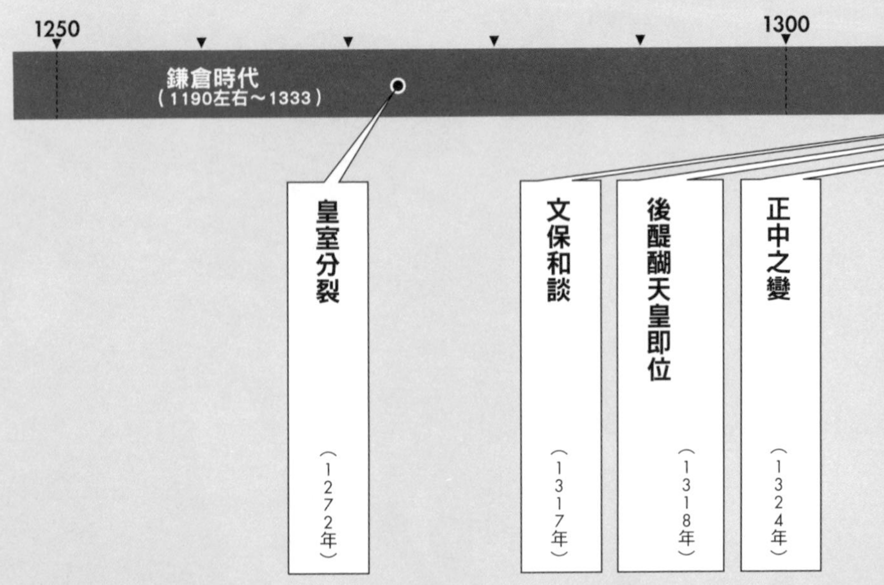

「我才是正統的天皇」，樹立「南朝」。於是朝廷便分裂為尊奉幕府的京都北朝與吉野南朝，出現了一個前所未有的時代（南北朝時代）。

## 南北朝的動亂

幕府動用了強大的軍事力量，一一消滅南朝的據點。後又因後醍醐天皇去世，南朝勢力數年之後便像風中殘燭般苟延殘喘著。如果什麼事都沒發生，在足利尊氏尚活著時，南朝一定會走向滅亡之路。

可是，出人意料的是，南北朝時代竟持續了六十年以上。

這是因為幕府的領導群出現分裂，不久便發生了內亂。由於政治方針相左，足利尊氏與執事高師直、足利直義（足利尊氏之弟）之間開始產生對立與抗爭，過程中雙方都企圖利用南朝的正當性，於是紛紛往南擴大版圖。原本衰敗的南朝因此漸漸恢復元氣，最後得以保住命脈。

幕府的內亂在足利尊氏毒殺弟弟足利直義之後終告結束。為了壓制恢復元氣的南朝，即使在足利尊氏死後，室町幕府仍舊必須花費許多力氣。

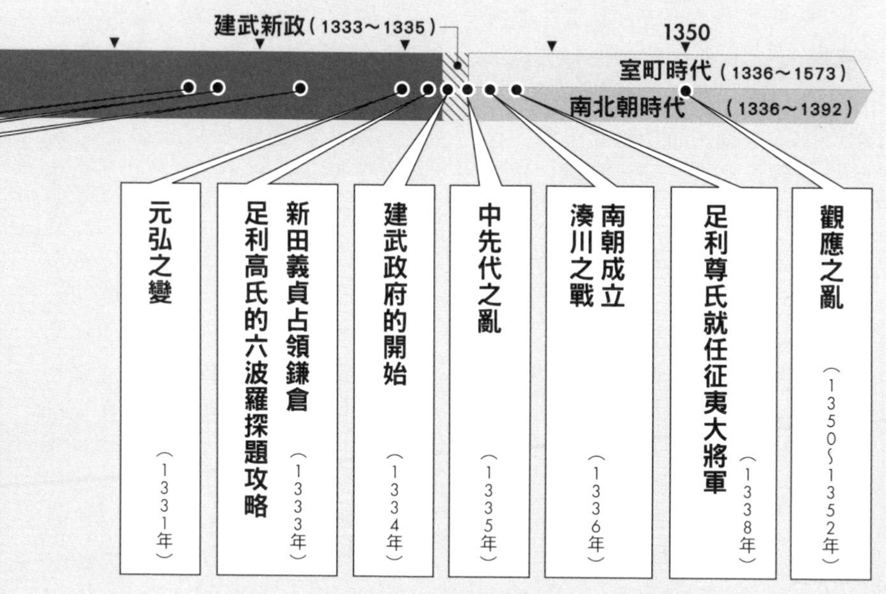

**1317年　文保和談**

# 天皇家改以輪流繼位

對於分裂為「持明院統」與「大覺寺統」的皇室，幕府提出每十年便更換繼位人選的折衷方案。

## 後嵯峨法皇的偏愛

天皇家之所以會分裂，完全是因為後嵯峨法皇的關係。後嵯峨法皇之後理應由兒子後深草即位，但後嵯峨法皇卻打算讓後深草的弟弟龜山登上天皇一位；而即使後深草有皇子熙仁可繼位，但後嵯峨法皇還是冊立龜山天皇的皇子世仁為皇太子。雖然後深草與龜山同樣都是皇后藤原姞子所生，但不知為何，後嵯峨法皇就是比較偏愛龜山。

文永九年（一二七二），掌管院政近三十年的後嵯峨法皇去世。但臨死之際，他並未決定「治天之君」由誰來接，而是將此重責大任託付給鎌倉幕府，因此點燃了皇統分裂的導火線。

所謂「治天之君」，指的是天皇家的惣領（家督、領導者），可說是真正掌握朝廷實權之人。如果後嵯峨法皇真的依照自己真正的意願，改命龜山為「治天之君」，那麼擁立龜山一派就會代代成為天皇家的惣領。據說後嵯峨法皇之所以沒這麼做，正是因為他對幕府仍有所顧慮。

事實上，後嵯峨法皇過去曾經遭到貴族反對，後來是因為鎌倉幕府的協助才得以登上皇位，所以，這也就是為什麼後嵯峨法皇始終沒有表達出真正想法的原因。

## 文保和談

後嵯峨法皇死後，幕府曾經前往拜訪藤原姞子皇后，探詢後嵯峨法皇生前是否指名繼位人選，對此，姞子將龜山受寵一事告訴幕府。文永十一年（一二七四），龜山天皇將皇位傳給了兒子世仁（後宇多天皇），並且開始執行院政。然而，正當對龜山一派已親政的局勢深感絕望的後深草，在看破紅塵打算出家之際，當時的執權北條時宗聽到傳聞，便下令將後宇多天皇

**歷史筆記**　兩統鼎立對貴族社會造成了很大的影響。貴族認為一旦天皇的派系改變，貴族地位勢必也會有所變動，因此千方百計想要接近兩邊的人。

的皇太子之位讓給熙仁（後深草之子）。

於是，後深草一派終於得以繼承「治天之君」。之後，長達將近半世紀之久，針對天皇家的惣領權與皇室領導權，兩派系展開了激烈的角力鬥爭。後深草一派稱為「持明院統」，而龜山一派則稱為「大覺寺統」。

對於皇室的醜陋鬥爭向來保持沉默的幕府，在文保元年（一三一七）時終於提出兩派系交替的方案，要求雙方每十年必須交換皇位繼承權，並讓兩派系進行會談（文保和談）。由持明院統的花園天皇先讓位出來，隔年由大覺寺統的尊治親王即任皇位，也就是後醍醐天皇。

## ●兩統鼎立之前的經過

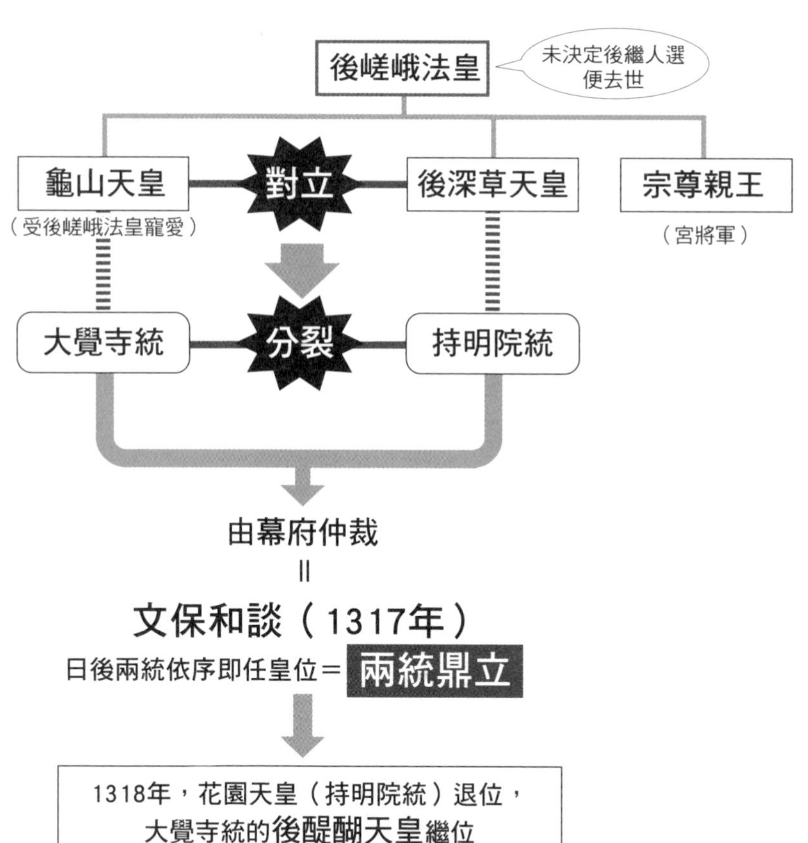

1324年、1331年　正中之變、元弘之變

# 兩度計畫倒幕的後醍醐天皇

後醍醐天皇企圖從幕府手上奪回政權，但兩次的倒幕計畫都因事跡敗露而失敗，後醍醐天皇因此被放逐到隱岐。

## 後醍醐天皇討幕的原因

大覺寺統繼位的後醍醐天皇，廢除了後宇多上皇的院政，重新啟用「記錄所」（譯注：「紀錄所」是指中央最高的決策機關。後醍醐天皇實行親政，以朝廷為政治體制的中心，因此重新設置記錄所），並且開始親政（親自參與所有政務）。他重新制訂京都的米價，成立公設市場，規定商人必須定價販售，並且推動禁止新設關所的政策（譯注：設於要道或國境的關口，對通過的行人與貨物做檢查，以防有人逃出或入侵。當時關所濫設情形嚴重，目的是為徵收關費）。

後醍醐天皇的個性非常剛烈，又加上受到了宋學「大義名分論」的影響，主張導正君臣名分，確立絕對王權。他認為：「我國應該採取天皇執政之形式」，不久，便開始計畫從幕府手上奪回攻權。

正中元年（一三二四），認同後醍醐天皇的日野資朝、日野俊基等討幕派公家，網羅了土岐賴員、多治見國長等武士，約定一起舉兵。然而，土岐一族當中有人不小心把計畫透露給妻子知道，後來幕府得知消息，舉兵倒幕宣告失敗，史稱「正中之變」。然而事後，後醍醐天皇佯裝不知情，企圖躲避罪行。

## 元弘之變

不過，後醍醐天皇仍然沒有改變他最初的想法，又開始向日野俊基等人游說討幕計畫。對此感到痛心的後醍醐重臣吉田定房在百般煩惱之下，對幕府說出了討幕計畫。

討幕計畫被發現後，日野俊基等相關人士馬上被逮捕，並遭受嚴厲懲罰。可是，三個月後的元弘元年（一三三一）八月二十四日，後醍醐天皇突然從宮裡消失了，因為他與楠木正成等人在笠置山（參見P139）正悄悄籌畫另一次的討幕行動。

六波羅探題（鎌倉幕府設置於

後醍醐天皇的愛臣日野資朝等人，每天都大設酒宴，袒露身子與女性嬉鬧，但其實是為了暗商倒幕計畫一事，用以掩幕府耳目才特意安排的。

京都的地方機構）於是派遣數萬名西國御家人前往笠置山展開攻擊，但因岩山山勢險峻，始終無法順利攻陷，因此，六波羅探題便向幕府根據地鎌倉請求加派援軍。鎌倉幕府任命大佛貞直、金澤貞冬、足利高氏等北條一族為總大將，派遣大軍前進笠置山，驚人的是，據說大軍人數竟然多達二十萬八千名。

到達笠置山的幕府御家人因期待賞賜，在下著雨的夜裡，一個個搶著登上陡峭的山上，放火焚毀笠置寺。此舉讓天皇方面開始混亂，最後後醍醐天皇終於還是下山逃亡了，但很快就被當地居民逮捕，流放到隱岐，史稱「元弘之變」，後來繼任天皇的是持明院統的光嚴天皇。

## ●後醍醐天皇的討幕計畫

**後醍醐天皇決心討幕**

北條高時與長崎高資的無能政治（參見P136）

宋學的大義名分論

應由天皇執政

**討幕計畫**

日野資朝、日野俊基

足助重成、多治見國長、土岐賴員

正中之變

**幕府得知倒幕計畫**

計畫失敗（1324年）

後醍醐天皇未受懲處

元弘之變

**再次計畫討幕**

因有人密告而失敗（1331年）

**1331年8月** **後醍醐天皇於笠置山舉兵，但再次失敗**

流放到隱岐

1316年～1333年　北條氏最後的得宗

# 沉迷於玩樂的得宗北條高時

御家人飽嘗貧困之苦，但北條一族卻無視於御家人的不滿，繼續著無能的政治。對此，御家人對幕府的忠誠度急速降低。

## 讓幕府權威盡失的北條高時

後醍醐天皇之所以下定決心討伐幕府，是因為御家人的心早已背離鎌倉幕府，他們對得宗（執權）與北條一族有著強烈的不滿。

當時得宗北條高時讓擔任內管領的長崎高資插手政務，然而長崎高資卻只專注於中飽私囊。奧州發生安東氏之亂時，長崎高資不僅沒有做任何的調停工作，還分別向當事雙方收受賄賂，他這種不負責任的態度，讓御家人非常地憎恨。

對此，沉迷於玩樂的北條高時也感受到危機，元弘元年（一三三一）時，據說他曾偷偷計畫暗殺長崎高資，但此計畫後遭長崎高資身邊的人得知。當時北條高時堅稱暗殺事件與自己毫無關係，企圖逃避責任，並從此不再干預政治，然而結果卻使得長崎高資愈來愈蠻橫。

## 御家人對幕府的不滿

完全被排除在政務之外的執權北條高時，或許是因為有志難伸，一過午便杯酒不離手，整日醉醺醺地，沉迷於鬥犬及田樂（譯注：日本傳統舞蹈之一，是一種源自於祈求豐收儀式的插秧舞）。

北條高時的行徑甚至愈來愈過頭，尤其在鬥犬這一項，竟然還向全國徵收悍犬，做為繳稅方式之一。徵收回來的悍犬全部集中於鎌倉，交由御家人管理，鬥犬活動更是每天舉行，北條高時就這樣鎮日沉浸在鬥犬的刺激感之中。

而田樂這項嗜好也是極不尋常。所謂「田樂」，原是農民在插秧季節，為了感謝田神，以唱歌、跳舞來祈求豐收的傳統活動。據說，北條高時將以田樂為業的田樂團體召至京都，要他們互相競舞，並給演出精采者豐厚的獎賞。

對於長崎高資的蠻橫和北條高

後醍醐天皇掌握政權之後，便宣告將發行稱做「乾坤通寶」的銅錢和紙鈔，但結果並不順利，最後還是草草了事。

時的無能，深受分割繼承與貨幣經濟所苦的御家人感到極度失望，對幕府的忠誠度急速下滑。而得宗的專制政治卻使得北條一族的勢力增強，日本大半的守護職全被北條氏所占，這也加速了御家人對幕府的不滿。在這種狀態之下，後醍醐天皇於是判斷討幕的時機已然成熟。

## ●將軍與北條氏的關係

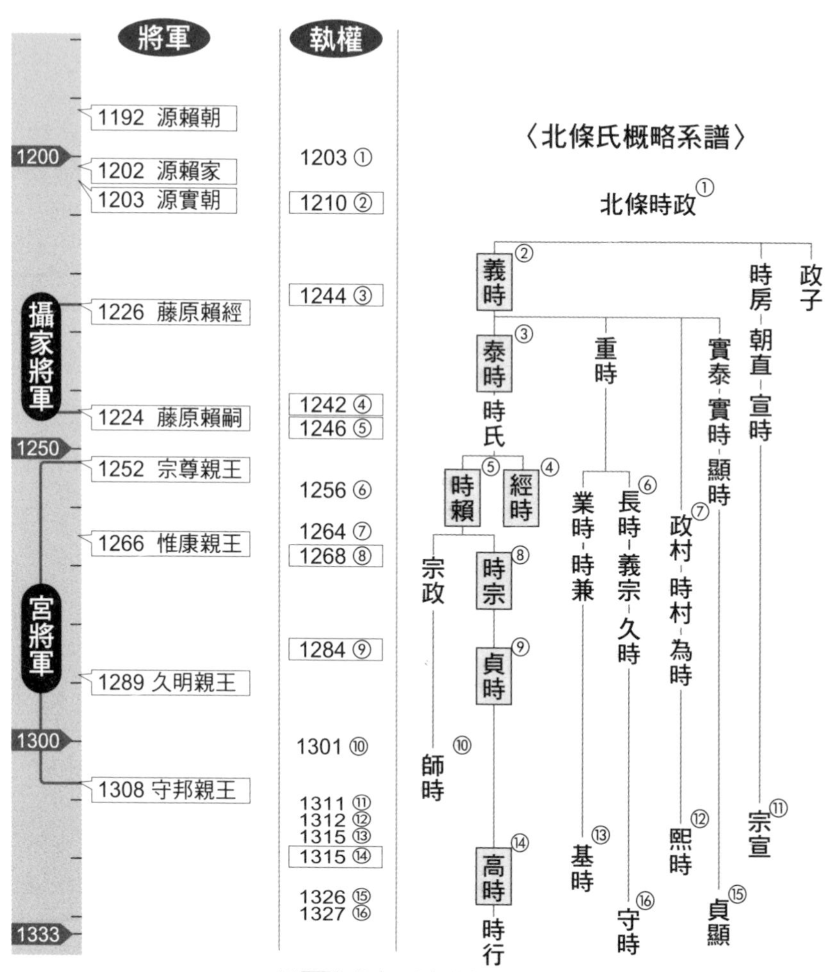

※□為得宗。圈起的數字為就任執權的順序。

1331年 楠木正成舉兵

# 楠木正成的游擊攻略

楠木正成對幕府軍展開長期抗戰。其間幕府軍內不斷有叛亂發生，終於使得鎌倉幕府漸漸瓦解。

## 楠木正成與後醍醐天皇的相遇

後醍醐天皇和楠木正成的首次相遇是在夢中。後醍醐天皇曾經做過一個夢，夢中御所庭院裡生長的大樹往南方長出許多樹枝，形成一個涼爽的樹蔭。此時突然出現兩位童子，指引自己坐到樹蔭底下的玉座後，便升天離去。從夢中醒來的後醍醐天皇，遂向家臣詢問這個夢的涵義。家臣回答說：「木往南方長，看來神的旨意是要您把住在河內的楠木正成給召來吧！」後醍醐天皇於是將楠木正成召進家臣之列。

雖不知此夢是真或假，但楠木正成的加入，最後的確讓後醍醐天皇掌握了天下。

## 千早城的抵抗巔覆天下形勢

即使笠置山（參見P134）被攻下，後醍醐天皇亦遭流放，楠木正成仍不肯投降，繼續躲在赤坂城裡。於是，幕府派大軍包圍赤坂，急於搶功的御家人紛湧上山。當他們攀上赤坂城城牆，城牆瞬時崩裂，數不清的大木與大石由上落下，致使許多幕府御家人丟掉性命或受到重傷，這實在是楠木正成的高明戰法。然而，由於糧食殆盡，楠木正成在夜裡帶著家臣從城裡脫逃。

由於京畿內情勢回復平穩，元弘元年（一三三一）秋天，幕府軍凱旋回歸關東。不久，楠木正成便在金剛山建設千早城，更在隔年的一三三二年十二月奪回了赤坂城。後醍醐天皇皇子護良親王後來也呼應楠木正成，在吉野舉兵。

對此，幕府於是派兵前往千早城、赤坂城，以及吉野。沒多久，赤坂城與吉野便被平定。據《太平記》記載，幕府軍當時賭上面子，動員了一百萬人的大軍前去攻打千早城。當然，這個說法或許過於誇張，但一般認為最少也有二十萬軍參與這次的行

水戶藩二代藩主為德川光圀。他見楠木正成的墓長滿雜草，因而心生感嘆。翻修墓地後，德川光圀為楠木正成立了石碑，上頭題寫著：「嗚呼忠臣楠子之墓」。

動，陣仗可說相當驚人。

可是，幕府軍確實陷入了苦戰。楠木軍製作了許多稻草人形誘引敵軍，跟著由上方投下大石、淋下煮沸的熱水，或不斷投擲火把，施展了許多異想天開、出奇不意的戰術。此外，楠木軍還會在深夜潛入敵軍陣地，發出爆炸聲響嚇人，以心理戰術影響敵軍士氣。不少御家人因恐懼而無法安睡，最後只好返回關東。

在楠木正成與幕府纏鬥的同時，各地相繼發生反對幕府的叛亂行動，鎌倉幕府漸漸瓦解。

## ●楠木正成與護良親王之戰

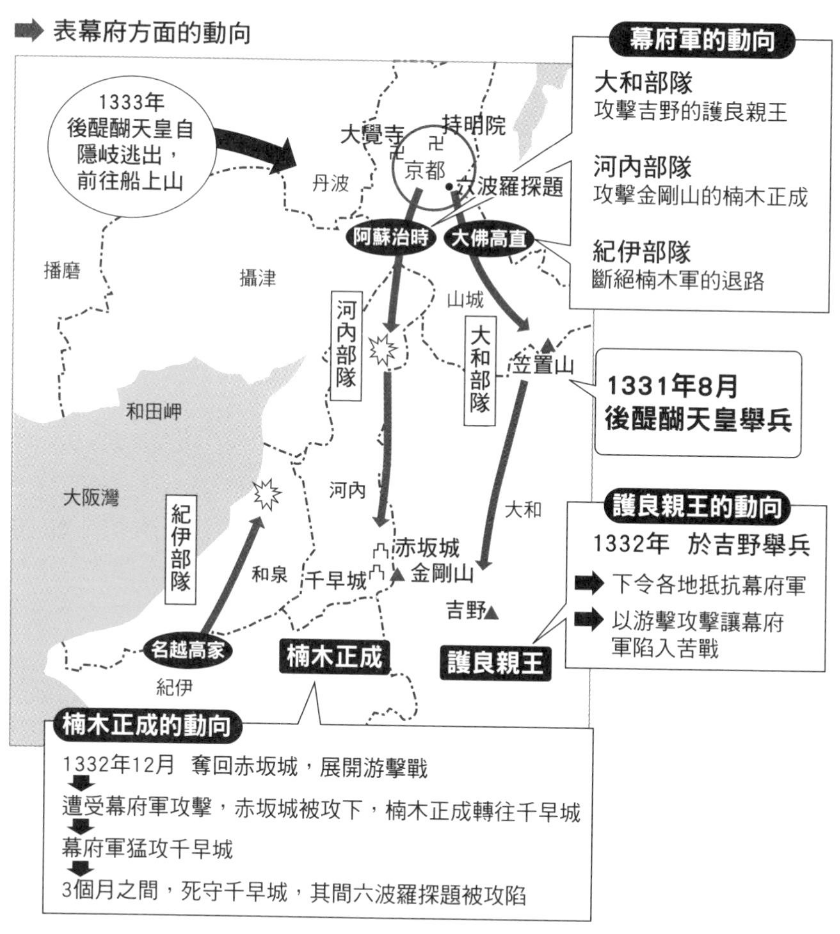

1333年 六波羅探題的滅亡

# 六波羅探題的滅亡

以幕府軍身分往船上山進攻的足利高氏，竟接受後醍醐天皇的密令背叛了幕府，日本歷史就此有了重大轉變。

## 足利家代代相傳的家書

足利氏是清和源氏的名門，先祖為八幡太郎源義家的孫子源義康，他以下野國足利莊為據點。過去源賴朝舉兵時，足利家當主足利義兼起而響應，此外他還迎娶了北條時政（北條政子的親生父親）之女北條時子為妻，從此以後，足利氏代代享受著握有幕府實權之北條氏的厚遇。

在後醍醐天皇舉兵之際，足利氏的當主是足利高氏（後為尊氏）。他娶了北條守時的妹妹為妻，也被視為北條一門，同時擔任上總國與三河國的守護，在幕府內受到重用。

足利氏裡代代相傳著先祖源義家所留下來的書信，據說信上寫著：「我將投胎轉世為第七代，一舉取得天下。」而足利家的第七代正好就是足利家時。然而，由於足利家時體弱多病，根本無法達成先祖遺願。為此，足利家時留下遺書說：「縮減我的陽壽，我的第三代將會取得天下。」然後自殺，結束了一生。而足利家時的第三代正好就是足利高氏，據說就是因為足利家時的一番遺言，讓足利高氏萌生了統一天下的野心。

## 足利高氏的背叛

當楠木正成被幕府軍包圍，困守在千早城時，以播磨的赤松則村為首，各地反抗幕府的行動不斷，後醍醐天皇於是趁機逃出隱岐，隱匿於船上山（鳥取）。

因此，幕府在元弘三年（一三三三）三月時，任命足利高氏和名越高家為總大將，再次從關東派遣大軍到京都。當這批關東軍抵達京都，六波羅探題便命令他們全力進攻船上山。

接到命令的足利軍於是出動，沒想到到了丹波國藤村時，足利高氏

歷史筆記

對於足利高氏的功蹟，後醍醐天皇將自己的名字「尊治」的其中一字賜予足利高氏，此後高氏又稱尊氏。

突然高唱反對幕府，與後醍醐天皇的千種忠顯軍會合，回頭進攻京都。

據說是因為接到了後醍醐天皇的密命，足利高氏才會突然叛離。對此毫無防備的六波羅探題被足利軍打得落花流水，在無可奈何之下，北方探題北條仲時與南方探題北條時益，急忙帶著光嚴天皇、後伏見上皇、花園上皇等人逃離京都。

可是，後醍醐天皇的軍隊還是死命追趕，北條時益被亂箭射穿頸部，當場斃命；北條仲時雖然逃到了近江國番場，卻遭山賊襲擊，最後自盡身亡，據說追隨北條仲時死去者超過了四百人。而統理西國的六波羅探題就此滅亡。

## ●高氏的反叛導致六波羅滅亡

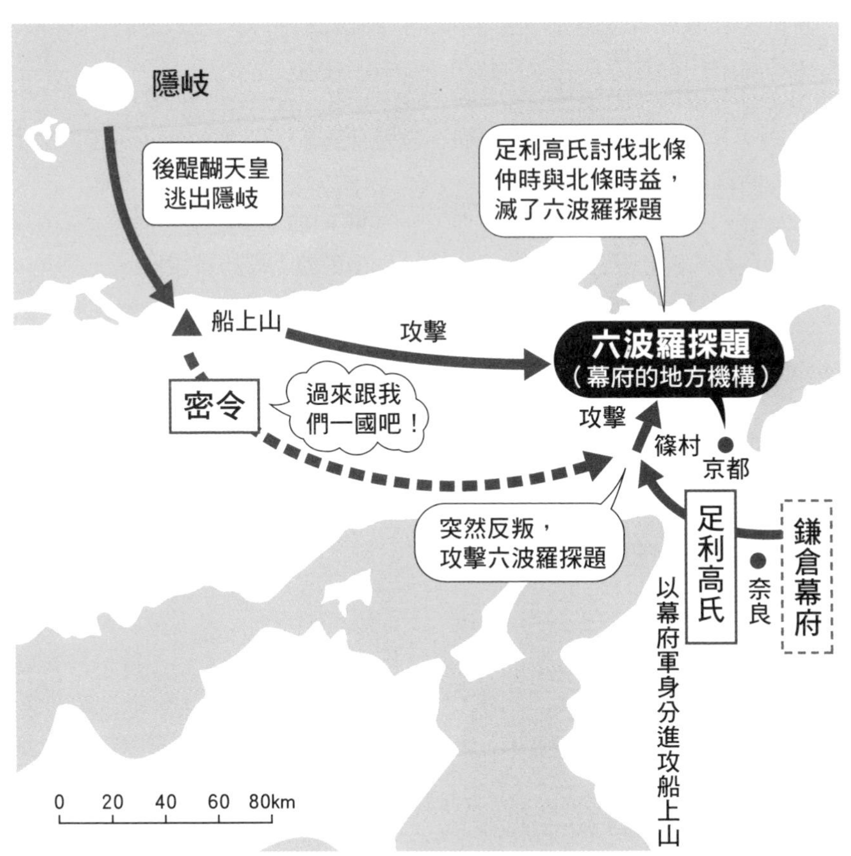

1333年 新田義貞舉兵

# 鎌倉攻略戰指揮官新田義貞

雖然一度敗給幕府軍，但得知六波羅探題滅亡的消息後，隔天情勢即有了大逆轉，新田軍一股作氣地攻進鎌倉。

## 新田義貞是何等人物？

足利高氏對幕府舉起叛旗之後，在關東方面，上野國新田莊的御家人新田義貞也舉兵了。新田氏與鄰國下野國足利莊的足利高氏，同是出自源氏的名門，其祖先為源義家之子源義國。雖然足利氏為幕府所重用，但新田氏卻受到冷淡對待。像新田義貞已經三十幾歲了，卻沒有官職也沒有地位，世人對他並不太認識。

新田義貞把前來新田莊、向新田莊要求臨時軍費的得宗御使出雲介親連給殺了，元弘三年（一三三三）五月八日，在生品明神集合了一百五十名騎兵，奉後醍醐天皇諭旨（天皇的文書），開始往鎌倉進攻。

隔日的五月九日，新田軍越過利根川進入武藏國，在這裡與千壽王（足利高氏嫡男，四歲）會合。《太平記》裡寫道，因為有千壽王的支援，武士紛紛前來響應，在同一天傍晚便集合了多達二十萬七千名的騎兵。

新田軍往鎌倉街道的上之道出發，十一日一早渡過入間川，抵達小手指之原（所澤市小手指町）。大約二十里（八十公里）的距離，新田軍只用了兩天不到的時間便趕到了。

## 分倍河原會戰

在小手指之原，幕府的櫻田貞國率領六萬多名御家人騎兵等著新田軍的到來。兩軍在小手指之原展開了肉搏戰，聲勢不及新田軍的幕府軍很快就被逼退至多摩川的分倍河原，幕府軍在此與北條泰家的十萬軍會合，鞏固了迎擊體制。

五月十五日天未亮時，新田義貞命令全軍突擊分倍河原。可是，因援軍到來而士氣大增的幕府軍，排出了三千名射手，以集中射擊方式，把新田軍打得亂七八糟。因

歷史筆記

沒沒無名的新田義貞，之所以能聚集眾多武士，據說是因為源氏棟樑的足利高氏嫡男千壽王亦參與其中之故。

此，迫於無奈，新田義貞只好下令全軍撤退。然而，就在此時，六波羅探題滅亡的消息似乎也傳到了關東，三浦氏及松田氏等相模國的武士紛紛加入了新田軍。

眼看情勢有變，新田義貞在隔天的十六日，帶著全軍再次攻擊分倍河原。沒想到剛吃了敗仗的新田軍會再度出現，幕府軍在第二次的會戰徹底敗北，潰不成軍。

## ●新田義貞軍的進攻路線

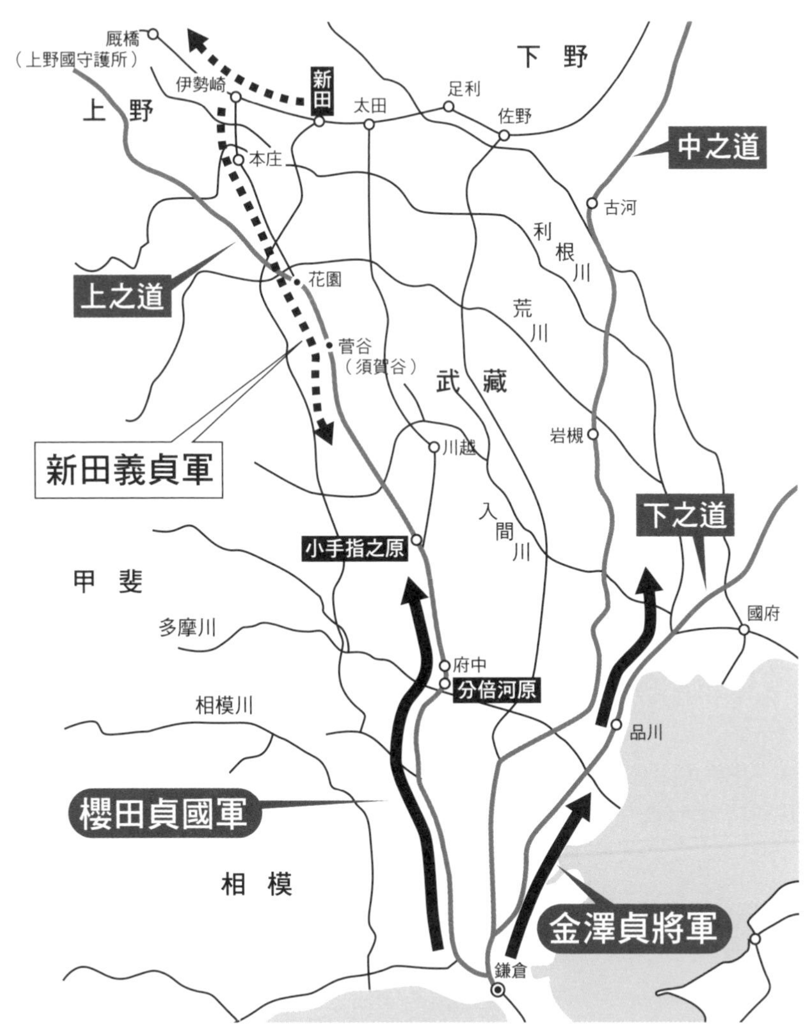

1333年 最後的鎌倉攻略戰

# 鎌倉幕府的滅亡

幕府雖然封鎖山路極力抵抗，但新田義貞走海路，由稻村之崎強行突破，進攻鎌倉。

## 進攻幕府首都鎌倉

分倍河原會戰後，新田義貞在武藏國關戶設置本營，讓士兵在此駐紮。光是一三三三年五月十六日這一天，又有許多武士加入，據說隔日便集結為六十萬七千名的大軍，如果這真是事實，那真的是非常驚人。

十七日，新田軍終於又開始行軍，此時已無其他可壓制這個大軍的勢力，十里的路程，新田軍只花了一天的時間便走完，以極快的速度抵達鎌倉。

另一方面，幕府軍死守著鎌倉，將入口的七條開山道路（參見P89）全部都封鎖起來。鎌倉三面環山，另一邊有海做為天險，所以採取這樣的作戰方式。

新田義貞將大軍分成三路（極樂寺坂山路方面、巨福呂坂山路方面、化粧坂山路方面），在五月十八日清晨，所有的軍隊一起行動。正式決戰在早上十點左右開始，幕府軍奮力抵抗，由極樂寺方面進攻的新田軍主將大館宗氏甚至還戰死沙場。之後，一直到二十日為止，鎌倉攻略戰皆呈現膠著狀態。

## 新田義貞奇蹟式的演出

二十一日天未亮時，新田義貞將陷於苦戰的極樂寺坂方面的兵員增加到兩萬人。極樂寺坂山路是由海岸進入鎌倉的入口，南邊就是稻村之崎。

由於研判不可能攻過山路，新田義貞於是決意從稻村之崎強行攻入。可是，當時海邊有許多荊棘阻擋著，海面上淨是幕府的兵船，由此進攻實在是非常魯莽的決定。然而，新田義貞卻神色自若下令軍隊進攻，並在眾人面前高舉自己親手打造的黃金太刀（譯注：刀身細長，呈彎曲狀），後將黃金太刀投入海中，祈求進攻成功。

**歷史筆記** 壓制鎌倉之後，新田義貞與尊奉千壽王的足利家的重臣爭奪勢力，但最後失勢，於是離開鎌倉返回京都後醍醐天皇之下。

就在此時，令人難以置信的奇蹟發生了。沒想到海面退潮退了有二十町（譯注：「町」在此為距離單位，一町約為一〇九公尺，二十町為兩公里以上），出現了可以下船的淺灘，幕府的兵船更被沖到了岸邊。

關於這樣的現象，現今我們已知這是海水漲潮與退潮的變化，一般認為，新田義貞因為熟知海象，所以才將太刀投入海中，是為了提振士氣所做的「演出」。之後新田義貞本隊通過稻村之崎的淺灘進入鎌倉，幕府軍很快地便潰不成軍。

當時意識到大勢已去的北條高時，二十二日時便躲進葛西之谷的東勝寺（北條氏的菩提寺），與一族家臣一同自盡，延續了一百五十年的鎌倉幕府就此滅亡，就在新田義貞舉兵的兩週後。

## ●新田義貞進攻鎌倉

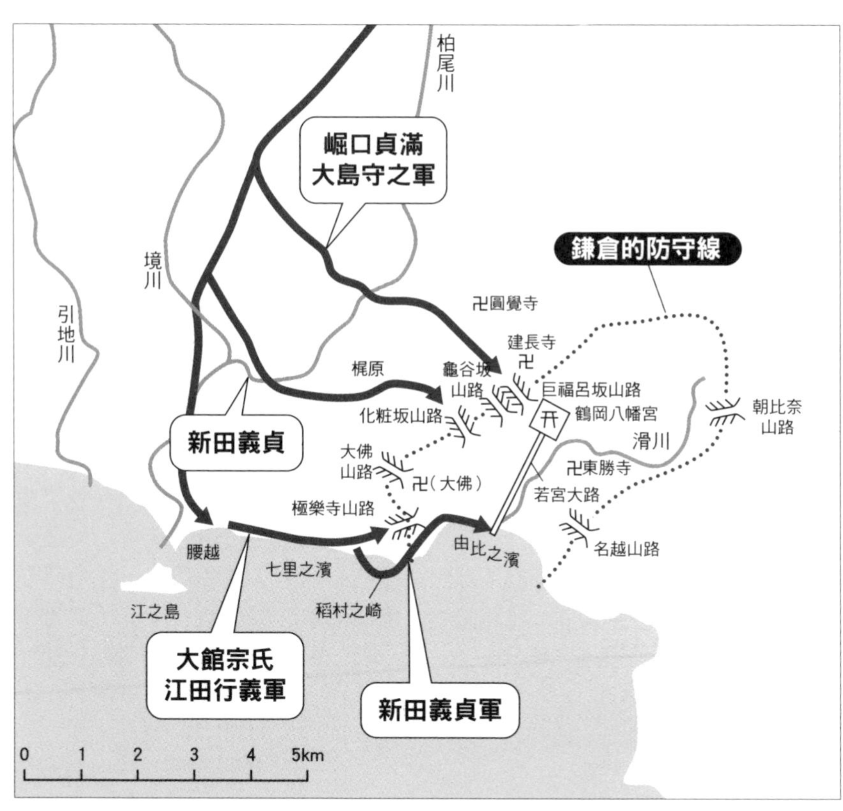

1333年～1335年　建武新政

# 後醍醐天皇的獨裁政權

掌握權力的後醍醐天皇，強化了天皇的獨裁體制。可是，他朝令夕改的政策卻造成了社會的大混亂。

## 朕之維新乃未來之先例

鎌倉幕府滅亡之後，後醍醐天皇回到了京都，因抱持著強烈的領導慾望，故開始親政，史稱「建武新政」。據說後醍醐天皇向天下宣告：「朕之維新，乃未來之先例」（《梅松論》），意思是說：「我所開始做的這件事，將成為未來的典範」，是一番充滿自信的獨裁宣言。

後醍醐天皇的理想是醍醐天皇（十世紀的天皇）的「延喜之治」。一般來說，天皇的謚號（尊稱）在死後才會給予封號，但由於後醍醐天皇非常崇拜醍醐天皇，所以生前便一直稱自己為「後醍醐」。然而，醍醐天皇的治世在歷史上並非特別令人讚賞的良政，而且當時實權是由藤原氏所掌握。但當時流傳的說法是說醍醐天皇親自執政，且政績優良。

後醍醐天皇廢了鎌倉幕府所尊奉之持明院統的光嚴天皇，並將光嚴天皇所制定的元號「正慶」改回自己在位時的「元弘」；「元弘之變」以後的任何敘任都視為無效，還廢除攝政、關白，對於與自己敵對的關白鷹司冬教與太政大臣西園寺兼季等人，也免除了他們的官職。

此外，太政官制方面也做了極大改變，目的是為了強化天皇獨裁體制。隔年，後醍醐天皇將元號改為「建武」，通稱為「建武政府」。

## 獨裁政治造成社會混亂

後醍醐天皇發布了「個別安堵法」，規定土地所有權須由他重新許可，並發給綸旨（天皇的文書）。「本領安堵」或「新恩給予」原本是由「雜訴決斷所」或「恩賞方」等役所來負責，但最後變成是若無天皇的許可，土地所有權便無法獲得保證。因此，武士為

**歷史筆記**　滅了六波羅探題的足利尊氏，並未因立下汗馬功勞而擔任要職，而他私下希望的征夷大將軍一職，也被護良親王給奪走。

了保障土地，紛紛來到京都，但後醍醐天皇一個人並無法一一評斷。

因此，「本領安堵」便交由各國的國司來處理，改為「諸國平均安堵法」。如此這般，後醍醐天皇總是想到什麼便發布什麼，許多法令很快便失去效能，不得不再度改令，而且很多都是雷聲大、雨點小，最後自然消失。

「大內裏」（譯注：中央官署殿舍區域）的營造公告也是這樣，原本費用應由地頭支付，但最後也不了了之。而當時為了因應貨幣經濟發達一事，後醍醐天皇提出更改貨幣的詔文，宣告要發行「乾坤通寶」錢幣與紙幣，但最後也宣告失敗。總而言之，後醍醐天皇的法令缺乏一貫性，造成當時社會的大混亂。

## ●建武政府的政治組織

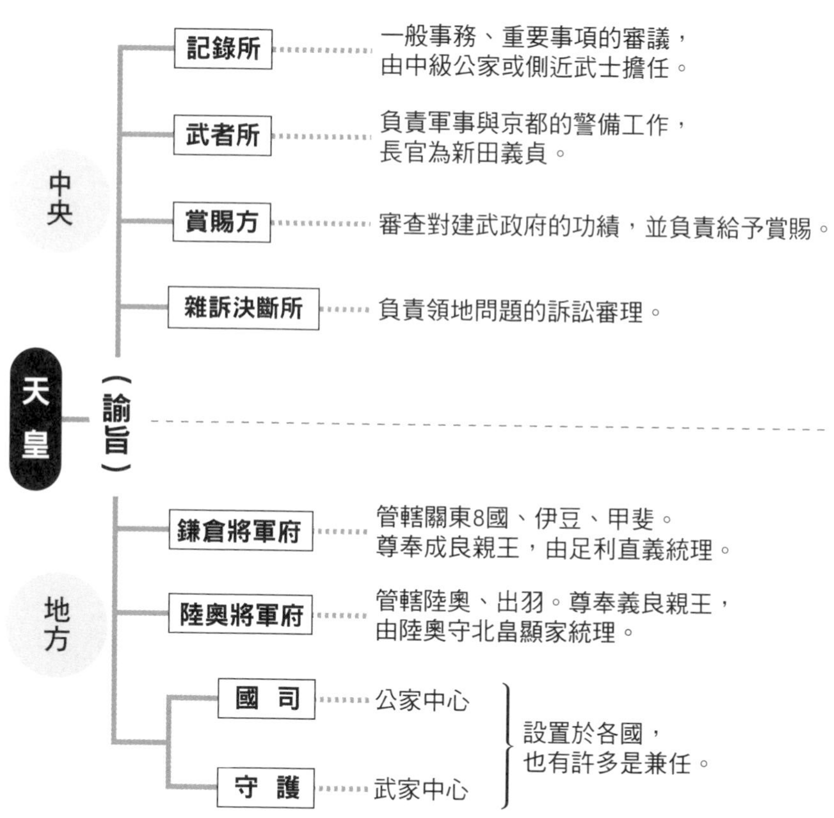

**1335年** 中先代之亂

# 建武新政逐漸崩壞

是後醍醐天皇的錯誤判斷造成的嗎？足利尊氏叛離朝廷之後，建武新政也在瞬間瓦解。

## 短短兩年便瓦解的建武新政

「以下是最近京城中流行之物。夜襲、強盜、假論旨、罪犯、快馬、流言、血淋淋的人頭、還俗、自由出家、暴發戶大名、瘋子、招安、賞賜、無用軍隊……」。這是建武元年（一三三四）時，在二條河原流傳的落書（譯注：嘲諷時事名人的匿名文書）中的一段文字，文中訴說著京都普遍可見的事物，內容更是對建武政府強烈批判。總而言之，無論公家或是武家，大家對建武政權的評價都是極差。

後醍醐天皇以「未來的典範」為由，打破了向來的傳統。而且他認為公家沒有擔任重責的能力，因此模仿鎌倉幕府的官職制度，大量任用舊御家人，此舉讓公家非常不滿。

另一方面，武士對於土地安堵的混亂與賞賜的不公平亦感到憤憤不平。尤其在賞賜上，後醍醐天皇更是厚待公家虧待武士。因此，有愈來愈多的武士興起打倒建武政府之意，企圖復興武家政權。

## 中先代之亂

建武二年（一三三五）七月，眼看武士的不滿日益高漲，北條時行（得宗北條高時的遺子）於是舉兵（中先代之亂）進攻鎌倉。

守護鎌倉的足利直義（尊氏之弟）敗給時行軍後逃往三河，並向身在京都的兄長足利尊氏求援。此時足利尊氏請求後醍醐天皇任命他為征夷大將軍，讓他前往關東，但未獲後醍醐天皇許可。後醍醐天皇之所以不肯答應，是因為足利尊氏若當上征夷大將軍，勢必會背叛自己，和各國的武士聯合起來轉而把刀口對向自己。然而即使未獲後醍醐天皇許可，足利尊氏還是來到了關東。出身源氏名族的足利尊氏人

**歷史筆記**

戰前，足利尊氏因背叛後醍醐天皇而被視為叛臣，在幕末的京都，便曾發生足利尊氏木像的首級被切斷，丟棄於河原的事件。

氣頗高，途中不斷有武士加入陣營，最後集結為三萬大軍，殲滅了北條軍。

足利尊氏出其不意的行動震驚了後醍醐天皇，後醍醐天皇於是追封他為征東將軍，並令他在平亂之後立刻回城。可是，由於弟弟足利直義反對回京，因此足利尊氏並未聽從後醍醐天皇命令，而是留在關東擴張勢力。

後醍醐天皇判斷此為謀反行為，於是便派新田義貞討伐足利尊氏。知道實情的足利尊氏（尊氏原本即屬尊皇派），在不想節外生枝之下，便剃度躲進寺院，然而後來得知其弟足利直義在三河國矢作川及手越河原被新田軍所擊敗，陷入苦戰，於是決定出兵，在箱根竹之下迎戰新田軍，將之擊破。

## ●尊氏的謀反

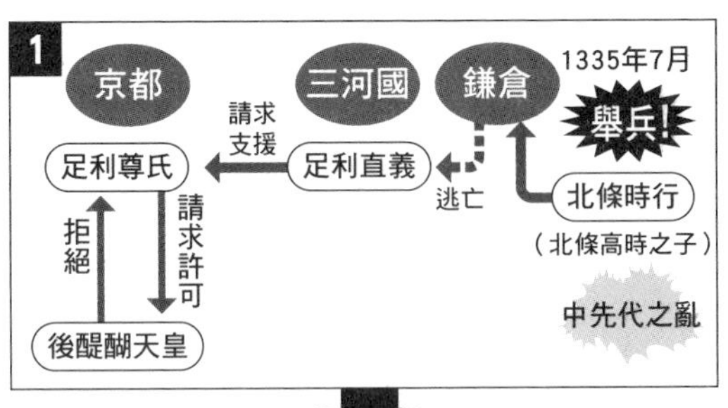


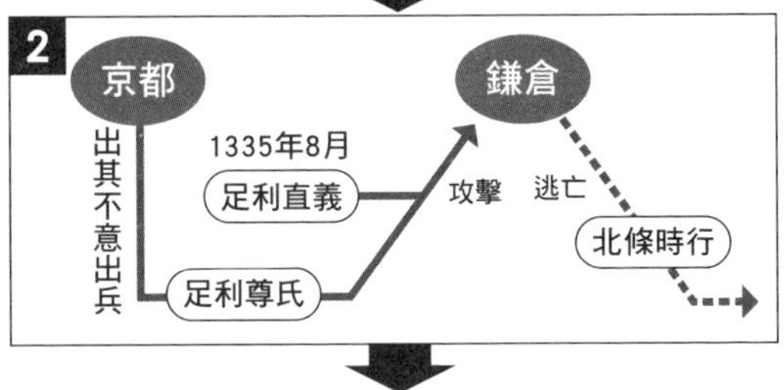


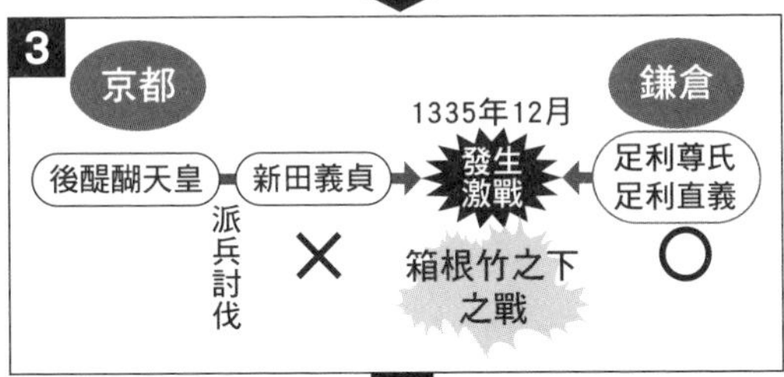


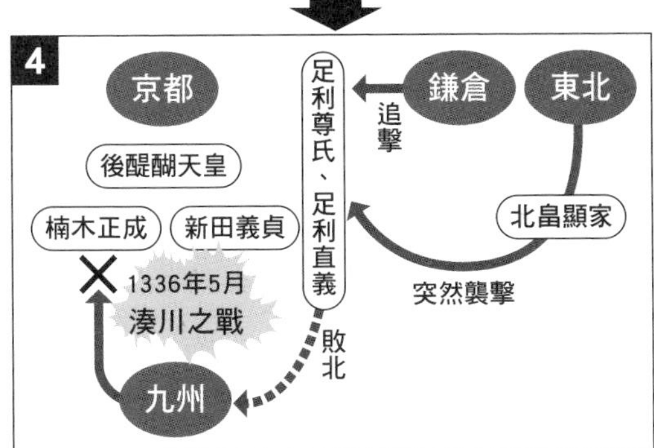

1336年、1338年　湊川之戰與藤島之戰

# 足利尊氏大敗楠木軍與新田軍

足利尊氏擊破楠木正成並壓制京都，後醍醐天皇逃到比叡山躲了起來，而足利尊氏後來又擊敗了新田義貞。

## 楠木正成的大限

足利尊氏窮追著在「箱根竹之下之戰」中敗北的新田義貞，並且持續往西進攻，控制了京城。後醍醐天皇等人逃往比叡山避難，此時的建武政府儼然已如風中殘燭。

不過，足利軍突然間就被數十萬的大軍所包圍，此軍乃建武政府閣員，即統治陸奧的北畠顯家所率領的東北軍。壓倒性的人數落差，讓足利尊氏吃了敗仗，好不容易才由兵庫搭船逃到了九州。但後來，形勢馬上逆轉，足利尊氏只花了僅僅數個月的時間便平定了九州，將二十萬大軍分成海、陸二路，開始西進。當時水路軍隊之首為足利尊氏，陸軍將領則是足利直義。

建武三年（一三三六）五月，為迎戰足利軍，新田義貞軍的一萬大軍部署於兵庫的和田岬，楠木正成軍的千人部隊則在會下山布陣。然而，足利軍聲東擊西的作戰方式，讓楠木軍遭到前後夾攻。當時已有犧牲覺悟的楠木正成並未撤退，仍以千人部隊力抗二十萬敵軍，戰事從清晨持續到夜晚，楠木正成最後和數十名家臣一同自殺結束了生命，史稱「湊川之戰」。

## 新田義貞的大限

之後，足利軍占據京都，足利尊氏對藏匿於比叡山的後醍醐天皇提出要求，以讓後醍醐天皇皇子成為光明天皇（北朝第一代）皇太子為條件，要求後醍醐天皇讓位給光明天皇，並遷都京都。後醍醐天皇在接受條件的同時，偷偷地把恒良親王（後醍醐天皇的第六皇子）託付給新田義貞，讓他往北國前進。

不久，新田軍進入了越前的金之崎城。這時足利尊氏任命斯波高經及高師泰為大將，派遣六萬大軍圍攻金之崎，斷絕新田軍的糧食補給。新田軍的戰鬥力於是銳減，城

**歷史筆記**　新田義貞去世後，新田一族逃往信濃國，一三五〇年時以大軍攻陷鎌倉，而之後也持續對抗幕府，時間長達一百年。

兵甚至必須靠吃餓死者的人肉來維持生命。為此，新田義貞偷偷地逃出，隔天，金之崎城便因遭受攻擊而淪陷，新田義貞可說是在千鈞一髮之際順利逃脫。

之後，新田義貞在木山山城企圖東山再起，建武五年（一三三八）二月，大破斯波高經軍占領了越前國府，並一一地攻陷敵軍據點，同時計畫在六月底攻破藤島三城。新田義貞為了提高聯軍的士氣，僅率領五十位騎兵往藤島的方向前進。

不幸的是，途中遭遇三百人的敵軍騎兵，新田義貞當時雖想逃脫，但座騎被箭射中而倒下，新田義貞則摔落田中。就在新田義貞欲站起身之際，眉間被射中一箭。新田義貞覺悟到自己的大限已至，便以太刀刎頸結束了生命。

## ●湊川之戰

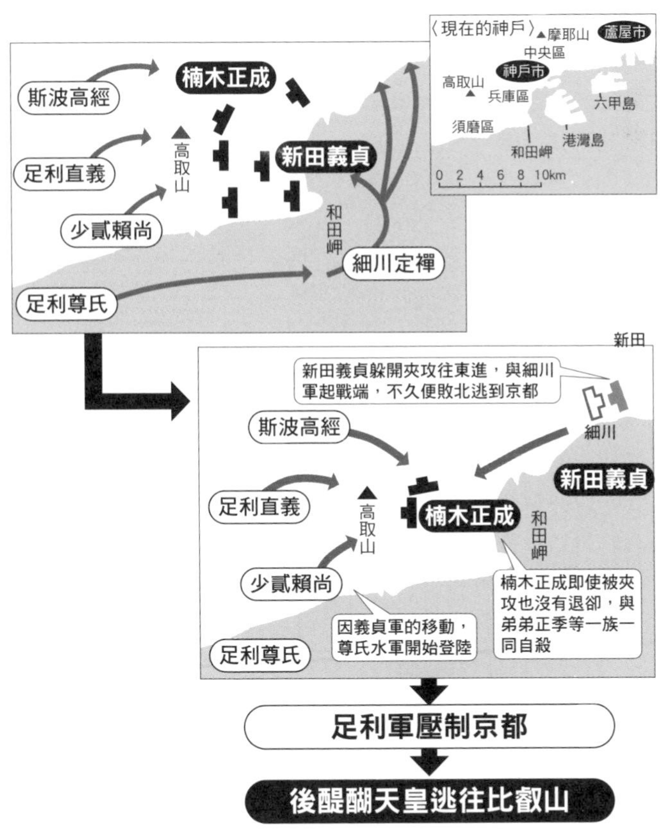

1336年 南北朝的分立

# 朝廷分裂為南北兩朝

足利尊氏與後醍醐天皇和解，並讓後醍醐天皇將三種神器傳給光明天皇。然而，後醍醐天皇竟然又在吉野成立了新朝廷。

## 擁立光明天皇

從九州攻來之際，足利尊氏由被後醍醐天皇廢掉的光嚴上皇處得到「討伐新田義貞與其同夥」的諭旨，藉此正當化自己的行為。由於足利尊氏背叛了後醍醐天皇，被社會視為賊軍，足利尊氏極力想要抹除如此負面的形象。

在此時期，由於天皇的權威非常高，且尊皇的風潮極盛，假若沒有天皇的威勢做為靠山，再有多大的武力，恐怕也難以統治天下。再加上足利尊氏本身便是尊皇一派，因此或許很難想像，但對於與後醍醐天皇對抗一事，足利尊氏其實是非常痛苦的。

因此，建武三年（一三三六）八月，壓制住京都的足利尊氏認可光嚴上皇的院政，讓光嚴上皇之弟光明繼位。此外，在十一月時，足利尊氏更與後醍醐天皇和解，並讓後醍醐天皇把「三種神器」（代代天皇所傳下來的寶物）傳給光明。於是，光明成了正統的天皇，足利尊氏以受光明天皇委任大政的形式，計畫成立幕府（武士政權）。

## 後醍醐天皇移駕吉野

足利尊氏與後醍醐天皇和解之後，立即制定了「建武式目」的十七條法令，這與鎌倉幕府基本法典「貞永式目」是完全不同的法令。建武式目是由中原章賢等八人，透過與足利尊氏的問答所寫成，是幕府的成立宣言，也是施政方針。

在建武式目當中，足利尊氏表示，為了維持治安，政權暫時要設置在京都；政權的好壞與地點無關，而是依人的好壞來決定。他以執權政治與延喜、天曆之治為理想，希望推動公平的政治。就這樣，在武士政權即將開展的同年十二月二十一日，回到京都的後醍

**歷史筆記** 出家後的光嚴天皇，身邊帶了一些隨從，在京畿內各地展開辛苦的佛道修行，最後在丹波國常照寺，以一介佛僧身分結束了一生。

醐天皇突然消失不見。事實上，後醍醐天皇是自己帶著楠木一族逃出了京都。

不久，後醍醐天皇便以吉野（奈良）為根據地，詔告天下說：「交給光明天皇的三種神器皆為假物，真品還在我身上」，主張自己的天皇正統性，並宣言開設朝廷。後醍醐天皇所開設的朝廷稱為「南朝」，而尊氏的京都朝廷則是「北朝」。當時竟然同時有兩位天皇，還有南北兩個朝廷，事態極不尋常。

## ●南北朝的天皇系譜

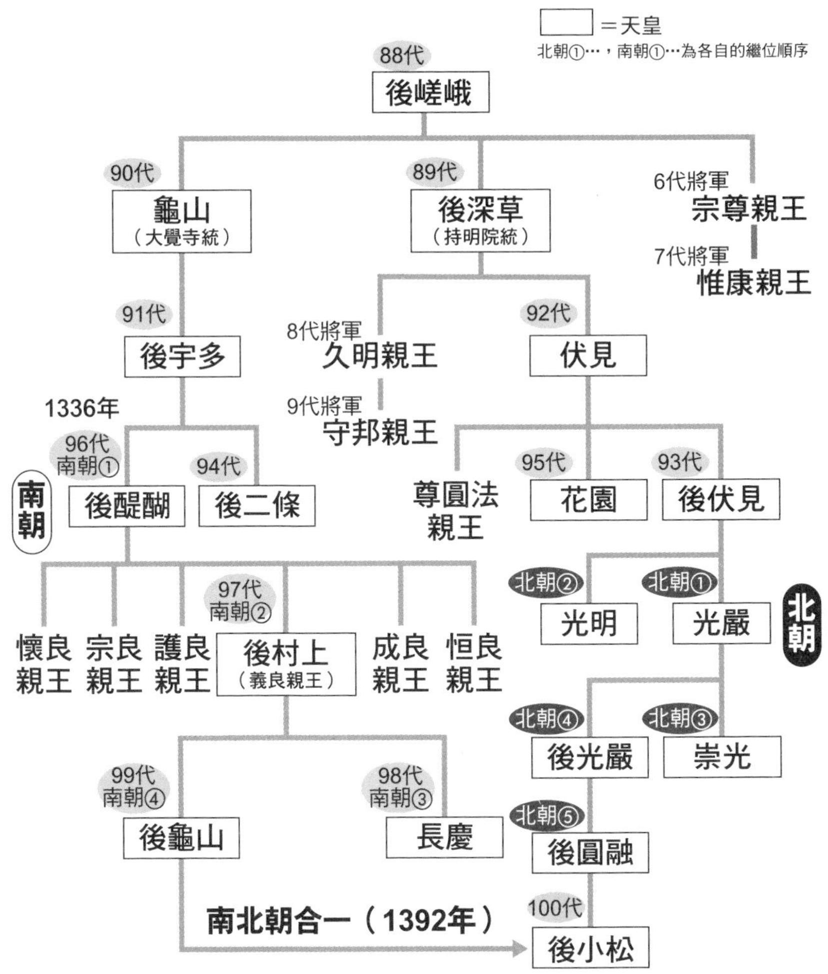

## 1338年 足利尊氏就任征夷大將軍

# 室町幕府的統治機構

室町幕府的特色，在於設置了輔佐將軍的「管領」，以及將軍直屬的親衛隊「奉公眾」。

### 尊氏成為征夷大將軍

後醍醐天皇移駕至吉野之後，京都許多公家紛紛追隨後醍醐天皇，後醍醐天皇方面的武士也在各地高舉叛旗。因此，比起建構政權，足利尊氏先是將全部心力投注在南朝勢力的平定上。然而，曆應元年（一三三八）時，新田義貞戰死（參見P150），而西進的北畠顯家亦死於戰場，南朝勢力於是急速衰退。

同年八月一日，足利尊氏被光明天皇（北朝）任命為征夷大將軍，正式開設幕府。幕府的政治機構基本上是延續鎌倉幕府的系統，剛開始的時候還沒有很完備，幕政由足利尊氏與其弟足利直義兩人分擔，展開了二頭政治。

足利尊氏握有御家人的軍事指揮權、守護任免權、恩賞權等，掌握了主要的統治權；足利直義則擁有所領裁判權，以及其他庶務等一般行政權與裁判權。

### 幕府的統治機構與財源

幕府的統治機構，確立於二代將軍足利義詮至三代將軍足利義滿時。室町幕府與鎌倉幕府之間最大的不同，則是設置了輔佐將軍的「管領」職。

管領不像執權那般握有強大的權限，一直到六代將軍足利義教為止，幕政皆由將軍親自統理，管領頂多只是輔佐的角色。而管領職向來皆由細川、斯波、畠山等三個家族出任。

此外，侍所與政所的權限較鎌倉幕府時期大，也是幕町幕府的一大特色。依照慣例，政所執事（長官）由二階堂氏（之後的伊勢氏）擔任，侍所所司（長官）則分由赤松、一色、山名、京極等四個家族出任。而設有將軍直屬的親衛隊也是室町幕府的特徵之一。親衛隊稱

奉公眾在京都從事將軍護衛工作時，同時也以御料所（幕府直轄地）代官身分徵收年貢，徵收回來的其中一部分便是他們的薪水。

為「奉公眾」，負責護衛將軍和管理御料所（幕府直轄地）。

在地方組織方面，除了在各國設有守護，另外也設置了統治關東地方的鎌倉府，以及九州探題、奧州探題、羽州探題等幕府的地方機構。

室町幕府的財源甚廣，除了向御料所收取的年貢、公事、夫役等主要收入，其他還有向守護、地頭收取的分擔金，跟金融業者（土倉、酒屋）收取的稅金（倉役、酒屋役），向關所及港口收取的通行稅（關錢、津料），還有依田地或住屋的規模及數量，而向平民徵收的段錢、棟別錢等。在三代將軍足利義滿的時代，室町幕府開始與明朝進行貿易，而這也成為重要的財政來源。

## ●室町幕府的政治組織

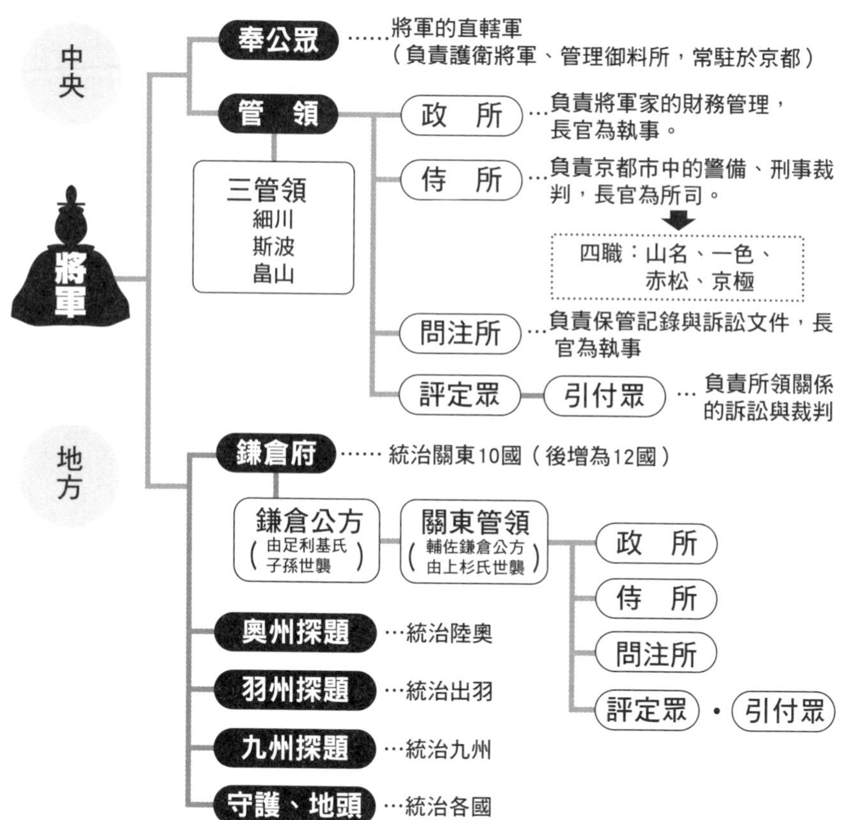

# 統治關東的鎌倉府

鎌倉府原是室町幕府的地方機構，然而，鎌倉府卻漸漸不聽命於幕府，變成一個危險的存在。

## 鎌倉府的組成

足利尊氏後來決定將政權中心設在京都。不過，對於有一百五十年幕府（武士政權）歷史的鎌倉，足利尊氏也絕未等閒視之。他派遣嫡男足利義詮前往鎌倉，在鎌倉設置統率關東的御家人的地方機構。

貞和五年（一三四九），足利尊氏將足利義詮喚回，改派三男足利基氏前往，足利基氏便是第一代的「鎌倉公方」，設置在鎌倉的幕府地方機構則稱為「鎌倉府」。鎌倉府與京都幕府的組織幾乎完全相同，有時也被稱做「關東幕府」。

幕府委託鎌倉府代為統治關東八國與伊豆甲斐國。鎌倉公方代代由足利基氏的子孫擔任，關東管領負責輔佐，依慣例是由上杉氏就任。鎌倉公方的權限非常大，除了守護與關東管領的任免權之外，幾乎擁有與京都的將軍一樣的權力。

## 關東的獨立傾向

如前所述，關東的武士從以前便非常傾向獨立。因此，鎌倉府設立之後，關東的御家人便尊奉鎌倉公方，開始做出反幕的行為。

在此情勢之下，二代鎌倉公方足利氏滿將關東的政治權力集中在自己手上，並開始計畫反幕，但因為關東管領上杉憲春以死相諫，才停止了反幕計畫。

到了三代公方足利滿兼的時代，他不只統治關東，更企圖將奧州收入統治範圍，因此把兩個弟弟送到奧州，計畫在奧州打下基礎。當時西國的大內義弘發動叛亂，足利滿兼原本要舉兵呼應，但因為屬下反對，最終還是沒有派兵。

漸漸的，鎌倉府愈來愈不受京都幕府統治，對室町幕府而言，鎌倉府的存在變成是一種威脅。到了四代公方足利持氏時，鎌倉府和室町幕府爆發全面性的武力衝突。針對這一點，將在二〇八頁做詳細的敘述。

**歷史筆記** 一三九二年，東北納入鎌倉府的管轄範圍，奧州探題與羽州探題不再是實質的統治機構，僅由大崎氏與最上氏繼承職務之名。

●鎌倉府的歷史

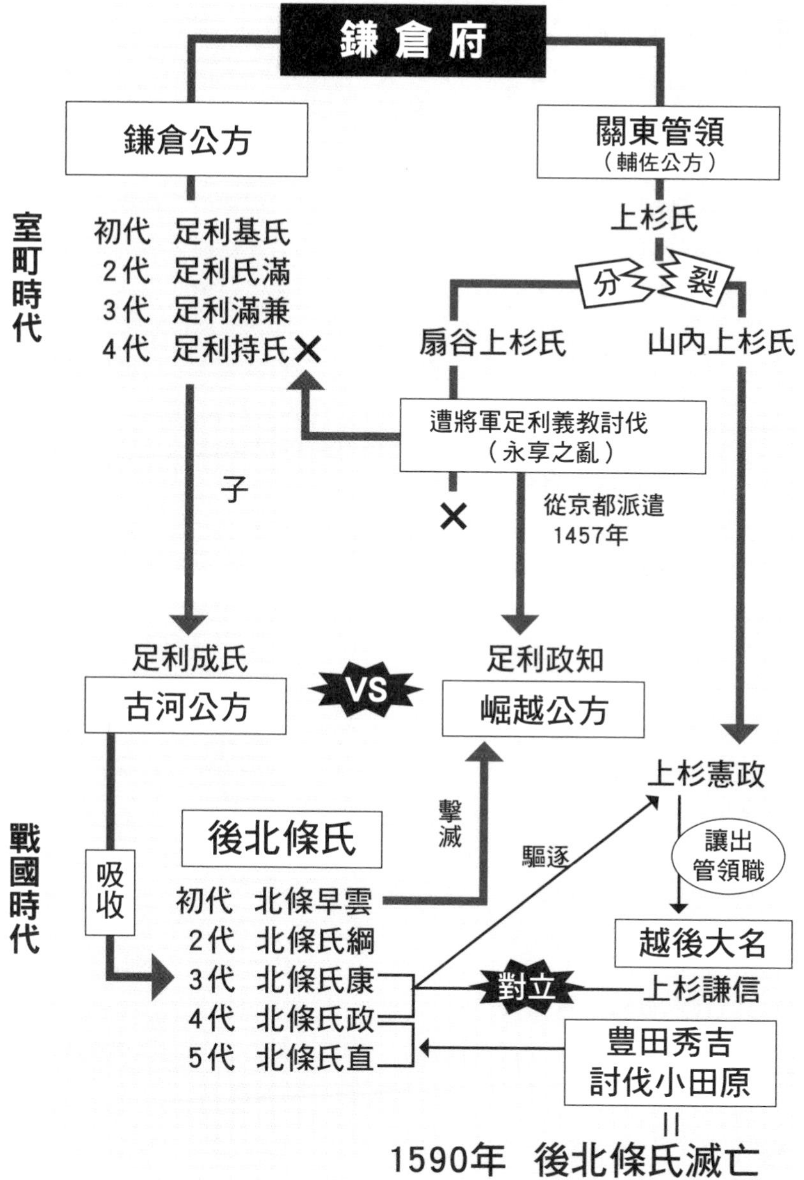

鎌倉府
鎌倉公方
關東管領
（輔佐公方）
室町時代
初代　足利基氏
2代　足利氏滿
3代　足利滿兼
4代　足利持氏
上杉氏
分裂
扇谷上杉氏
山內上杉氏
遭將軍足利義教討伐
（永享之亂）
子
從京都派遣
1457年
足利成氏
古河公方
VS
足利政知
崛越公方
上杉憲政
戰國時代
吸收
後北條氏
擊滅
驅逐
讓出
管領職
初代　北條早雲
2代　北條氏綱
3代　北條氏康
4代　北條氏政
5代　北條氏直
越後大名
對立
上杉謙信
豊田秀吉
討伐小田原
1590年　後北條氏滅亡

1339年 南朝的衰退

# 苟延殘喘的南朝

後醍醐天皇去世之後，大家以為南朝會自動滅亡，然而室町幕府的內亂卻讓南朝得以殘存。

### 後醍醐天皇駕崩

失去新田義貞與北畠顯家，讓後醍醐天皇大受打擊。曆應元年（一三三八），後醍醐天皇企圖恢復在奧州的勢力，於是讓其子義良、宗良與北畠一族聯手，由伊勢大湊前往奧州。然而，在遠洲灘時因為遇到暴風雨的襲擊，船隊潰散，計畫宣告失敗。

隔年三月，後醍醐天皇突然得到急病，在讓位給義良親王（之後的後村上天皇）的隔天便去世了，享年五十二歲。失去了後醍醐天皇這樣一個精神象徵，而繼位的後村上天皇也才十二歲，還是個孩子，因此南朝的力量急速消失。

在常陸國（茨城縣）方面，北畠親房（北畠顯家的親生父親）雖獲得小田氏支援而持續奮鬥，但康永二年（一三四三）時卻棄城逃往吉野。期間，北畠親房雖在《神皇正統記》寫下：「正統天皇必須擁有仁德與三種神器」，來主張南朝的正統性，但南朝勢力的衰退已是無可避免的事實。貞永四年（一三四八）時，楠木正行（正成之子）也戰死，吉野遭受幕府軍攻擊，南朝不得不捨棄吉野，遷到了內陸的賀名生。

### 室町幕府的內亂

即使什麼事都沒有發生，幾年之後南朝也會自己慢慢瓦解吧！然而，事情卻不是如此。之所以這麼說，是因為當時室町幕府的有力者開始產生對立，不久便發展為如泥淖般的政治紛爭，最後甚至演變為武力衝突。

如同一五四頁所述，此時的室町幕府是由足利尊氏與弟弟足利直義進行二頭政治。足利尊氏將政治交給執事高師直，高師直廣應地方武士要求，企圖展開革新的政權。然而，足利直義則以回歸鎌倉幕府

**歷史筆記** 據說後醍醐天皇生前留下「玉骨永埋南山之苔下，魂魄常望北闕之天」這麼一句話，說完便去世了。

的保守政權為目標。

因此，高師直和足利直義的關係日趨惡化，終於在貞和五年（一三四九）時，足利直義強迫哥哥足利尊氏罷免高師直的執事權，迫使高師直失勢。

兩個月後，高師直突然率兵進入京都，企圖殺害足利直義。受到驚嚇的足利直義逃到哥哥足利尊氏家裡，高師直軍立刻包圍了足利的官邸。迫於情勢，足利直義向高師直謝罪出家，高師直則重返政界。在那之後，各地擁護足利直義的武士開始展開反叛行動，而一直被高師直監視著的足利直義，最後趁機逃出了京都。

●南朝的危機

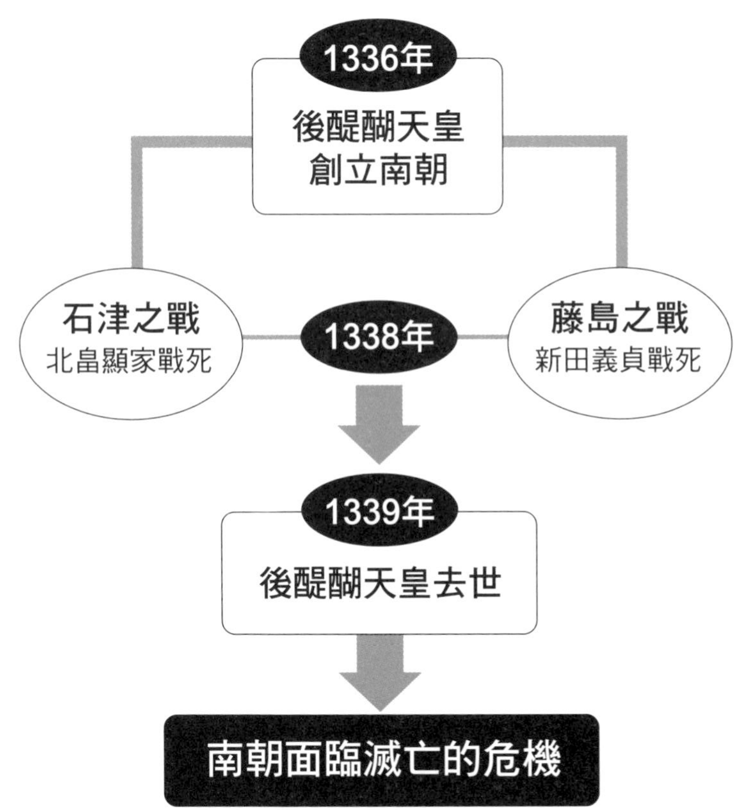

1350年 觀應之亂

# 將軍家的骨肉相殘

與南朝牽扯在一起的足利尊氏與足利直義兄弟爆發紛爭，最後足利尊氏毒殺了弟弟足利直義，整個事件才宣告落幕。

## 足利直義降服南朝

令人意想不到的是，逃離京都之後，足利直義竟然投奔南朝，而且足利直義與南朝勢力結合，將勢力擴及至奈良。剛好在這個時候，足利直義方面的足利直冬也控制了九州，勢力更是延伸到了中國地方。

足利直冬是足利尊氏的長男，但因親生母親的身分低下，因此次男足利義詮便成為嫡男。當時足利直義為足利直冬感到悲哀，而自己正好也沒有子嗣，於是，收養足利直冬為養子。

足利直冬一開始時是擔任幕府的中國探題一職，後來漸漸出現了許多反足利尊氏的行為，現在則是完全跟隨足利直義。對於足利直冬的行動，父親足利尊氏一直有強大的危機感，因此在觀應元年（一三五〇）十月，首先討伐足利直冬，往西前進。

另一方面，足利直義獲得南朝追討足利尊氏的諭旨，藉此顯示自己的正當性。他趁足利尊氏不在時攻入京都，將足利義詮放逐，隔年二月，更在攝津國「打出濱之戰」中擊破尊氏軍。

## 毒殺親弟的足利尊氏

戰勝之後，足利直義以講和為條件，要求足利尊氏交出宿敵高師直與其弟高師泰。足利尊氏答應之後，足利直義便命上杉能憲等人將高家兄弟殺害。這麼一來，幕政的主導權便掌握在足利直義手中。然而，僅僅過了五個月的時間，足利直義竟然表明退隱之意，次月便像逃亡一般前往北陸。

並沒有人知道這段期間究竟發生了什麼事，但足利直義這麼做，應該是因為政治鬥爭失敗的緣故。當時北陸有許多直義派的守護與武士，足利直義似乎是想藉由他們的

**歷史筆記** 足利尊氏在三十幾歲時曾考慮過出家，並且將「希望將現世果報傳給弟弟直義」的願文供奉在清水寺，然而，最後他竟親手毒害了親生弟弟。

力量扳回一城。

對於弟弟的行為，足利尊氏也採取了令人意想不到的行動，這時他竟然與南朝講和。因此，接到南朝追討足利直義的諭旨，取得大義名分的足利尊氏，在觀應三年（一三五二）率領大軍向東前去討伐足利直義。

足利直義以鎌倉為據點，在駿河和伊豆拉開防線，但沒多久便被足利尊氏軍攻破，鎌倉也被占領，足利直義只好宣布投降。

然而，足利尊氏並未原諒足利直義。假若放弟弟一條生路，如泥淖般的政治紛爭勢必會持續下去，於是足利尊氏親手毒害了弟弟，結束了他的生命。畢竟是長年一起嚐過苦樂的親人，想必對足利尊氏來說，這也是一個非常痛苦的抉擇吧！

## ●觀應之亂

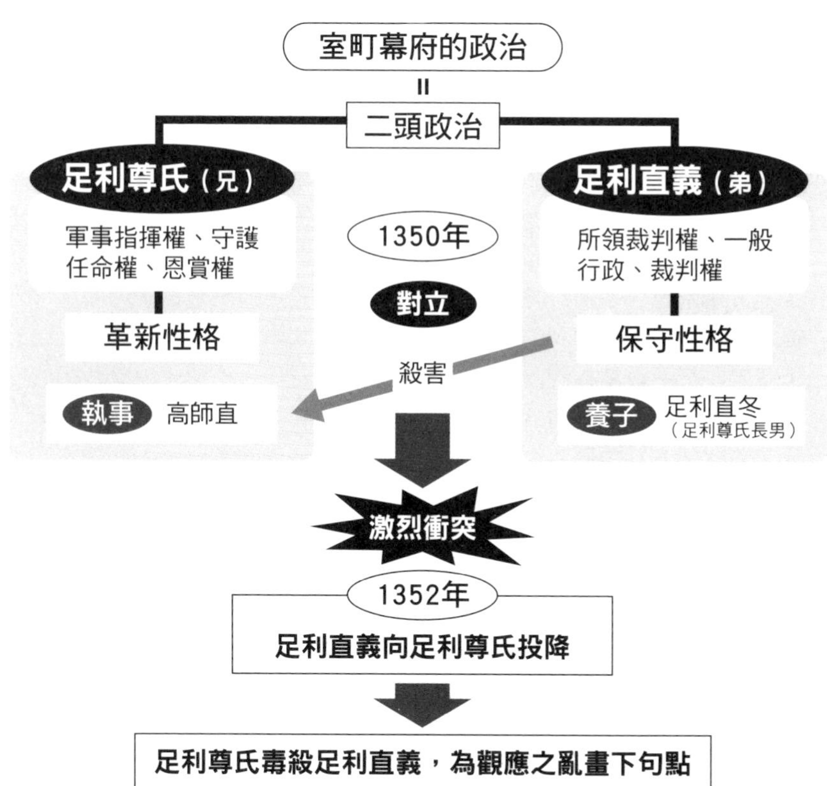

14世紀後半～15世紀　守護領國制

# 地方守護大名日漸強大

幕府以守護為基礎，建立起武士的統率系統。但不久，守護卻漸漸成為將軍的最大威脅。

## 守護的勢力為何會增強呢？

室町幕府模仿鎌倉幕府，在各國分別配置一名守護，其中多數由足利一門及有力御家人擔任。

鎌倉時代的守護，只負責謀叛者與殺人犯的逮捕工作，以及催促京都大番役等警察權，但足利尊氏與足利義詮又增派了新任務給守護，包括「刈田狼藉」（因領地爭議而擅自割取他人稻作的犯行）的取締與「使節遵行」（強制執行幕府判決）等，強化了守護的權限。

此外，室町幕府也發布了「半濟令」，這是認可各國守護有徵收莊園或公領一半年貢權利的一項法令。守護在行使這項權利的同時，也漸漸地侵略並控制國內的土地。因此，莊園領主當中便有人跟守護簽訂契約，表示：「領地的統治權完全交給守護，自己只收取應得的年貢」，像這樣子的契約稱為「守護請」。

附帶一提的是，守護將半濟令所徵收的年貢分配給各國地方上的有力武士（國人），藉此統制國內的武士。由於當時南朝的勢力還很強大，因此不得不這麼做。

## 守護領國制的成立

室町幕府這種透過守護統率武士的地方統治體制，稱為「守護領國制」。不過，由於守護多是世襲，長年從守護那裡分到年貢的國人開始家臣化，與守護之間形成主從關係。

再者，因為是世襲的關係，守護當中開始有人把領地當做自己的領國來管理。不過，由於西國的守護同時必須兼任室町幕府的官職，有常駐京都的義務，因此許多守護會將領地交由有能力的家族或家臣去管理，而代替守護管理地方者便稱做「守護代」。

隨著幕府內亂漸漸安定，南

**歷史筆記**　一三五一年，足利尊氏為和南朝和解而廢了北朝的崇光天皇。除了將天皇的神器交給南朝，元號也統一改為南朝年號。

朝勢力也衰退之後，守護勢力變得過度強大，相對的，幕府當中將軍的權勢也開始低下。對此，三代將軍足利義滿展開行動，計畫削減有力守護的勢力。針對這一點，將在一七六頁做詳細的解說。

## ●室町時代繼續沿用的守護制度

**所謂的守護**　鎌倉幕府設置在各國的地方官（1185年）

**任務**

**大犯三箇條**注1
- 京都大番役的催促
- 謀叛者的逮捕
- 殺人犯的逮捕

「建武政府」、「室町幕府」繼續沿用

**足利尊氏與足利義詮加強守護權限**
- 「半濟令」之徵收一半年貢的權利
- 刈田狼藉（隨意割取他人稻作的行為）的取締
- 使節遵行（強制執行幕府判決的權限）

希望透過守護統率各國武士

守護領國制確立

與南朝勢力對抗

注1：守護的三種基本權限。

1359年 南朝平定九州

# 日本國王懷良親王

後醍醐天皇的遺孤懷良歷經多年的顛沛流離，終於壓制了九州。然而，大約過了十年左右，九州卻再次失守。

## 南朝懷良親王平定九州

後醍醐天皇還在世時，將許多皇子視為自己的分身，派遣到各地去，期望可以東山再起。然而他們大多死於非命，只有前往九州的懷良親王，漂亮地達成了目標。但即使如此，這也是後醍醐天皇過世很久以後的事了。

當年懷良親王只有八歲，他以征西將軍身分，僅帶著十二名家臣便往九州前進。不過由於當時幕府力量強大，真正進入九州已是三年後的事。

來到九州的懷良親王首先進入日向國，後來經過薩摩國的谷山城，成功地受到菊池氏的保護。此時距離出發以來，已經過了十三個年頭。當時幕府正好陷於觀應之亂（參見P160），南朝勢力因而得以延伸，更有不少武士集結到懷良親王旗下。

懷良親王得勢之後，令下臣菊池武光將九州探題（幕府的九州統治機構）的一色範氏流放。此外，懷良親王更大破幕府方的大友氏時與畠山直顯，壓制了北九州一帶。

接著，在正平十四年（一三五九）七月，懷良親王與最大敵對勢力，亦即幕府方的少貳賴尚隔著築後川決戰。激戰最後，懷良親王一方得勝，就此將整個九州收入南朝勢力版圖。

## 九州探題今川了俊的活躍

平定九州之後，懷良親王向中國明朝稱臣，與明朝展開國交，獲明朝皇帝賜贈「日本國王」的稱號。而由於九州獨立動作頻頻，按捺不住焦慮的幕府也派遣使節到明朝，在應安四年（一三七一），任命足利一門的名將今川了俊擔任九州探題，前往九州。

今川了俊手段高明地與九州國人建立同盟關係，隔年便攻陷南

**歷史筆記** 懷良親王最初拒絕與明朝展開國交，還殺害或拘禁前來要求入貢的明朝使者。不過懷良親王不久便轉換了方針，開始與明朝往來。

朝據點大宰府。懷良親王雖將總部移往筑後國高良山，但還是被今川了俊攻下。在今川氏不斷的壓迫之下，南朝最後終於失去勢力。

據說在永德三年（一三八三），懷良親王無聲無息地離開了人世間，然而直到現在，還無法確定他的墓地在哪裡。無論如何，南朝失去九州這個最大據點之後，便只有沒落一途。

●懷良親王平定九州

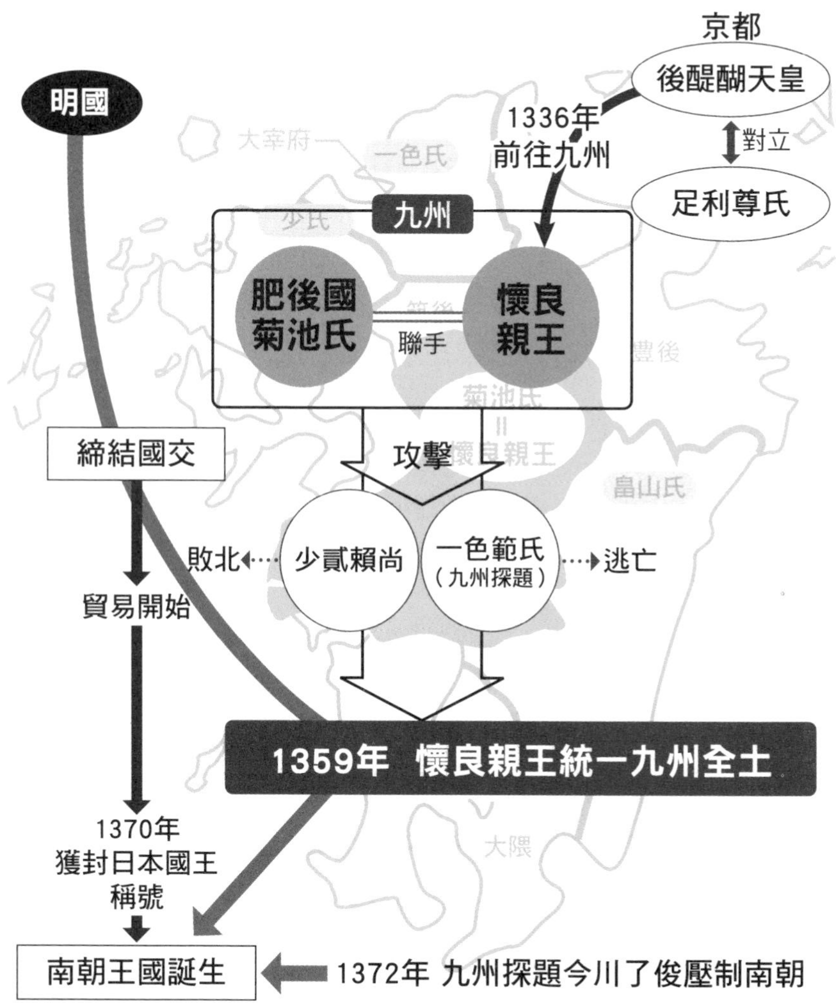

14世紀～15世紀前半　農民的自治

# 「惣村」成為農民團結基礎

隨著莊園領主的力量愈來愈薄弱，農民之間出現了合作行為與自治行動，「惣村」系統也因此誕生。

## 跨莊園的農民合作

農村的自治行為從鎌倉後期便可看出端倪，到了南北朝時代，由於守護勢力延伸至莊園與公領，莊園領主的力量漸漸轉弱。因此，以京畿內為中心的、跨莊園的農民合作與自治便因應出現，由此而生的自治村莊便稱做「惣村」（「惣」）。尤其在南北朝動亂期間，農民生產的稻米被徵為兵糧，村子有時還會變成戰場，這種種的悲慘體驗，更讓農民深切感受到團結與自治的必要性。

「惣村」的領導者是名主（有力農民）或地侍（與國人締結主從關係，取得「侍」身分的有力農民）階層，他們擔任「乙名（長）」或「沙汰人」的職務指導村莊。為了維持村莊的秩序，惣村也獨自訂定了「村掟」，村人之間約定必須遵守。若有違反情形，則由村人親手處罰違反者，這便稱為「地下（自）檢斷」。

此外，惣村內的灌溉用水與入會地（村莊的共有地）為共同管理，而村人應上繳給領主的年貢，也多以村為單位一起繳納（村請）。

## 農民的抵抗手段

室町時代由於農業技術發達，是個生產力進步飛快的時代。因此，在經濟上變得比較寬裕的小老百姓階層或下人階層，也開始可以參與審議農村相關重要事項的會議，而這類農村最高議決會議便稱為「寄合」。

惣村裡的農民非常團結，有時他們會以「逃散」（放棄耕作集體逃亡）或「強訴」（集體強行前往領主處）等方式，要求減免年貢或罷免莊官（莊園的管理者）。

到了十五世紀初，惣村成員還會與展開跨莊園或跨鄉的合作，

近江國的菅浦惣村與大浦惣村發生糾紛時，是以「湯起請」方式決定誰是誰非。所謂「湯起請」，便是要雙方用手抓起滾燙熱水中的石頭，手部燙傷程度較為嚴重的就是錯的一方。

聯手對抗守護等的強大勢力。關於這一點，後面篇幅會再詳細說明，而發生於正長元年（一四二八）的正長土一揆（譯注：農民集體抗爭行動），便是最具代表性的事件。當時惣村聯合起來要求德政（消去借款），各地農民蜂起，襲擊京都的土倉、酒屋（高利貸屋）。

## ●惣村的組成以及與領主間的關係

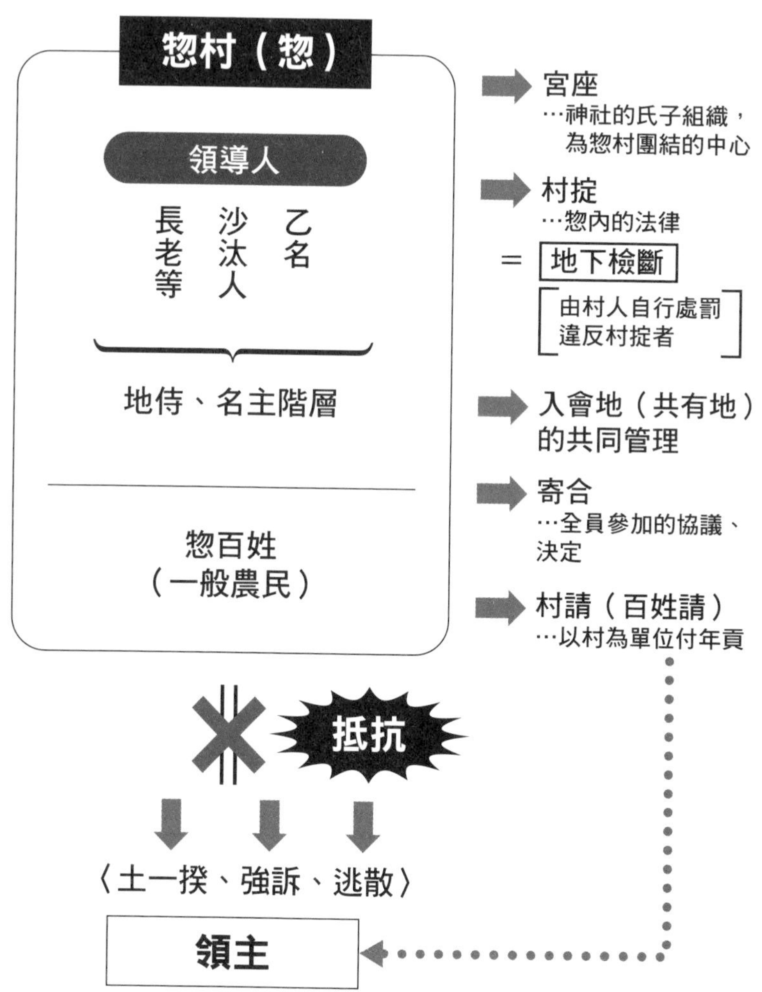

14世紀中葉～15世紀 《菟玖波集》與《應安新式》

# 成為賭博遊戲的連歌

從和歌衍生出來的連歌，成為大家用來賭博的遊戲，後來也漸漸普及至武士與平民之間。

## 連歌的黃金時期到來

南北朝動亂時期，出現了許多歷史書與軍記物語，例如北畠親房的《神皇正統記》，以及《增鏡》、《太平記》、《梅松論》等。在此同時，關白二條良基所編纂的《菟玖波集》與《應安新式》等連歌也非常盛行，可說是連歌的黃金時期。

連歌是從和歌衍生出來的文學，是以五、七、五的長句與七、七的短句交互連續詠唱而成，通常是由八個人連續詠唱一百句。詠歌的歌手稱做「連眾」，百句稱為「百韻」，詠歌的會場則為「會席」。而「百韻」只是基本單位，重複唱上十次或百次，詠唱出千句萬句也並不稀奇。

連歌是鎌倉時代後鳥羽上皇時，盛行於貴族之間的活動。之後連歌也普及至武士及平民當中，在南北朝時代迎向全盛時期。

## 二條良基與宗祇的功蹟

平民之所以會喜歡連歌，是因為裡面充滿了季語（譯註：在俳句或連歌中提到春夏秋冬等季節的詞）等主題，感覺很輕鬆，而且歌裡面還加了一些幽默和智慧。然而，連歌受歡迎的最大理由，在於它成了一種賭博遊戲。一般庶民在會席開始前便會開始下注，賭的是連歌師（指導連歌，在會席現場判斷連歌好壞的宗匠）會裁定哪幾句好、哪幾句壞，而這樣的賭博遊戲稱為「懸物連歌」。

連歌之所以能夠盛行，關白二條良基可說貢獻良多。他自己不但會創作優秀的連歌，還編纂了連歌集《菟玖波集》。連歌的共同規則為建治年間（一二七五～一二七八）成立的「建治新式」，隨著時代的改變，連歌也開始出現變化，二條良基於是完成新的「應安新式」，成為後世連歌的規則。

宗祇的出身並不清楚，據說他過了三十歲才開始接觸連歌。他周遊各地傳授連歌，最後客死箱根湯本。

之後，連歌一度消失，但六代將軍足利義教再次復興連歌，應仁之亂後迎向第二次全盛期。此時的連歌師漂泊在各地，傳授連歌技巧給戰國大名，也留下了許多遊記，編纂《新撰菟玖波集》的宗祇便是這個時代的人。附帶一提的是，戰國時代的連歌師里村紹巴與明智光秀相當親近，他的子孫後來也成為江戶幕府的隨身連歌師。然而，到了近世，連歌被俳諧所取代，完全沒落了。

## ●南北朝時代的文化

**學問**　宋學的大義名分論興盛

《增鏡》（未詳）
《梅松論》（未詳）
《神皇正統記》（北畠親房）

《建武年中行事》（後醍醐天皇）
《職原抄》（北畠親房）

**文學**　描寫南北朝動亂的軍記物盛行

《太平記》（未詳）
《難太平記》（今川了俊）
《增我物語》（未詳）

連歌

《菟玖波集》（二條良基）
《應安新式》（二條良基）

和歌

《新葉和歌集》（宗良親王）

專欄

# 婆娑羅大名二三事

「婆娑羅」讀做「basala」。關於這個名詞的起源有好幾種說法，有人說源自於有「全部擊碎」之意的梵語，也有人說是源自於十二神將之一的伐折羅（譯注：亦讀做basala）大將，另外還有人說「basala」是東西崩裂的聲音等，眾說紛紜，完全沒有定論。先不論來源如何，南北朝的動亂開始時，倒是有許多稱為婆娑羅的大名陸續登場，近江源氏一族的佐佐木道譽，以及足利尊氏執事高師直便是其中的代表。

「婆娑羅」的大名其特徵在於皆為新興的上階層分子，具有教養、才華洋溢，喜歡美、樂於歌詠生命，而且非常大膽，完全不把傳統權威當做一回事。

比方說，佐佐木道譽通過京都東山時，在妙法院境內發現了色彩鮮明的楓葉。當時，佐佐木道譽命令下屬去摘楓葉給他，當然，是在未獲住持許可的情形下。當時妙法院的門主是亮性法親王，是光嚴上皇的兄弟。因此，院裡的僧侶便以不法侵入的罪名質問道譽的家臣，並將他們趕出去。

此舉讓佐佐木道譽大為震怒，後來他竟然率兵攻打妙法院，還放火燒院，驚愕不已的法親王只能慌忙地赤腳逃出。由於妙法院隸屬於比叡山延曆寺，延曆寺因而向室町幕府提出抗議，佐佐木道譽於是被流放到上總。

然而在流放當日，佐佐木道譽像是去遊山玩水般，帶著大批家臣，途中一邊飲酒作樂，一邊與遊女（譯注：娼妓）嬉鬧，結果根本還沒有到達流放之地，就又被召回到自己的領國。也由於佐佐木道譽深受足利尊氏的信任，所以這個處分最後也不了了之。

據說佐佐木道譽之後仍舊維持不把權威當權威的態度，甚至還把大筆財物當做賭注，經常舉行鬪茶及連歌會，誇張的排場常讓世人驚嘆不已。

# 南北朝統一

## 持續混亂的日本

# 政權終於安定，室町幕府大放異彩的時代

## 由南北朝統一走向安定

三代將軍足利義滿，任命今川了俊為九州探題，並且平定了南朝的據點九州。一三七〇年代後期時，南朝開始衰退，終於在明德三年（一三九二），北朝吸收了南朝的勢力，兩朝因此合併。

同時，足利義滿開始挑撥勢力愈漸強大的守護大名，並以反抗幕府為由，以武力討伐削減他們的勢力，確保政治安定。

期間，足利義滿在整頓幕府政治機構的同時，也在京都室町蓋了壯麗的官邸「花之御所」，於此從事政務。此外，足利義滿的勢力更延伸至朝廷，取得准三后及太政大臣的地位。他以率領百官的法皇（譯注：退位後的天皇稱上皇，遁入佛門的上皇則稱法皇）之姿，企圖讓自己的兒子當上天皇以掌握公

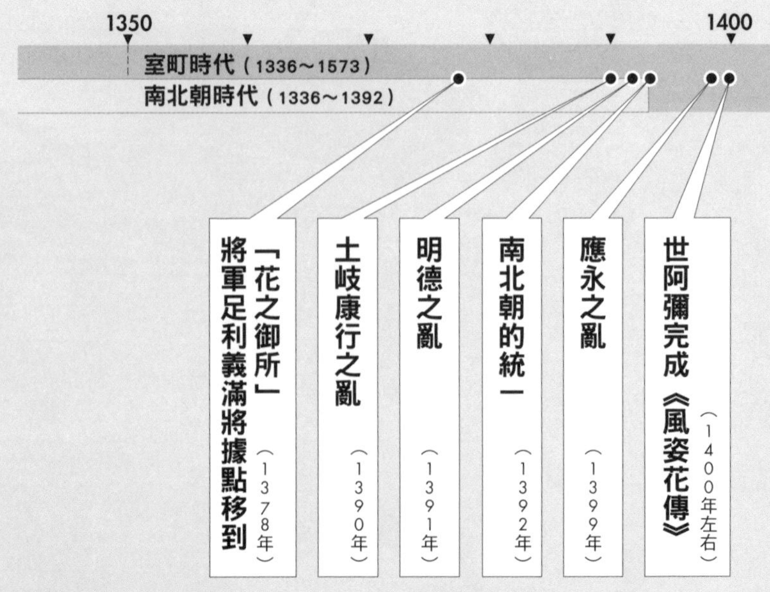

武的實權。結果，由於足利義滿突然去世，掌握實權的計畫也因此流產。不過，曾擔任將軍的人竟能成為朝廷的法皇，實在是前所未聞的事情。

## 日明、日朝貿易與北山文化

幕府將軍足利義滿執政的特點在於積極地與海外進行交易。明朝及朝鮮委託幕府取締倭寇（以九州為據點的海盜），幕府接下這項工作，並與兩國展開國交，積極地從事海外貿易。再者，此時的日本人對大海毫不畏懼，不只出船到中國、朝鮮，更去到琉球，大肆搜購世界的珍品。

因此，歷經足利義滿的治世，日本人的眼光拓及至全世界。雖然日本與中國明朝的貿易在四代將軍足利義持時曾暫時中斷，但六代將軍足利義教再度開啟雙方的貿易活動，而且一直持續到戰國時代。

三代將軍足利義滿同時也是文化的推動者。他在京都北山建設了壯麗的山莊，以此為據點獎勵日本的文化藝術活動，鹿苑寺金閣（譯注：金閣寺的正式名稱）便是建於當時，而興盛於足利義滿時代的文化稱為「北山文化」。

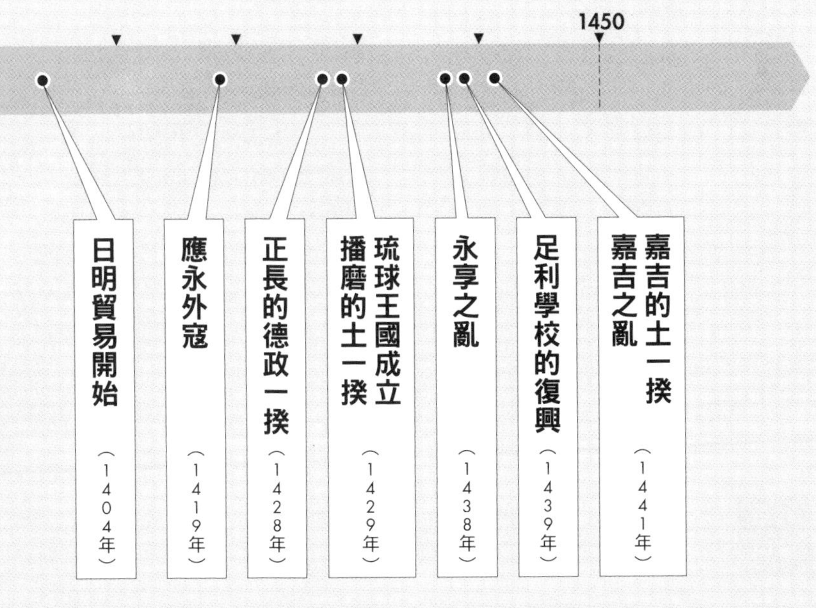

1392年 南北朝統一

# 號稱統一實仍分裂的朝廷

透過足利義滿的斡旋，衰退的南朝同意與北朝統一，但幕府與北朝卻未遵守約定，兩朝因而持續分裂。

## 南朝的後龜山天皇返回京都

後醍醐天皇死後，南朝的勢力急速衰退，後來因為幕府爆發「觀應之亂」（參見P160），南朝才得以苟延殘喘一陣子。正平七年（一三五二），尊奉後村上天皇（南朝二代）的楠木正儀及北畠顯能等南朝軍進攻京都，守在城裡的足利義詮（足利尊氏嫡男）不敵南朝軍，帶著北朝的光嚴上皇等人一起逃離。闊別了十七年，南朝勢力再次壓制了京都。

不過，幕府的分裂終趨平息，正平九年南朝中心人物北畠親房去世之後，南朝便漸漸失勢。即使如此，正平十六年時南朝還是攻入京都，用僅剩的微薄力量，迫使幕府將軍足利義詮逃向近江。

後村上天皇於正平二十三年（一三六八）去世之後，從京畿內開始，各地的南朝勢力便漸漸衰退了，只剩九州的懷良親王依然屹立不搖（參見P164）。南朝天皇之位由後村上天皇傳給嫡男長慶，再由後村上天皇之弟後龜山繼任。由於南朝漸漸失勢，到了後龜山天皇的時代，經由三代將軍足利義滿的斡旋，南朝於是同意與北朝統一。

後龜山天皇讓位給北朝的後小松天皇，並交出三種神器，之後的皇位便是由南朝與北朝的皇統交互繼位，形成兩統迭立（交替）的局面，而這也是統一的主要條件。

## 再次分裂的南北朝

明德三年（一三九二）閏十月，後龜山天皇和南朝的朝廷大臣一起進入京都。然而，據說當時南朝的隊伍還不到五十人，由此便可知道當時南朝勢力已經相當衰弱。

那麼，統一之後的情形又是如何呢？結果，幕府與北朝並沒有遵守約定。後龜山天皇皇子實仁親王始終無法當上皇太子，為此感到憤怒的後

南北朝統一之後，南朝的長慶天皇並未與後龜山天皇一起回到京都，之後他仍持續對室町幕府對抗，直至去世。

龜山於應永十七年（一四一〇）突然前往吉野，皇室再度分裂。

對此，幕府違反了與後龜山的約定，讓後小松的皇子躬仁（後為稱光天皇）繼位。於是，後龜山便表明對幕府的反叛之意，對幕府不滿的武士及南朝遺臣也紛紛舉兵反抗。

慌張不已的四代將軍足利義持再度與後龜山約定兩統迭立，騷動於是漸漸平息，後龜山也回到了京都。然而，後龜山在四年之後便去世，而稱光天皇之後仍是由北朝的後花園天皇繼位，南朝的皇統小倉宮便逃出京都，一直到「應仁之亂」（參見P218）為止，南朝持續以游擊戰法與北朝對抗。

## ●南北朝的動亂

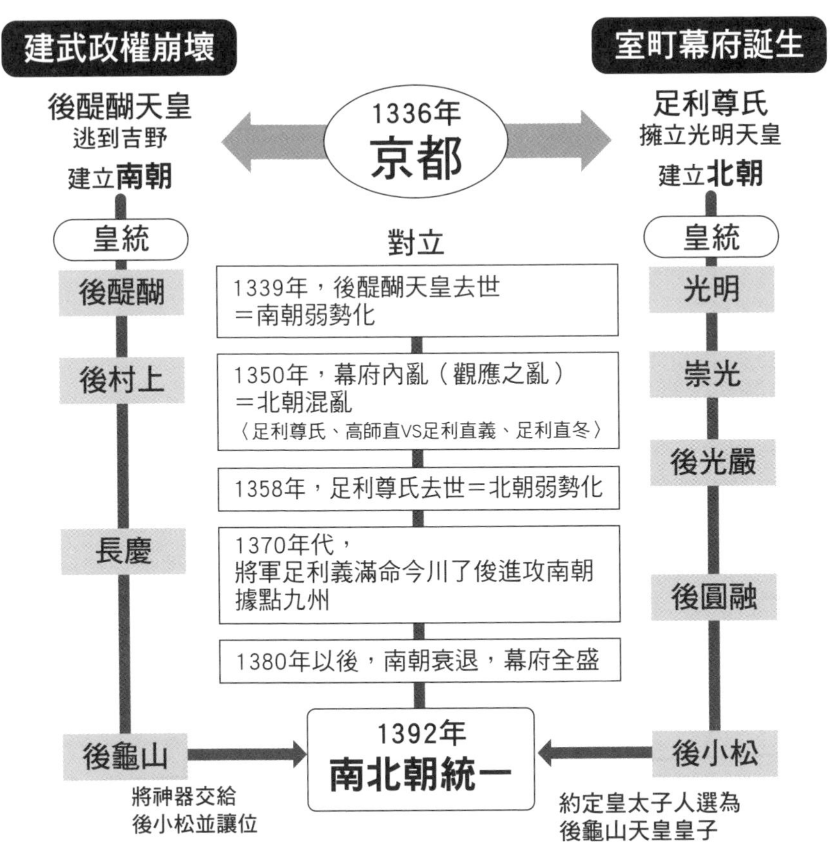

1390年～1399年 守護大名的弱化政策

# 足利義滿如何削減守護大名勢力？

守護大名日漸擴大的勢力讓足利義滿倍感威脅，足利義滿於是藉由引發大名一族內部的紛爭及分裂，成功地加以壓制。

## 大名一族的分裂

足利尊氏與二代將軍足利義詮加強了守護大名的勢力，然而到了一三八〇年代，敵對勢力的南朝完全失勢，勢力強大的守護大名反而成為將軍的最大威脅。其中有些大名家族身兼好幾國的守護，因此，三代將軍足利義滿便決定要削減這些有力守護的勢力。

統治美濃、尾張、伊勢三國的土岐賴康去世時，對於土岐賴康的嫡男土岐康行，足利義滿只交付美濃、伊勢兩國的守護職，尾張則交由土岐康行的弟弟土岐滿貞管理；足利義滿這麼做的原因，是為了挑撥土岐家兩兄弟的感情。而足利義滿的計謀真的成為現實，在康應元年（一三八九），土岐康行與土岐滿貞開始了武力衝突。足利義滿跟著以不服從裁定為由，協助土岐滿貞打倒土岐康行。結果，土岐一族的守護職減為美濃與尾張兩國。

而足利義滿的下一個目標便是山名氏。山名氏一族竟然囊括了十一國的守護職，占了全國的六分之一，勢力極為龐大。

## 削減山名氏勢力的明德之亂

康應元年（一三八九），山名氏的惣領山名時義去世，眼看山名一族內亂頻起，足利義滿便指稱：「生前的山名時義對將軍有許多失禮之處」，然後命令山名時義的叔父山名氏清及其女婿山名滿幸（山名時義之弟），前去討伐山名時義之子山名時熙與山名氏幸。結果，山名時熙與山名氏幸被流放，守護職由山名氏清與山名滿幸獲得。

到了明德二年（一三九一），這次換山名滿幸被冠上「強行占領後圓融上皇的莊園」之罪，足利義滿將其流放到京都。憤怒的山名滿幸於是找了山名氏清一起攻擊京都，對此，足利義滿在內野（京都

**歷史筆記** 將軍足利義滿在山名氏清軍來襲京都時，揚言說道：「將軍家和山名家，哪一方會有幸運之神降臨就看老天爺了」，之後便大敗敵軍。

北西）迎擊山名軍。激戰的結果，降服了山名氏清，山名滿幸則敗逃（明德之亂）。最後，山名一族的守護職削減為但馬、因幡、伯耆三國。

應永六年（一三九九），大內義弘於堺（譯注：今大阪府內的一個城市）舉兵反叛。大內義弘是周防、長門的守護，過去傾全力在九州平定懷良親王的勢力，「明德之亂」時也協助足利義滿，更是南北朝統一幕後的斡旋者，對幕府有很大的影響力。然而，即使大內義滿有功於幕府，足利義滿依然打算削減其勢力。

察覺此事的大內義弘於堺表明反叛之意，各地的武士紛紛嚮應大內義弘，演變成一場大戰亂。後來幕府利用強風燒毀了堺，成功打下大內義弘。足利義滿於是成功地壓制了足利一門以外的有力守護。

## ●守護大名的壓制

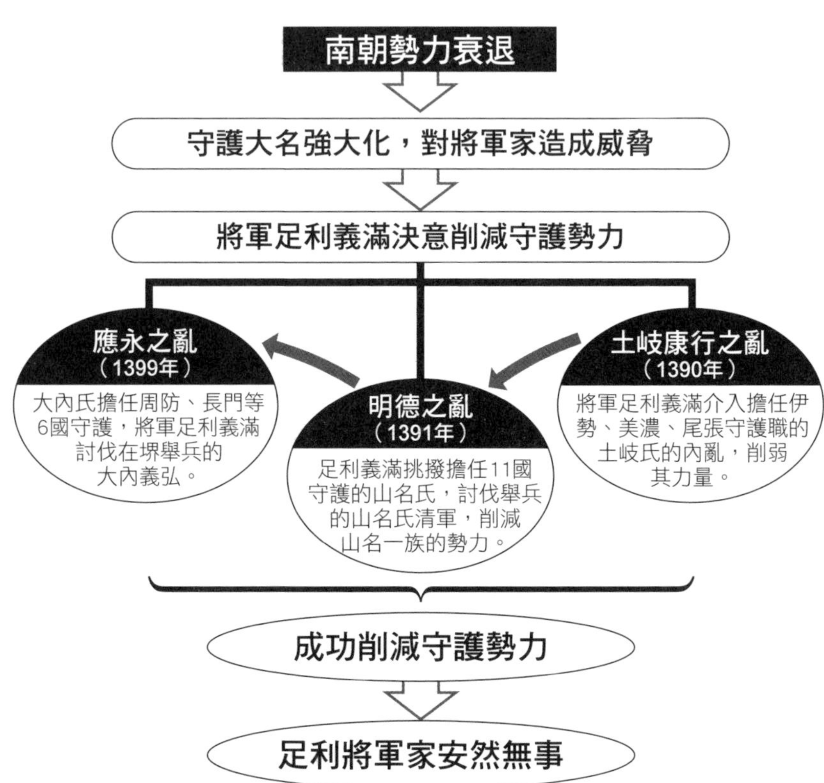

14世紀～16世紀 倭寇的取締與懷柔政策

# 「倭寇」是日本人還是中國人？

由於無法自給自足，九州三島的漁民為求生存因而成為海盜，稱為「倭寇」，後期的倭寇則以中國人為主。

## 日本人的海盜集團

「倭寇」這個詞，指的是十四世紀到十六世紀之間橫行於朝鮮半島及中國大陸沿岸的海盜。「倭」是中文裡對日本的蔑稱，「寇」指的是以集團方式襲擊的盜賊，由於當初大部分的海盜都是日本人，因此便以這兩個字組合而成的「倭寇」來指稱。只是，到了十六世紀，倭寇幾乎都是中國人，因此狹義的「倭寇」指的是十四、十五世紀的海盜，又稱「前期倭寇」。

倭寇以九州三島（對馬、壹岐、松浦地方）為據點。這個地區不適合農業耕作，因此難以自給自足，只要氣候一變動，飢荒立刻就會發生。同時，由於從事漁業及海外交易的人很多，他們對駕船相當熟悉，因此一旦生活變得困苦，很容易就會成為海盜。

過去中國元朝應該也因為倭寇而遭受極大損失，可惜的是沒有留下什麼紀錄，所以難以了解詳情。不過高麗（朝鮮）方面則留有詳細的紀錄，透過這些紀錄，可以知道當時倭寇的囂張程度。倭寇的活動自十四世紀中期開始活躍，規模也愈變愈大。驚人的是，依據古紀錄，當時倭寇曾經同時出動五百艘船，並讓超過上千人的騎馬隊與三千名步兵登陸。

## 神出鬼沒的倭寇

倭寇要的是米穀，因此貯存米穀的官庫以及租稅運輸船是他們的主要攻擊目標。然而，一般的村莊被侵襲也不是什麼稀奇的事，除了搶奪當地人民的米穀與財產之外，倭寇經常會抓走年輕的男女，把他們賣去當奴隸，其中有人還被賣到琉球王國。

倭寇最初的活動區域是在朝鮮半島南部，不久擴大到北部，更從沿岸地區前進至內陸，之所以會

**歷史筆記** 高麗苦於對付不斷前來的倭寇，於是請求九州探題今川了俊進行鎮壓。今川了俊接受了高麗的請求取締倭寇，還將被拐走的高麗人送回國。

如此，據說是因為有高麗人加入的關係。尤其是有被稱做「水尺」、「才人」的賤民、沒落農民、下級官吏等的協助，倭寇才可以很容易地在半島內陸地區活動。

由於不知倭寇會在什麼時間、又從什麼地點登陸，不堪其擾的中國明朝與朝鮮只好採取懷柔政策，給予倭寇官職和房子，同時也向日本室町幕府求援，請求取締倭寇。

● 16～15世紀的倭寇

以日本人為中心的海盜集團

| 據　點 | 活動區域 |
|---|---|
| 三島（對馬、壹岐、松浦地方） | 中國沿岸與朝鮮半島各地 |

| 行　動 | 規　模 |
|---|---|
| 掠奪官庫或租稅運輸船的米穀，有時還會襲擊村莊，搶走糧食與人 | 規模愈來愈大，甚至曾組成500艘船的船隊，讓3000人的部隊登陸 |

↓

神出鬼沒，
讓明朝與高麗（後為朝鮮）十分棘手

↓

對倭寇採取懷柔政策的同時，
請求室町幕府進行取締

↓

倭寇的猖獗漸漸受到壓制

1401～1551年　日明貿易

# 日明貿易為幕府帶來莫大利益

日本與明朝的貿易最初是以日本臣服於明朝的形式開始。足利義滿考慮到貿易所能帶來的經濟利益，於是接受了明朝的要求。

## 朝貢形式的貿易活動

應安元年（一三六八），足利義滿就任為第三代將軍，這一年，中國誕生了一個新的王朝「明朝」。朱元璋將元朝驅逐至中國北方後，登基為洪武帝，建立明朝。洪武帝要求室町幕府取締倭寇並與中國展開國交。雖說是「國交」，但基於大中華思想，明朝將周邊國家視為屬國，因此明朝要求日本以臣服於明的形式來進行兩國外交。

然而，足利義滿知道若與明朝展開外交，雙方的「交易」將可為日本帶來無以計數的經濟效益，因此日本在答應處理倭寇問題的同時，也在應永八年（一四〇一）任命身邊的祖阿為正使、博多商人肥富為副使，將他們派遣至中國，與明朝展開國交，日明貿易就此展開。

雙方的貿易以朝貢的形式進行，日本將進貢品（出口品）送至明朝，對此，明朝再以回禮的方式將當地的土產（進口品）賜給日本。明朝不但以很高的價錢購買日本的進貢品，就連交通費與停留中國期間的花費也都由明朝負擔，為幕府帶來莫大的利益。

## 持續了一百五十年的日明貿易

從日本開來的貿易船帶著明朝所賜與的「勘合（合札）」（譯注：明朝發給幕府的貿易許可證），在寧波港確認屬實之後，便在北京進行貿易，因此日明貿易又叫做「勘合貿易」。日本主要出口銅或金、硫磺等原料，以及扇子、刀劍、屏風等傳統工藝品；明朝方面則回以銅錢、陶磁器、書畫、高級編織品等。

然而，日明貿易在四代將軍足利義持的時代卻中斷了。足利義持在寫給明朝皇帝的親書上署名「日本國王臣源」，表明朝貢形式的外

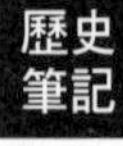


一四〇二年，明朝使者將皇帝的詔書送至幕府，據說幕府將軍足利義滿當時採臣下之禮，對詔書三拜之後，跪著打開詔書。

交對幕府而言是一種屈辱，拒絕再與明朝進行國交。不過到了六代將軍足利義教的時候，幕府又恢復中日雙方的貿易，可見貿易帶來的龐大利益還是非常吸引人的。

之後，幕府的力量漸漸衰退，日明貿易改以有力守護大名細川氏與大內氏為中心來進行。細川氏與博多商人合作，大內氏則是和堺的商人結盟。不久，雙方為了主導權而開始爭執，大永三年（一五二三）時，在寧波發生了武力衝突（寧波之亂）。

寧波之亂中獲勝的是大內氏，大內氏於是獨占日明貿易，十六世紀中葉時，大內義隆被家臣陶晴賢所滅（一五五一），日明貿易就此斷絕。

## ●日明貿易的系統

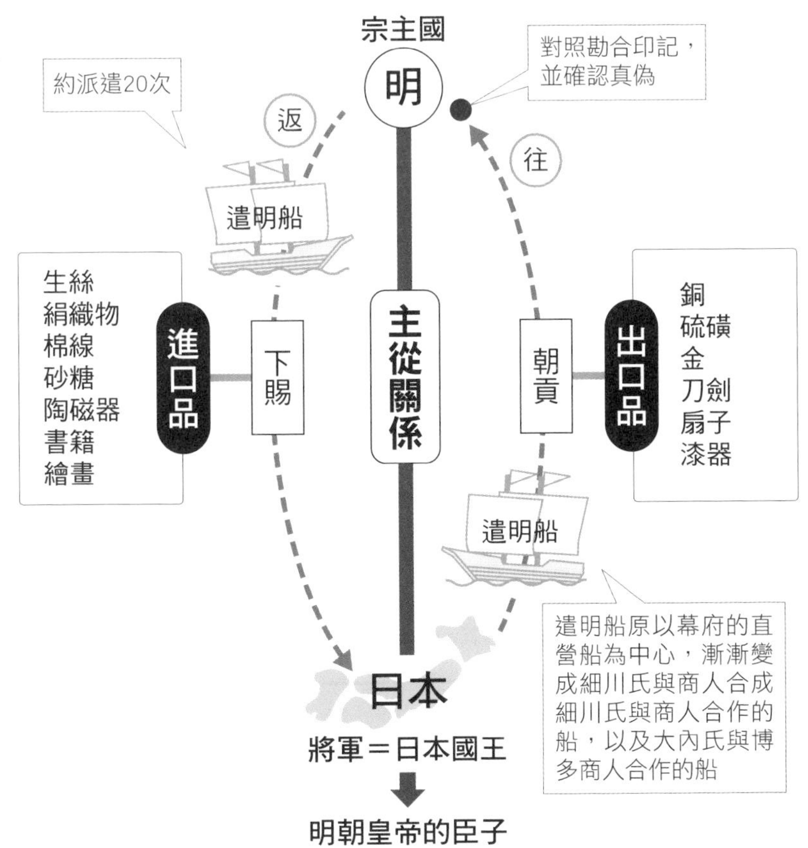

1404年～1510年　日朝貿易

# 來自朝鮮的棉織品

日本自朝鮮進口的大多是棉織品，而與朝鮮交易的不只是幕府，日本民間也有許多人參與，雙方貿易非常興盛。

## 與朝鮮展開對等貿易

南北朝統一的明德三年（一三九二），李成桂滅了高麗建立朝鮮（李朝）。李成桂因討伐倭寇而聞名，朝鮮與明朝一樣，皆向室町幕府要求解決倭寇的問題。幕府將軍足利義滿答應朝鮮的要求，同時與朝鮮展開國交，雙方以對等的關係締結外交。

朝鮮在首都漢城（譯注：今首爾舊稱）設置了迎接日本使節的迎賓館「倭館」，隨著國交的開始，兩國之間的商業活動也急速活絡，不只是幕府的船，就連民間的商船也會前去朝鮮進行交易。由於許多西國的守護大名也加入日朝貿易的行列，過多的日本船讓朝鮮疲於應付，因此朝鮮後來只開放富山浦、乃而浦、鹽浦等三浦為貿易港。

此外，嘉吉三年（一四四三）時，朝鮮與自古便有往來的對馬宗氏簽訂「癸亥約條」（嘉吉條約），將日朝貿易工作交由宗氏管理，進行了貿易的整合。

## 棉織品為主要進口品

與日明貿易相同，日本出口至朝鮮的物品為銅、硫磺、工藝品等，此外還有與琉球王國交易所取得的香木與蘇木（使用於染料的木材）。另一方面，日本自朝鮮進口的則有朝鮮人蔘、大藏經（佛教的聖典）等，當中絕大多數是日本尚無法量產的棉織品。大量自朝鮮進口的棉織品由於觸感舒適，因此很快就在日本普及開來，取代了之前的麻，成為日本人製衣的主要布料。

由於雙方貿易的活絡，開始有許多從事日朝貿易的日本人定居於朝鮮的三浦。一開始這些日本人被賦予許多的特權，但由於三浦的日本人開始參與走私等不法行為，因此朝鮮方面漸漸縮減了他們的權限。

對此感到不滿的日本人在永正

**歷史筆記**　前來三浦的日本人當中，除了定居從事貿易者外，也出現了經營漁業與農業的人，據說全盛時期三浦一帶有多達三千名的日本人。

七年（一五一〇）獲得對馬宗氏的協助，在三浦發動叛亂，不過馬上就被朝鮮軍鎮壓下來。朝鮮與對馬的國交於是斷絕，再復交已是十二年之後的事了。

## ●日朝貿易的經過

**1392年** 李成桂建立朝鮮國

要求幕府收拾倭寇

**1404年** 展開國交，**日朝貿易開始**

| | |
|---|---|
| 方法 | 日本商人與守護得以自由派船進行貿易 |
| 出口品 | 硫黃、刀劍、蘇木等 |
| 進口品 | 朝鮮人蔘、大藏經、棉織品等 |

**1419年** 應永外寇

由於對馬的倭寇不斷來擾，朝鮮的太宗於是下令襲擊對馬

**1443年** 癸亥約條（嘉吉條約）

朝鮮與對馬宗氏締結之限制貿易的條約。貿易改以宗氏為中心來管理，貿易港限定為三浦（富山浦、乃而浦、鹽浦）

**1510年** 三浦之亂

倭館（位於朝鮮的日朝貿易中心）裡的日本人因遭朝鮮政府縮減特權，因此在三浦叛亂，後遭鎮壓

**之後的日朝貿易逐漸衰退**

1419年 應永外寇

# 兩萬朝鮮大軍進攻對馬

倭寇的猖獗惹惱了朝鮮的太宗，太宗於是命令大軍進攻對馬。不過這次的行動並未發展成大規模的戰鬥，朝鮮大軍最後全面撤退。

## 活躍於對馬的倭寇

如同前節所述，幕府將軍足利義滿應朝鮮要求收拾倭寇，雙方因此展開國交並進行貿易活動，不過，真正讓倭寇平靜下來的並不是幕府軍。倭寇的最大據點是對馬，幕府命令統治對馬的宗氏平定倭寇，宗貞茂奉幕府之令認真鎮壓，但他在應永二十五年（一四一八）時便去世了。

繼承宗氏家督的是宗貞盛，不過由於宗貞盛年紀尚小，沒有任何權威可言，因此對馬的實權便掌握在倭寇首領早田左衛門太郎手中。在早田左衛門太郎的帶領下，海盜活動又開始猖獗，並經常襲擊朝鮮半島沿岸。

## 朝鮮軍襲擊對馬

大為光火的朝鮮太宗決意要遠征對馬，隔年的一四一九年，組成了有兩百二十七艘船艦的大船隊，總共派遣了一萬七千人前往對馬。

五月二十五日，朝鮮軍來到對馬海面，隔天大軍由淺茅灣登陸，對宗貞盛提出投降勸告，但宗氏卻完全無動於衷。朝鮮軍於是開始襲擊島內的村莊，燒毀居民的房子，抵抗者紛紛遭斬。此外，朝鮮軍還設下堅固的防禦護欄，表明將繼續滯留的決心。

後來宗氏在對馬的糠岳大敗登陸的朝鮮軍，趁著這次的勝利，宗貞盛嚴正地警告朝鮮說：「島內不久將進入暴風期，假若船隊仍滯留於此，恐將造成嚴重後果」，並要求對方停戰。對此，朝鮮軍同意停戰，並於十天後全面撤退，此次戰役稱為「應永外寇」。

這次的事件不久便傳回日本本土，當時流言滿天飛，以訛傳訛的結果，傳到京都室町幕府的版本甚至變成是「明軍與朝鮮軍大舉攻進來了」，一時間還讓幕府大為緊

**歷史筆記** 關於應永外寇，當時有一個版本的謠言說：「襲擊對馬的是明朝、朝鮮與南蠻國的聯合軍，其中還有女性大將以及扮成鬼的士兵。」

張。之後，幕府派遣使節到朝鮮確認情勢，終於掌握住整個事件的來龍去脈。派遣大軍的太宗在四年後過世，繼任的世宗為親日派，日朝關係不久便獲得改善。

## ●室町時代的亞洲貿易

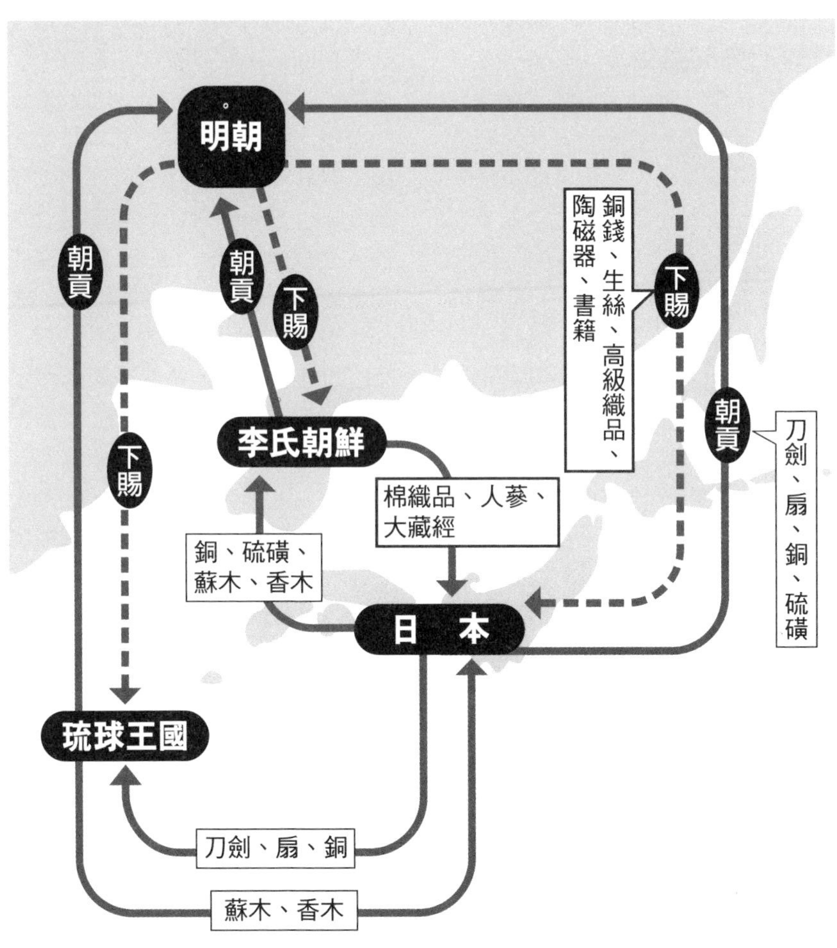

14世紀～15世紀　琉球王國的統一

# 繁榮的海上王國——琉球

過去琉球和日本被認為是不同的國家，但隨著室町幕府認可島津氏統治琉球，可以得知日本的國土意識漸漸起了變化。

## 琉球王國的誕生

過去鎌倉幕府並未將琉球視為日本國土，雖然當時的人們沒有近代國家的概念，但至少幕閣還清楚自己所統治的範圍，而琉球並不在他們所認為的統治範圍之內。

進入室町時代之後，幕府的國土意識開始有了轉變。嘉吉元年（一四四一）時，對於反亂鎮壓有功的薩摩國的島津忠國，六代將軍足利義教認可其對琉球的統治權。然而這時的琉球是個獨立國家，並未受到島津氏的壓制，幕府對島津忠國的這項獎勵可以看出幕府已將琉球視為日本國土的一部分。之所以有這樣的轉變，或許是因為這個時期琉球船隻頻繁來到日本，雙方交易變得頻繁之故。

琉球的歷史與日本本土歷史完全不同。琉球的農耕約自十世紀時開始，在那之前琉球人民都過著狩獵、採集的生活。農耕社會成立之後，琉球各地開始出現「按司（豪族）」（譯注：古琉球的官職，為當地的諸侯）的抗爭，十四世紀的沖繩本島被北山、中山、南山等三個不同的勢力所劃分統治（三山時代）。明朝成立之後，三山當中的中山王便與明朝結成朝貢關係，同時也與朝鮮展開國交，一片欣欣向榮。

之後，中山出身的尚巴志滅了中山王武寧，接著攻下北山王攀安知的據點今歸仁城，更在永享元年（一四二九）滅了南山王他魯每，統一了三山。這個尚氏王朝延續了七代，政權大約持續了六十年，尚德王時因軍事政變而滅亡。

## 貿易立國的琉球

不久，有個名叫金丸的農民統一了琉球，他自稱尚圓，開啟了第二尚氏王朝，而這是文明二年（一四七〇）時的事。到了尚圓之子尚真的時代，琉球王國迎向全盛時期，繁榮的

**歷史筆記**　琉球與明朝的貿易也以收取臣下之禮的朝貢形式展開。琉球輸出至明朝的有琉球馬、東南亞產的象牙，以及胡椒等珍品。

主要原因是因為貿易。

沖繩本島是位於日本、明朝、朝鮮、東南亞之間的海上交通要塞，利用這一點，琉球的官員與商人乘船前往各國，開始廣興貿易，得到莫大的財富。交易範圍除了明朝與朝鮮之外，還擴及至爪哇、蘇門達臘等東南亞全域，當然日本本土也有琉球船隻前來。

琉球船不僅由九州入港，據說還去到了兵庫與武藏國六浦。而沖繩本島的那霸港也陸續有日本、明朝、朝鮮等國的貿易船前來，開始了中間貿易。日本從琉球進口的主要是南方的香木、蘇木，或者明錢，出口的則是銅與刀劍等工藝品。

## ●琉球的統一

**10～11世紀** 按司的出現

**12～14世紀** 建立「古斯庫」（城），嚴加防備

**14世紀** 三山時代

1406年　尚巴志打倒中山王
1416年　攻下北山的今歸仁城，消滅北山
1429年　攻下南山的島尻大里城，消滅南山

→ **琉球王國成立**

**1470年** 尚圓以軍事政變打倒第一尚氏，第二尚氏成立

**1609年** 受薩摩島津氏統治

# 坷相曼夷之亂

室町時代時，和人為了與愛奴族交易，遂在蝦夷島南部成立了十二個日本人居住區，不久和人便開始統治愛奴族。

## 愛奴族與安東氏的交易

鎌倉幕府將津輕半島視為國土的最北端，北條氏得宗（參見P98）在津輕半島擁有多數領地，指派安東氏以代官身分進行統治。

安東氏以十三湊為據點，與住在蝦夷島（北海道）渡島半島上的愛奴族展開頻繁的交易。安東氏將鐵製品賣給愛奴族，並從愛奴族那裡購入鮭魚、昆布等海產物或動物毛皮，這些商品被當做珍品運往遙遠的京都。

到了室町時代，以交易為目的而來到渡島半島港口附近的日本人漸漸增加，包括箱館與志苔館等，共成立了十二處的日本人居住區。對於居住在蝦夷島的日本人，愛奴族稱呼他們為「和人」。

安東氏在應永三十年（一四二三），送了大量的海獺毛皮與昆布給五代將軍足利義量。九年後的永享四年（一四三二），安東氏在與南部義政的戰爭中挫敗，安東氏於是棄十三湊逃往蝦夷島，更把據點移到檜山（秋田縣能代市）。隨著安東氏勢力的消失，過去長期受到和人荼毒虐待的愛奴族，心中的不滿眼看就要爆發。

## 強悍的愛奴軍

長祿元年（一四五七）春天，愛奴族起而造反，不久便以前所未有的暴動規模，一館接一館地襲擊日本人的居住區，見到和人就殺，然而暴動的導火線其實只是一件小事。

當時一名愛奴族的青年向志苔館的鍛冶屋（和人）訂了一把小刀，針對做好的刀子，雙方對於品質與價錢起了爭執，沒想到鍛冶屋一怒之下竟刺殺了這名愛奴青年。這個事件惹惱了平時便深受和人虐待所苦的愛奴人，愛奴人於是群起造反。帶頭造反的是一位名叫坷相

**歷史筆記** 坷相曼夷一發動叛亂便討伐志苔館的領主小林良景，接著以宇須岸（譯注：愛奴語中為海灣頂端之意）地區為先，陸續攻擊每一個和人館。

曼夷的愛奴大首領，由於愛奴軍非常強悍，和人居住的十二館到最後僅剩下花澤館一館。

花澤館的館主是蠣崎季繁，蠣崎季繁的身邊有一名武將，名叫武田信廣。有人說武田信廣出身若狹國守護的武田氏一族，但真實與否並無確切答案。不過，武田信廣非常地武勇，在他的指揮之下，蠣崎季繁成功地反擊愛奴族的攻擊，坷相曼夷也被武田信廣親手射殺，叛亂於是受到鎮壓。據說對此感激不已的蠣崎季繁後來收武田信廣養子，並讓他繼任家督。

之後，蠣崎氏便是統治愛奴的唯一和人勢力，蠣崎氏後來改姓松前，並獲得豐臣秀吉與德川家康認可其在蝦夷地的統治權。

## ●蝦夷島與愛奴族的歷史

| | |
|---|---|
| 13世紀時 | 愛奴文化形成（受擦文文化、鄂霍次克文化影響）<br>和人開始移住南部 |
| 1457年 | **「坷相曼夷之亂」**（愛奴人與和人的抗爭） |
| 1593年 | 蠣崎氏對蝦夷島統治權獲得到豐臣秀吉的認可<br>（1599年，蠣崎氏改姓松前氏） |
| 1604年 | 德川家康認可松前氏與愛奴族的交易獨占權 |
| 1669年 | **「坷相曼夷之亂」**（愛奴人敗北） |
| 18世紀前半 | 場所請負制成立（和人奴役愛奴人從事勞動） |
| 1789年 | **「庫那西利．美那西之戰」**<br>（抵抗和人商人的統治，但敗北） |
| 1807年 | 江戶幕府對整個蝦夷地進行直轄統治<br>（防備俄羅斯侵略） |
| 1869年 | 明治政治設置開拓使，蝦夷地改稱北海道 |

14世紀後半～15世紀前半　北山文化

# 公武融合而成的北山文化

公家文化和武士文化相互融合，當中還帶著一股濃厚的中國的大陸文化氣息，鹿苑寺金閣為其代表象徵。

## 公武融合的文化

以三代將軍足利義滿為中心，興盛於十四世紀後半至十五世紀初期的文化稱為「北山文化」。由於室町幕府以京都為據點，守護大名與大名的家臣等許多武士也遷住至京都，與公家直接接觸的機會因此增加。武士開始學習公家文化，並將公家文化融合進自身的武士文化，發展出盛極一時的北山文化。因此我們可以說，「公武融合」為北山文化的最大特徵。

此外，鎌倉中期開始便有中國禪僧訪日，日本方面也有僧侶前往中國留學，帶回了大陸文化。到了室町時代，大陸文化更顯洗練，以禪僧為中心，出現許多優秀的詩文及水墨畫作品。再加上足利義滿開始了日明貿易，唐物（來自中國的高級舶來品）被視為珍品，這一點也深深地反映在北山文化上。

當然，「同朋眾」的貢獻也不能忘記。所謂「同朋眾」，指的是專門為將軍服務、負責籌辦和歌表演、連歌會、茶會等工作的藝術工作者。足利義滿身邊的同朋眾有能阿彌、藝阿彌、相阿彌三代，他們皆擅於水墨畫與連歌，據說還經常幫忙鑑定唐物，在文化的興盛上扮演著重要的角色。

## 北山文化的象徵

「北山文化」之名，源自於足利義滿在京都北山所蓋的山莊（北山殿）。北山殿原是西園寺家的山莊，後來送給了足利義滿，足利義滿在北山殿裡蓋了舍利殿、佛殿、不動堂與書院等，當做自己的居所。

其中最具代表性的建築物就是三層的舍利殿。舍利殿為「寶形造」屋頂建築，一樓為寢殿造，二樓是和樣式建築，三樓則為禪宗樣式建築，都是非常難得一見的建築物。屋簷上有鳳凰，西側則有「切

**歷史筆記**　足利義滿下令諸大名進行北山宅第的營造工程時，大內義弘拒絕說：「我的家臣以打仗為業，不願被人使喚做土木工作。」

妻造」（譯注：屋頂為「切妻」構造的建築物，屋頂兩斜面向下延伸，呈山坡狀）的釣殿，伴著鏡湖池在前。由於建築上貼有金箔，因而俗稱「金閣」，這棟融合了公家的寢殿造與武家所喜愛的禪宗樣式的建築，可說是北山文化的一大象徵。遺憾的是，北山殿在昭和二十五年（一九五〇）時燒毀，而現在的金閣是在燒毀後五年重新再建的。

## ●北山文化（14世紀後半～15世紀前半）的特色

**宋朝文化＝禪宗文化的影響與公武文化的融合**

**文學**

- **五山文學（漢文學）**
  《空華集》（義堂周信）、《蕉堅稿》（絕海中津）
- **五山版的出版**
  五山寺院的宗教書、漢詩集的木版印刷
- **軍記物**
  《義經記》（作者不詳）

**宗教**

- **禪宗**……五山十剎之制
- **五山僧**……萬窓疎石、春屋妙葩

**建築**

- **寢殿造、禪宗樣式**……鹿苑寺金閣
- **禪宗樣式**……安樂寺三重塔、永保寺開山堂
- **和樣式**……興福寺東金堂、五重塔
- **庭園**……西芳寺、天龍寺、鹿苑寺

**繪畫**

- **水墨畫…由宋、元禪僧傳來**
  （代表畫家、明兆、如拙、周文等）

**演藝**

- **猿樂能……大和四座、近江三座**
  （觀阿彌、世阿彌登場）
- **狂言……在能樂幕間演出的古典滑稽劇**
- **茶之湯……鬪茶的流行**

1386年 五山十剎之制

# 京都與鎌倉的五山十剎之制

幕府為方便統治寺院而設立了五山十剎之制，在幕府的庇護之下，五山禪僧相當活躍。

## 何謂五山十剎之制？

過去鎌倉幕府為了保護臨濟宗（禪宗），在鎌倉創建了建長寺、圓覺寺等大寺院。到了得宗北條貞時的時代，幕府模仿南宋的「官寺之制」，將座鎮在鎌倉的五間大寺廟序列化，稱為「五山之制」。

這項寺格序列制度也為建武政府時所採行，後醍醐天皇另將京都的南禪寺與建仁寺納入五山之列。足利尊氏也沿用這項制度，直至至德三年（一三八六）幕府將軍足利義滿的時代，這項制度終於確立。

足利義滿將五山分為「京都五山」與「鎌倉五山」，南禪寺則置於五山之上。京都五山分別為天龍寺、相國寺、建仁寺、東福寺、萬壽寺；鎌倉五山則是建長寺、圓覺寺、壽福寺、淨智寺、淨妙寺。

此外，五山之下還設有「十剎」。不過，所謂「十剎」，並不是只選定十間寺廟，指的是寺格（譯注：寺院的階級）低於五山的寺院，據說最多的時候，總共有超過兩百間的十剎。

幕府之所以制定五山十剎之制，據說是為了方便管理寺院，同時也是為了要與朝廷的官寺制度相抗衡。幕府並且設置「僧錄」一職，負責管理官寺，初代僧錄便是春屋妙葩。

## 優秀的禪宗文化

在北山文化當中，五山禪僧在幕府的保護之下非常地活躍。這些禪僧當中有來自中國的渡來僧，也有不少人曾留學中國，在當時皆是第一流的知識人與文化人。因此，五山禪僧不僅能夠鑑定唐物（進口珍寶），對於由中國傳來的宋學也非常熟悉，個個擅長做漢詩，創作出大量的作品，而這些出版的作品稱為「五山版」。然而，能夠理解這些作品的知識階層只限於禪僧、貴族，或者上級武士，

**歷史筆記** 幕府將軍足利義滿雖與明朝恢復國交，但當時負責進行外交交涉的人是精通漢詩與漢文的五山僧侶。

五山文學並未能普及於世，只興盛於小部分的階層。

在漢詩上表現最為傑出的是絕海中津與義堂周信。有關政策與外交上的問題，將軍與守護大名也經常會請教這些優秀禪僧的意見。因此我們可以說，五山禪僧在政治上扮演了非常重要的角色。

## ●五山十剎之制

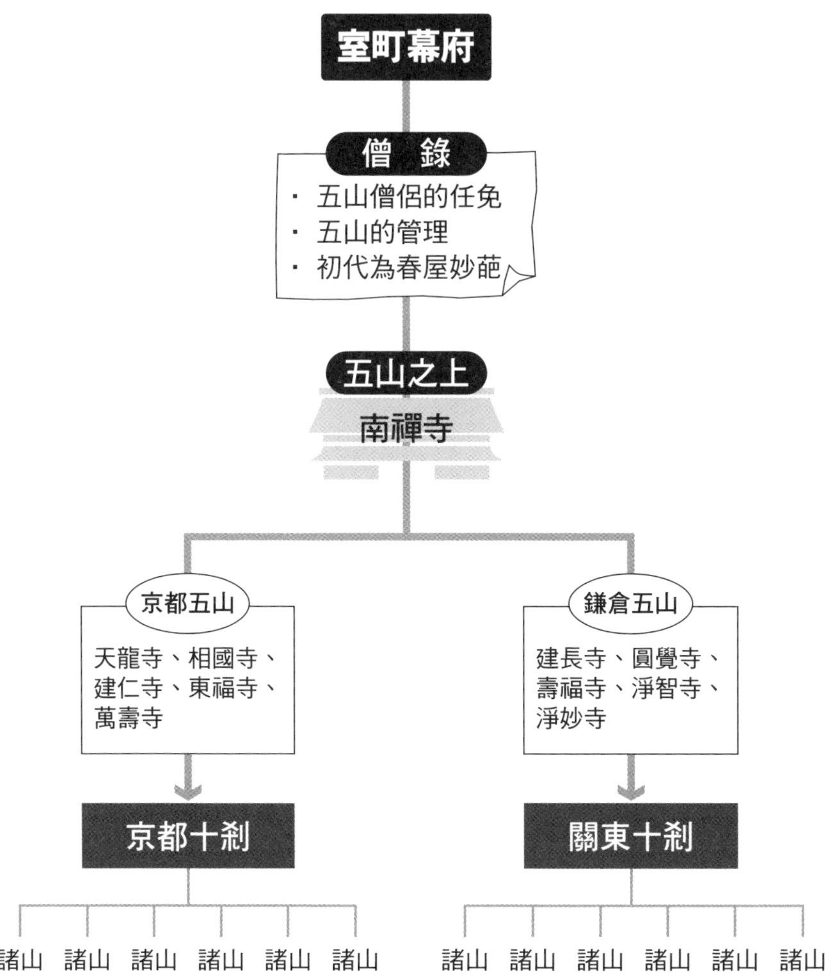

# 枯山水的出現

中產階級的小規模庭園造景受到禪宗的影響，枯山水庭園因而出現。枯山水庭園雖小，卻能栩栩如生地表現大海與山河。

## 日本庭園的歷史

有人認為繩文時代的環狀石頭遺跡，是日本庭園的開始，但在建築物的空地上舖上石頭，種植特別的草木等等，這些花心思去營造使人賞心悅目的庭園造景，一般認為是與佛教一同從中國與朝鮮傳來的。

在藤原京與平城京的遺跡當中，出土了許多被推定為大型庭園造景的遺跡。然而，第一個確定為庭園造景形式的，是「寢殿造」建築出現時，其所附屬的淨土庭園。

「寢殿造」為盛行於平安時代的貴族宅邸的建築樣式。以寢殿為中心，圍繞著前面的南庭，以「コ」字形設置對屋、渡殿，以及中門廊，而所謂的南庭，指的便是淨土庭院（參見右圖）。

淨土庭園是將極樂淨土具體展現的廣大庭園，通常會有一個大水池，池中央浮著一個中島，會有一座橋連接中島與池邊，水池邊會擺設各式各樣的植物與石頭，如此表現地泉回遊式極樂淨土的庭園，非常受到都內貴族的喜愛。

到了平安時代末期時，淨土庭園也在地方上普及開來。在這個時期，還出現了庭院造景的奧義書《作庭記》（譯注：《奧義書》為印度教的古老經典，有神秘的教導、與祕密的傳授之意）。

## 枯山水登場

日本的庭園形式革命發生於室町時代。鎌倉時代時，以石在庭園裡造景的方式愈來愈受歡迎。這時的中產階層也開始建造庭院，只是不是每個人都有足夠的金錢可以建造巨大的噴泉水池，因此民間開始出現小規模的庭園。剛好在這個時候，當時流行的禪宗思想也傳入了日本。

具體來說，在狹窄面積內表

室町時代時從事庭園造景者稱為「山水河原者」，其中善阿彌特別受到將軍足利義政喜愛，為銀閣打造了漂亮的庭園。

現無垠宇宙，以石頭與砂子來營造大海、瀑布，或者山林的幽谷感覺，這就是所謂的「枯山水」造景。枯山水在北山文化時漸漸盛行，代表性的庭園為西芳寺庭園，俗稱「苔寺」。不過，地泉回遊式庭園也並未沒落，足利義滿所建造的圍繞金閣的鹿苑寺庭園，以及八代將軍足利義政模仿鹿苑寺庭園所建造的慈造寺庭園，都是地泉回遊式庭園的優秀作品。

在東山文化時代，枯山水迎向全盛時期，龍安寺石庭、大德寺大仙院等都是枯山水的代表庭園。

## ●寢殿造的構造

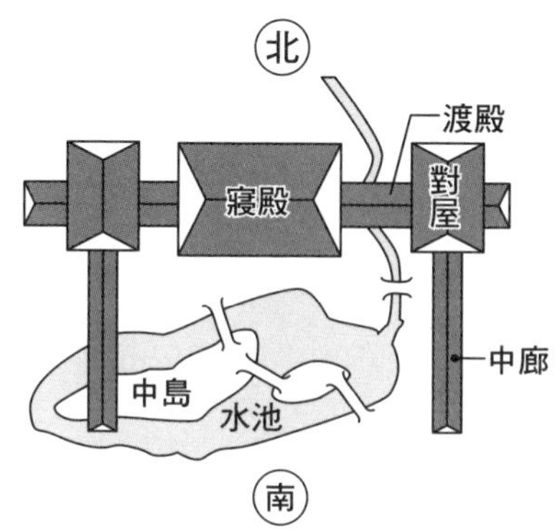


## ●庭園的歷史與變遷

所謂的庭園是？

在建築物空地上舖設石頭、水池，並種植草木等，屬人工造景

目的在於取悅人心
（與佛教〈6世紀前半〉一起傳入）

奈良、平安時代 **淨土式庭園**
表現極樂淨土的地泉回遊式庭園

平安時代末期 **《作庭記》完成**
為庭院造景的奧義書

室町時代 **枯山水庭園**
以石頭與砂子來表現大海及瀑布

||

**代表庭園**
· 西芳寺庭園 · 龍安寺石庭
· 大德寺大仙院

14世紀後半～15世紀前半　猿樂能的完成

# 世阿彌的猿樂能

將曲舞融入猿樂中即成猿樂能。猿樂能創作者世阿彌深受將軍足利義滿寵愛，然而足利義滿死後，世阿彌始終懷才不遇。

## 受足利義滿保護的世阿彌元清

猿樂能原為在京畿內舉行的祭神儀式中獻給神明的演藝表演。後來出現專業的猿樂師，率領一團（座）到日本各地表演，猿樂能因而普及至民間，成為庶民的文藝活動。

觀阿彌清次出身大和四座之一，隸屬於結崎座，他大膽地將曲舞（譯注：室町時代盛行的一種演出，配合伴著鼓聲的故事敘述起舞歌唱）加進原本以模仿為中心的單調猿樂當中，因此大獲好評，闖出了一番名號。有關觀阿彌的傳聞很快地便傳到三代將軍足利義滿耳中，應安七年（一三七四），觀阿彌在京都的今熊野神社表演時，足利義滿親自前往觀賞。演出時，飾演鬼夜叉角色的少年演技唯妙唯肖，深深吸引住足利義滿的目光，而這名少年便是世阿彌元清（觀阿彌之子）。之後，足利義滿便十分寵愛世阿彌。

三條公忠在日記《後愚昧記》當中寫道：「大和猿樂的兒童（世阿彌），受到大樹（義滿）的寵愛，同席用同餐具，然而猿樂跟乞討並沒有什麼兩樣。」對於將軍足利義滿竟和被視同為乞丐的猿樂師同座，並同用餐具，三條公忠感到相當憤慨，而許多守護大名為了拉攏將軍，爭相拿好處給世阿彌一事，也讓他十分地感嘆。

## 世阿彌可悲的晚年

受到將軍保護的世阿彌在著作《風姿花傳》中寫道：「今日的名聲總有一日會消失，但若能不忘卻眾人敬愛的精神，持續在表演上琢磨，名聲一定終會再恢復。」世阿彌說得含蓄，但他真實的人生並沒有這麼順利。

應永十五年（一四〇八）三月，在足利義滿的北山第，世阿彌在後小松天皇的面前表演了猿樂能，是日本最初受到天皇御賞的

**歷史筆記**　一四三六年，京都桂河原首次有女猿樂的演出登場，結果因為觀看的人潮太多而引起爭端，甚至造成很大的傷亡，女猿樂於是便被中止。

能劇演出，當時可說是世阿彌最風光的時期。然而，之後只過了兩個月，將軍足利義滿卻突然辭世。

繼位的四代將軍足利義持對世阿彌相當冷淡，他寵愛的是田樂的增阿彌。到了六代將軍足利義教時，他也將世阿彌冷落在一旁，反而比較喜愛世阿彌的外甥音阿彌，最後在永享六年（一四三四），世阿彌被流放到佐渡島。當時世阿彌已經超過了七十歲，他的長男早他離開人世，次男也出了家。一直到了八十歲，世阿彌終於得以回到京都，但隔年便去世了，可悲的是，臨終的地點至今都無法確定。

在受到冷落的歲月當中，世阿彌寫了許多關於猿樂能真髓與理論的書籍。也因為世阿彌的這些作品，猿樂能的傳統才得以代代流傳下去，他對能樂的貢獻實在是非常大。

## ●所謂的猿樂能是？

**由來**

原為祭神儀式中獻給神明的表演
➡ 做為庶民文藝活動，廣受歡迎

**座**

由專業猿樂師率領的演出團體表演
➡ 猿樂的座廣泛地分布在京畿內
➡ 大和四座＝圓滿井（金春）、坂戶（金剛）、外山（寶生）、結崎（觀世）

**發展**

即興的滑稽技巧（7～10世紀）
➡ 演出有劇情的默劇→出現了人氣表演者（11世紀～12世紀中葉）
➡ 默劇中加入歌謠與舞蹈（12世紀後半～13世紀中葉）
➡ 觀阿彌大膽融入曲舞→ 猿樂能成立（13世紀後半）

**確立**

深受三代將軍足利義滿寵愛的世阿彌寫下《風姿花傳》與《申樂談儀》等，確立了能劇的技術與理論，使能劇得以流傳至後世。

**12世紀～16世紀　從茶會到茶道**

# 因具療效而廣為流傳的茶葉

現在很多人都在喝的茶，早在這個時代就已流傳開來，而茶道亦確立於這個時代。

## 茶葉傳到日本

據說將茶葉帶到日本的是臨濟宗的開宗始祖道元，但這個說法其實並不正確。早在奈良時代，茶葉便已傳到日本，依據《日本後記》記載，嵯峨天皇曾在近江國滋賀的梵釋寺接受大僧都永忠的茶宴招待，由此可知，茶葉早已普及於當時的上流階層。不過，後來喝茶的風氣漸漸消退，一直到榮西寫下《喫茶養生記》，人們才再次了解茶的效用。

過去榮西在宋朝修行時曾經中過暑，喝了茶之後整個人才又恢復舒暢。榮西對茶葉的功效大為感佩，於是便把茶種帶回日本，種植在肥前國背振山。據說榮西的茶樹漸漸在京畿內及關東散播開來，建曆元年（一二一一）時，榮西寫下《喫茶養生記》，並在鎌倉幕府三代將軍源實朝生病時獻上該書，藉著加持祈禱把將軍的病治好了。榮西說：「茶是養生仙藥，也是延命妙術，喝了茶將對心臟有戲劇性的療效」，更表示喝茶可以去除宿醉、睡意與倦怠感等，可說是萬能仙丹。

## 從娛樂到藝術

到了南北朝時代時，許多人會聚集在一起享受遊藝（譯注：茶道、插花、舞蹈等與遊戲相關的藝能活動）。集合本身稱為「寄合」，集合的場所叫做「會所」，大家在會所唱連歌、焚香、插花等，也經常舉行茶會。茶會不僅盛行於上流社會，在平民之間也非常普及，有的甚至是貴族與平民可以一同參加的茶會。其中最受大家歡迎的活動便是「鬬茶」，也就是猜茶的產地及茶的好壞，一般都以錢或物品做為賭注。

而大幅改變了茶會風貌的便是村田珠光。他跟隨大德寺的一休宗純學禪，將禪的精神融入喝茶這件事，提倡「茶禪一味」。在四疊半

一四〇三年，有個名叫道覺的人在京都的東寺門前開了一間賣茶的店，一杯茶一錢，號稱是日本第一家茶館。

大（譯注：約兩坪半）的茶室裡風雅品茶的做法便是由村田珠光所創。村田珠光後來擔任八代將軍足利義政的茶道指導，其精神由武野紹鷗發揚光大，千利休接著傳承，確立了茶道。

千利休是堺「納屋眾」（譯注：室町時代時在海邊擁有倉庫的富商）富商千與兵衛的兒子，他被豐臣秀吉喻為「天下第一茶匠」，豐臣秀吉的茶會多數由他主辦，他以近臣身分支持豐臣秀吉政權，擁有極大的發言權。然而，當石田三成勢力抬頭，聲勢大過千利休之際，千利休與豐臣秀吉的關係便開始惡化，最後被下令切腹了斷。

有一個說法是，由於豐臣秀吉不了解千利休「侘茶」（譯注：以簡素靜寂為飲茶最高境界）的精神，還以黃金打造茶室，偏好低俗的茶會，兩人之間的關係才會惡化。

## ●茶的歷史與變遷

|  |  |
|---|---|
| 8世紀 | 奈良時代時由遣唐使傳入？ |
| 9世紀 | 喝茶風氣盛行於貴族之間 |
| 12世紀 | 臨濟宗的榮西以介紹喝茶法的《喫茶養生記》來傳茶道 |
| 14世紀 | 茶會上不論身分貴賤，流行一起鬪茶（猜測茶的產地、茶的好壞等） |
| 15世紀～16世紀 | 茶之湯（侘茶）的成立與戰國大名的保護<br>創始者　村田珠光<br>▼<br>繼承者　武野紹鷗<br>▼<br>集大成者　千利休<br>（以上皆為富商） |
| 17世紀～18世紀 | 茶道確立<br>小堀遠州、千宗旦<br>▼<br>創立3千家 |

# 水墨畫的流行

鎌倉時代時，水墨畫以禪宗之畫的姿態傳入日本，到了室町時代，水墨畫更在五山盛行。

## 水墨畫的歷史

水墨畫為禪宗傳入時，一起被帶入日本的繪畫風格，指的是巧妙運用墨色的濃淡、畫筆的粗細，透過水墨的暈染滲透所描繪的畫作。水墨畫的原型為唐朝的山水畫，確立於宋朝。由於水墨畫是以禪宗之畫的姿態傳入日本，因此以禪僧的畫像「頂相」（參見P123）為主。

進入室町時代之後，五山文學盛行，水墨畫畫家有一半出身自五山（參見P192），尤其以相國寺為中心。當時優秀人才輩出，包括了活躍於北山文化的如拙與周文，另外還有集日本水墨畫大成的雪舟等，而雪舟活躍的時期正是東山文化的時代。

單以墨的黑色便能表示無限萬象的水墨畫，似乎正符合日本人的喜好，即使到了戰國時代，水墨畫的風潮不僅沒有消退，反而還愈來愈興盛。尤其是融合大和畫技法的狩野派水墨畫，更受到戰國大名的喜愛。江戶時代時，琳派畫了許多水墨畫作品，江戶後期的池大雅、蕪村等人的水墨畫則是受到南宋畫作的影響。

## 天才雪舟登場

水墨畫的代表畫師首推雪舟。雪舟在應永二十七年（一四二〇）出生於備中國赤濱（岡山縣總社市），自小便被寄養在寺院裡。據說他非常討厭修行佛道，總是不停地在畫畫。因此，寺廟的和尚為了懲戒雪舟，便將他綁在柱子上要他反省。過了一會兒和尚回來查看，發現雪舟腳下有一隻老鼠，受到驚嚇的和尚急著要把老鼠趕走，但雪舟腳下的老鼠卻是動也不動，和尚定睛一看，才發現那是雪舟用自己的眼淚所作的畫。雪舟過人的繪畫天分讓和尚大為驚嘆，自此便不再責備雪舟畫畫。

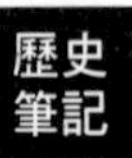


雪舟的作品以「天橋立圖」、「四季山水圖」、「秋冬山水圖」等風景畫最為著名，同時他也畫了「益田兼堯像」等的肖像畫。

後來，雪舟進入了水墨畫的聖地相國寺，在那裡跟隨周文學畫。四十歲時，雪舟離開京都抵達大內氏的據點山口，由山口搭船前往中國明朝，希望能在水墨畫的發源地學習正統的水墨畫。

然而，宋朝時盛極一時的水墨畫到了明朝已經漸漸沒落，雪舟找不到可以學畫的師父。於是雪舟花了三年的時間，留在中國仔細地觀察山河草木及人物等，把這些景像印在心裡。回國後，雪舟便確立了屬於他個人的畫法。晚年的雪舟以山口為據點，同時也漂泊各地作畫。雪舟的畫非常受歡迎，只要雪舟一出現，據說所有人便會群湧而至向他求畫。

## ●水墨畫的歷史

**何謂水墨畫？**

以墨的濃淡、畫筆的粗細等來作畫

| | |
|---|---|
| 登場 | 唐朝的山水畫 → 宋朝時確立 |
| 傳來 | 禪宗自宋朝帶入五山 |
| 發揚光大 | 如拙與周文活躍於北山文化 |
| 確立 | 雪舟在東山文化時代時集大成 |
| 之後 | 戰國時代狩野派將大和畫技法融入水墨畫 → 江戶前期，琳派畫了許多水墨畫 → 江戶後期，池大雅、蕪村的水墨畫作品受到南宋畫的影響 |

**1394年　足利義滿就任太政大臣**

# 三代將軍足利義滿的法皇夢

足利義滿生於京都長於京都，十分憧憬朝廷文化，渴望高官厚爵，還曾經試圖要仿效院政。

## 成為太政大臣的征夷大將軍

一三六八年，足利義滿的父親足利義詮去世，足利義滿以十一歲的年紀當上家督（第三代將軍），由於當時足利義滿年紀還小，便由管領細川賴之主導幕政。康曆元年（一三七九）時，足利義滿迫使細川賴之下台，在京都室町打造了「花之御所」，在這幢壯麗的宅邸裡從事政務。永德元年（一三八一）時，足利義滿將後圓融天皇（北朝）迎至「花之御所」，同年就任朝廷的內大臣，此時足利義滿的地位已經大大超越了祖父足利尊氏與父親足利義詮。

足利義滿是首位在京都土生土長的將軍，少年時期受到前關白二條良基貴族教養的薰陶，對朝廷文化十分憧憬，渴望高官厚爵。事實上，自從足利義滿當上內大臣之後，「花押」（簽名下方蓋的印章）便成為了公家風格，各種儀式也仿效攝關家做了改變。接著在永德三年，足利義滿獲封為准三后，地位僅次於皇后、皇太后與太皇太后。

之後，足利義滿統一南北朝（參見P174），並討伐強大的守護大名，削減其勢力（參見P176），將權力集中在將軍手上。應永元年（一三九四）時，足利義滿更把將軍一職讓給嫡男足利義持，並在這一年就任太政大臣。由將軍擔任太政大臣者，足利義滿是第一人。

## 將兒子推上天皇之位的野心

然而隔年，足利義滿卻辭去太政大臣一職出了家，但就算是如此，足利義滿還是尊奉將軍足利義持，持續掌握著政權。這一切簡直就像是幕府版的院政，足利義滿的立場相當於朝廷的法皇（天皇讓位進入佛門後的稱號，又稱太上法皇），或許足利義滿就是意識到這

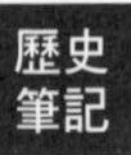


據說將軍足利義滿出家時，前太政大臣德大寺實時等十幾名公家官員、管領斯波義將、大內義弘等幕閣也都追隨足利義滿而去。

一點，才刻意如此安排。

這一點由足利義滿模仿上皇御所「仙洞」來打造位於京都北山的壯麗宅邸一事也可以看得出來。此外，足利義滿與明朝展開外交時以日本國王自稱，他還讓正室日野康子成為後小松天皇的「准母」（相等於天皇生母的地位），當他把後小松天皇迎至北山第時，自己還穿上天皇的服裝，並讓兒子足利義嗣坐在關白的上座。此外，足利義嗣的成人式以親王（天皇之子）的儀式在宮中舉行，足利義滿同時也讓足利義嗣成為後小松天皇的養子，以繼承天皇之位。

事實上，將軍足利義滿的確具有天皇家的血統，因為足利義滿的親生母親紀良子是順德天皇的子孫。足利義滿似乎打算將自己的兒子足利義嗣推上天皇之位，如此一來他便能立於同時是天皇與將軍的兒子之上，創立公武統一政權，君臨天下。然而，命運總是愛捉弄人的，足利義嗣的成人式才過了兩個月，足利義滿便因病突然死亡，他的野心也跟著一起埋進了土裡。

## ●將軍足利義滿的野心

**朝廷**
- 成功統一南北朝（1392）
- 擔任准三后與太政大臣，晉升為貴族
- 計畫將兒子足利義嗣推上天皇之位

**室町幕府**
- 削減守護勢力
- 任命兒子足利義持為四代將軍
- 讓位後仍掌握實權

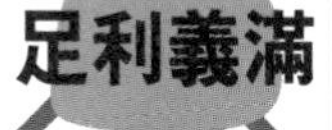

**宗教**
- 建立五山十剎之制，君臨諸寺之上

**日明貿易**
- 臣服於明朝，取得「日本國王」地位
- 藉由貿易鞏固財政基礎

**以確立公武合體政權為目標**

||

**以法皇身分君臨公武政權之上**

1408年 足利義滿之死與足利義持的掌權

# 四代將軍足利義持的反動政策

因為憎恨冷落自己的父親足利義滿，足利義滿死後，將軍足利義持便極力策動反動政策。

## 遭受冷落的四代將軍足利義持

「我的孩子都一樣可愛！」這是每個父母都會說的話，不過父母對孩子的愛應該還是會有微妙的差別，但若差得太多，可是會造成問題的。事實上，在四代將軍足利義持的治世時便發生了這樣的問題，為當時的政治帶來很大的影響。

足利義持生於至德三年（一三八六），是足利義滿的嫡男，九歲時便成為四代將軍。不過，當時的政治實權仍由足利義滿所掌握，而且足利義滿非常偏愛愛妃春日局所生的足利義嗣，經常把足利義嗣帶在身邊，還打算將他推上天皇之位。

足利義持於是對父親足利義滿表達了不滿，但之後足利義持卻遭到父親的冷落。應永十五年（一四〇八），足利義滿迎接後小松天皇前來北山第時，弟弟足利義嗣就在足利義滿的身旁，而將軍足利義持卻被指派警備工作。為此，足利義持對父親的憎恨又更加深。

就在這一年，五十一歲的足利義滿突然死亡。由於足利義滿從未預期自己將死，因此並沒有選定後繼者。雖然也有人推舉足利義嗣為繼承人，但在幕府老臣斯波義將的奔走之下，足利義持成功繼位。

## 反動政治的展開

基於對足利義滿的反抗，掌握了政權的足利義持開始策動反動政治。當時朝廷有意將太上天皇（上皇）的稱號贈與已故的足利義滿，但足利義持卻斷然拒絕。此外他還以「將軍以臣下之禮形式與明朝進行貿易實為屈辱」為由，中斷了父親開始的日明貿易。對於過去父親足利義滿擔任將軍處理政務時的宅邸「花之御所」，足利義持也將之廢棄，另外在三條坊門建設了新的將軍御所。而包括金閣在內的足利義滿晚年居住的北

**歷史筆記** 將軍足利義持原本打算將播磨國賜與愛臣赤松持貞，後來得知赤松持貞與自己的愛妾暗通款曲，便下令赤松持貞切腹自殺。

山第的建築物，也被足利義持破壞殆盡，他同時還冷落父親最寵愛的猿樂能藝者世阿彌。

應永二十三年（一四一六），關東公方（譯注：室町時代代表將軍在地方行使公權力的足利將軍家一族）足利持氏欲沒收上杉禪秀的關東管領職而發生大亂（上杉禪秀之亂），此時足利義嗣也打算起身響應。知悉此事的足利義持隨即逮捕了足利義嗣，將他關在相國寺的林光院裡，最後甚至放火燒死了這個同父異母的弟弟。

就這樣，足利義持將父親足利義滿的所愛一一毀滅。親人之間的怨恨，正因為有血緣關係的連結，反而越發激烈。

## ●四代將軍足利義持的反動政治

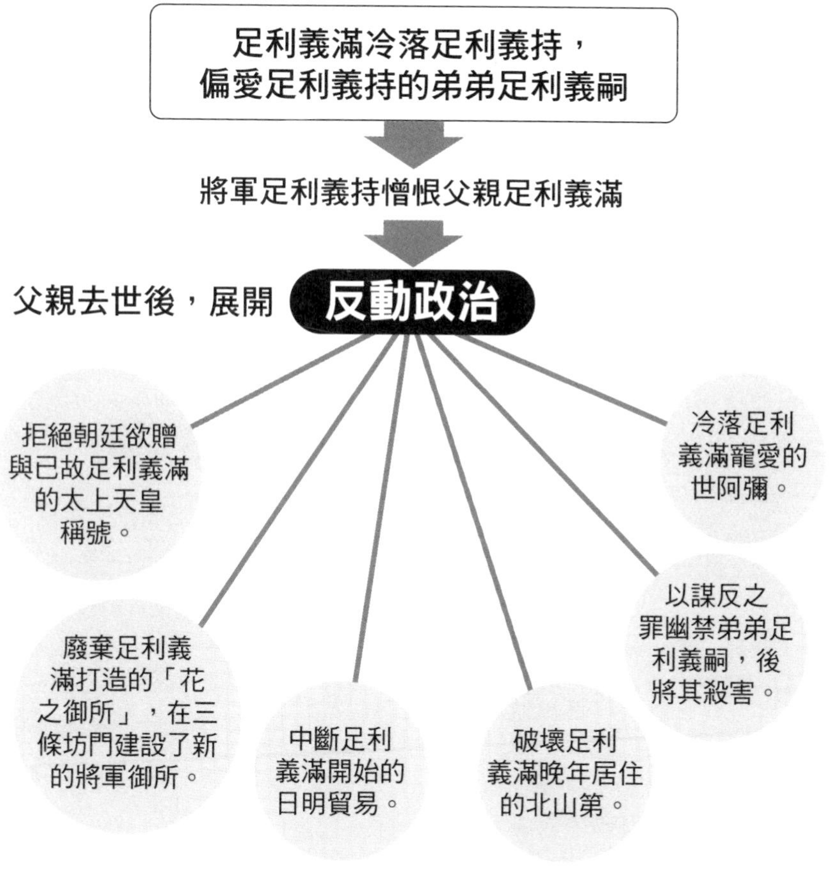

足利義滿冷落足利義持，
偏愛足利義持的弟弟足利義嗣

↓

將軍足利義持憎恨父親足利義滿

↓

父親去世後，展開 **反動政治**

- 拒絕朝廷欲贈與已故足利義滿的太上天皇稱號。
- 廢棄足利義滿打造的「花之御所」，在三條坊門建設了新的將軍御所。
- 中斷足利義滿開始的日明貿易。
- 破壞足利義滿晚年居住的北山第。
- 以謀反之罪幽禁弟弟足利義嗣，後將其殺害。
- 冷落足利義滿寵愛的世阿彌。

1428年 足利義教就任六代將軍

# 前所未聞的抽籤將軍

自古以來，抽籤在日本被視為具有正當性的決定方式，抽籤結果被認為是神的旨意。

## 足利義持的辭世

應永三十年（一三二四），室町幕府四代將軍足利義持把將軍一職讓給獨子足利義量。然而足利義量原本就體弱多病，再加上有酗酒習慣，身體於是愈來愈差。足利義持因擔心兒子的身體，經常提醒他要少喝酒，但足利義量始終改不掉喝酒習慣，終於在就任將軍的兩年後，以十九歲之齡辭世。此時足利義持已經出家，但由於無人繼任將軍，足利義持只好以僧侶身分執行政務。

然而，或許兒子先行離開人世一事對足利義持的打擊太大，足利義持竟也開始藉酒澆愁。再加上以前的守護大名紛紛謀叛，體勞再加上心勞，足利義持於是急速衰老，三年後，正值四十三歲壯年的他也去世了。

臨終之際，幕府重臣向足利義持詢問將軍繼位人選，沒想到足利義持竟然拒絕：「即使留下遺言，若你們不採用我的意見，就一點意義也沒有。」慌張的重臣不斷懇求足利義持，希望他指名繼位人選，但足利義持始終不願開口。

## 將軍人選以抽籤決定

針對繼任人選問題，管領（輔佐將軍役）畠山滿家等人於是舉行重臣會議，在討論未果百般苦惱之下，最後決定以抽籤的方式，從足利義持的四位弟弟當中（義圓、義昭、永隆、義承）選出一位新將軍。竟然以抽籤方式來決定幕府的將軍，這還真是前所未聞啊！不過，以抽籤決定繼位人選絕對不是隨便的決定方式。自古以來，日本便經常以抽籤來決定大事。

當人的智慧無法做判斷時就抽籤，也就是說，當時人們認為抽籤的結果是神明的旨意，具有一定的正統性，而這樣的觀念也為現今所

傳聞安葬將軍足利義教首級的「首塚」法篋印塔，現今位在兵庫縣東條町的安國寺內。

接受。比方說，目前日本的公職選舉法也規定，當候選人的得票數相同時，便以抽籤方式決定當選者。而這樣的決定方式對歐美人而言似乎是無法想像的。

正長元年（一四二八），醍醐寺的三寶院滿濟做了分別寫有將軍候選人姓名的四張籤，由畠山滿家來抽，抽籤結果於深獲足利家尊崇的石清水八幡宮公布。結果，當選的是青蓮院的足利義圓，義圓改名足利義教，隔年就任六代將軍。

## ●室町幕府的歷代將軍（前半）

| 時期 | 代 | 將軍 | 事蹟 | 享年 |
|---|---|---|---|---|
| 草創期 | 初代 | 足利尊氏（在位1338～1358） | 開創室町幕府 | 54歲 |
| 草創期 | 2代 | 足利義詮（在位1358～1367） | 與南朝纏鬥，致力於確立幕府權力 | 38歲 |
| 全盛期 | 3代 | 足利義滿（在位1368～1394） | 統一南北朝開始日明貿易北山文化 | 51歲 |
| 全盛期 | 4代 | 足利義持（在位1394～1423） | 中止日明貿易 | 43歲 |
| 全盛期 | 5代 | 足利義量（在位1423～1425） | 因飲酒過多早逝 | 19歲 |
| 混亂期 | 6代 | 足利義教（在位1429～1441） | 以抽籤方式選出的將軍，後被家臣赤松滿祐謀殺 | 48歲 |
| 混亂期 | 7代 | 足利義勝（在位1442～1443） | 10歲便夭折 | 10歲 |
| 混亂期 | 8代 | 足利義政（在位1443～1473） | 導致應仁之亂發生的無能將軍，東山文化 | 56歲 |
| 混亂期 | 9代 | 足利義尚（在位1473～1489） | 日野富子的親生兒子，雖有能力但英年早逝 | 25歲 |

※P247繼續說明。

1438年 永享之亂

# 作風強勢的抽籤將軍

鎌倉府為室町幕府的地方機關，由於獨立傾向愈來愈明顯，最後終於與幕府爆發全面性的衝突

## 將軍足利義教的恐怖政治

足利義教自幼便進入寺院，過去一直與政治無緣。因此，足利義教治世當初，政務全交由管領與重臣處理。但不久之後，足利義教開始傾向獨裁，他相繼處罰抵抗的守護大名及公家，據說受罰人數多達七十人。

永享七年（一四三五）年時，足利義教更燒毀了反抗他的比叡山延曆寺。雖然足利義教是僧侶出身，但他並不害怕遭到佛的處罰。三年後，這次他要消滅的是鎌倉府。

室町幕府由足利尊氏所創，他將政務機關設在京都，於關東設置地方機關鎌倉府，並派遣三男足利基氏擔任鎌倉公方（參見P156）。之後，鎌倉公方代代由基氏的子孫就任，鎌倉府受幕府委託統治關東。然而，鎌倉府的獨立色彩愈來愈重，更擺出與幕府對抗的姿態，永享十年（一四三八）時，雙方終於爆發全面性的武力衝突。

## 鎌倉府的滅亡

當時的鎌倉公方為足利持氏。足利持氏一直希望自己可以成為將軍足利義持之後的繼位者，但他的期待卻被幕閣斷然拒絕。如同前節所述，人選將軍最後是以抽籤方式決定，由足利義教繼任。

足利持氏對此非常生氣，於是計畫出兵至管轄外的信濃，好讓幕府瞧瞧自己反抗的決心。一四三八年，將軍足利義教派遣幕府大軍前往關東，同年九月，幕府軍雖然在箱根竹之下敗給了持氏軍，但之後旋即於相模國風祭、早川尻轉守為攻。見事態如此，鎌倉府重臣相繼背叛足利持氏，足利持氏最後終被幕府軍所收服。

關東管領（鎌倉公方的輔佐役）上杉憲實雖向將軍足利義教請求赦免足利持氏，但足利義教不

**歷史筆記**

一四三四年，鎌倉公方足利持氏為了驅除宿敵，以血寫下願文並貢於鶴岡八幡宮內，而足利持氏所指的宿敵似乎就是將軍足利義教。

肯，反而命令上杉憲實殺了足利持氏。上杉實憲於是包圍足利持氏遭幽禁的鎌倉永安寺，無路可逃的足利持氏最後自盡身亡，鎌倉府九十年的歷史就此畫下句點，抽籤將軍足利義持的專制體制也終於確立。

## ●「永享之亂」的經過

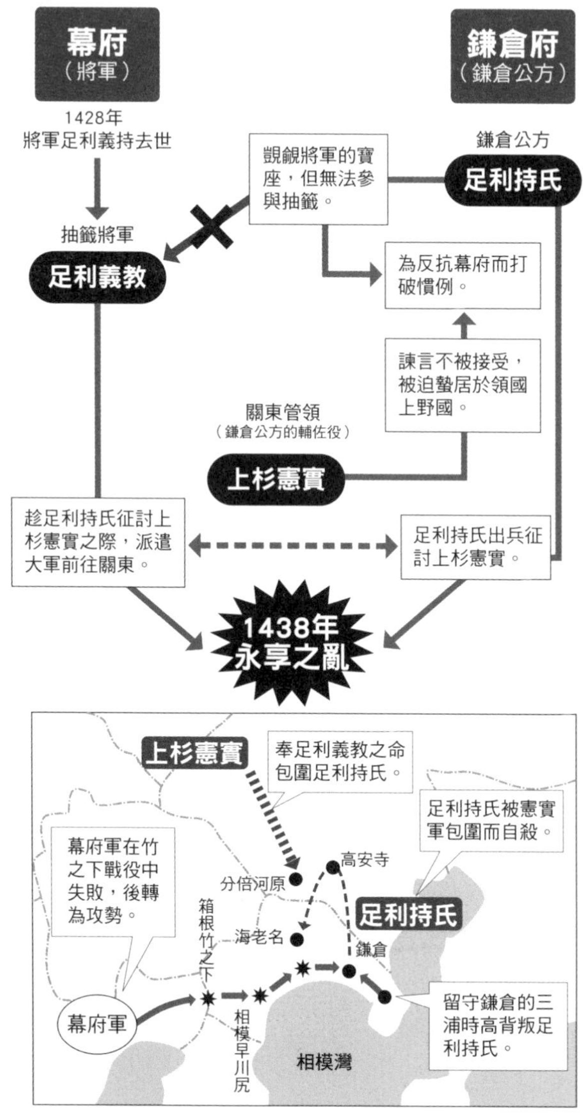

1441年 嘉吉之亂

# 遭家臣謀殺的暴君足利義教

過去被足利義教冷淡以對的赤松滿祐感受到自身的危險，於是他先下手為強，在自己的宅邸謀殺了足利義教。

## 足利義教的恐怖政治

足利義教性情暴戾，若激怒了他，一定會遭到殘酷的對待。他曾以婢女拙於酌酒為由，將侍女少納言局毒打到只剩半條命，還剃了她的頭髮逼她為尼。東坊城益長因未察覺足利義教在場而偷偷笑了一聲，便立刻被沒收了領地。對於前來諫言的日蓮宗日親，足利義教把燒得火紅的鍋子套在他的頭上，還割掉他的舌頭不讓他再說話，最後再將之流放。就連守護大名的一色義貫與土岐持賴也因為一點芝麻小事，而遭足利義教殺害。

將軍殘暴的行徑讓播磨的守護大名赤松滿祐十分害怕，赤松滿祐深信：「下一個一定會輪到我。」足利義教稱呼身高較矮的赤松滿祐為「三尺入道」，把他當笨蛋耍，向來也是冷淡以對。然而對於赤松一族中較為俊俏的赤松貞村，足利義教卻是寵愛有加，赤松滿祐更聽說：「最近將軍義教將沒收滿祐的領地，轉賜給貞村。」

「義教的確可能這麼做。若要我受那樣的屈辱，不如我先把將軍給殺了！」據說基於這樣的動機，赤松滿祐決意謀叛。

## 嘉吉之亂

嘉吉元年（一四四一）六月，赤松滿祐邀請足利義教前來自宅，並召開盛大的酒宴。帶著屬下與貴族造訪赤松邸的將軍足利義教，看起來相當愉快。

不過，酒宴進行到一半時，屋子內外突然騷動起來。「馬要逃跑啦！糟糕啦！快把房子裡面的木門全部關起來！」屋裡突然有人大聲怒罵，跟著出現了假裝要追趕馬匹的赤松滿祐的家臣，把屋子的出入口全都堵了起來。不用說，他們把木門關起是為了防止將軍逃走。不久，數十名刺客把將軍足利義教團

**歷史筆記** 將軍足利義教因成功鎮壓結城氏的反叛，連日來受邀參加數位大名的慶功宴，一時不留意才上了赤松滿祐的當。

團圍住，足利義教一下子就被殺死了，可說是足利義教自作自受吧，這便是「嘉吉之亂」。

「將軍，死亡猶如犬，自古以來，前無所聞啊！」（《看聞御記》）。伏見宮貞成親王在日記這麼寫道，這實在是前所未聞的事情。赤松滿祐悠哉地走出屋子，劍的前端刺著足利義教的首級，往領國播磨丟去。幕府方面，管領細川持之任命足利義教之子足利義勝為七代將軍，隔月便派遣征討軍前往播磨。

另一方面，赤松滿祐奉足利直冬之子孫足利義尊來迎擊幕府軍，但細川持常、赤松貞村、山名持豐、河野通直等幕府諸將陸續攻下赤松城，九月時將赤松滿祐追殺至城山城，赤松滿祐自盡身亡。

因為足利義教的死，足利將軍家的威勢直速下降。

## ●謀殺足利義教的過程

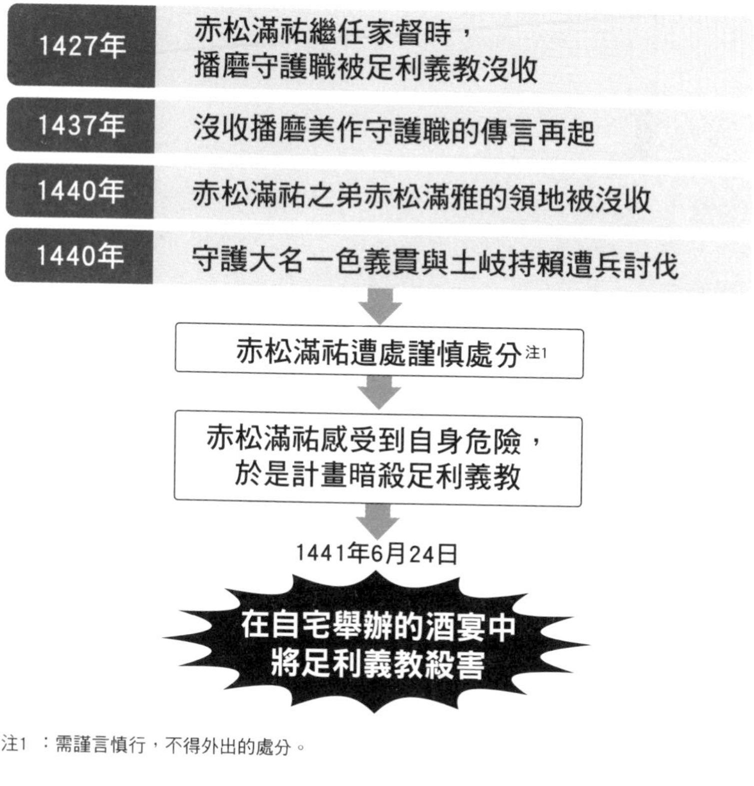

| | |
|---|---|
| 1427年 | 赤松滿祐繼任家督時，播磨守護職被足利義教沒收 |
| 1437年 | 沒收播磨美作守護職的傳言再起 |
| 1440年 | 赤松滿祐之弟赤松滿雅的領地被沒收 |
| 1440年 | 守護大名一色義貫與土岐持賴遭兵討伐 |

↓

赤松滿祐遭處謹慎處分注1

↓

赤松滿祐感受到自身危險，於是計畫暗殺足利義教

↓

1441年6月24日

在自宅舉辦的酒宴中將足利義教殺害

注1：需謹言慎行，不得外出的處分。

**15世紀前半** 正長與嘉吉的土一揆

# 幕府為何對土一揆屈服？

土一揆幾乎都是為要求銷毀借據而發動的抗爭。幕府在嘉吉地區的土一揆抗爭中屈服於農民的要求，屈服的內情又是如何？

## 正長的土一揆

所謂「一揆」，原本並非武力抗爭之意，而是夥伴團結、合作的意思。大家因為某種目的共同連署請願書，之後將請願書燒成灰，大家一同喝下和有請願書灰燼的水，誓言同心。而一揆不僅發生於農民，在武士與僧侶之間也經常有一揆的行為出現。

然而，到了十五世紀前半時，便經常有農民結成一揆以武力抗爭的事件發生。這樣的情形稱做「土一揆」，除了少數特殊情形，大部分的目的都是要求幕府或莊園領主下達德政令。所謂德政，指的就是銷毀借據。

正長元年（一四二八），發生了讓京都人民非常害怕的大規模德政一揆，也就是「正長的土一揆」。興福寺大乘院的日記寫道：「天下的土民蜂起抵抗，號稱要求德政，破壞酒屋、土倉、寺院等，拿取物品，銷毀借據。……（略）……大概要亡國了吧！不應該做得如此過分。」無以計數的民眾湧入都內，要求幕府施行德政，他們破壞土倉及酒屋（皆為高利貸業者），並且燒毀借據，展開激烈的略奪。

由於這一年傳染病大流行，各地農作物的收成情況都很差，因此這個一揆在京畿內的各地造成迴響，甚至擴展到大和國、河內國與畿內。

## 室町幕府屈服於嘉吉土一揆

嘉吉元年（一四四一），將軍足利義教被殺害，由嫡男足利義勝繼任七代將軍（參見P211）。當時足利義勝還是個七歲的孩子，而幕府的主力軍也為了征討謀殺了足利義教的赤松滿祐而前往播磨國，在權力與軍事力皆唱空城計的時候，以京都為中心再度爆發了大規模的土一揆，也就是「嘉吉的土一揆」。

**歷史筆記** 據說實際指揮土一揆的不是農民，大部分都是深受負債所苦的下級武士。

這次幕府接受了一揆的要求，正式地向全國發布德政令。雖然幕府也可以將在播磨的主力軍調回，但幕府之所以會屈服，主要也是因為有許多守護、武士，或者公家官員也向土倉（譯注：鎌倉時代興起，盛行於室町時代的高利貸業者）或酒屋（譯注：當時酒屋多兼營「土倉」業務）借錢，因此德政令一發布，高興的人不在少數。事實上，德政令發布之後，多數的統治階層也從土倉拿回了許多質押在那裡的物品。

由於來自土倉與酒屋所的稅收占了幕府歲收的一大半，因此後來再也不曾發布全國性的德政令。只是，小範圍的德政令偶爾還是會發布。之後，幕府以向土倉徵收稱為「分一錢」為條件，將有繳納的土倉剔除於德政令發布範圍之外，藉此姑息方式換取收入。

## ●持續爆發的各種一揆

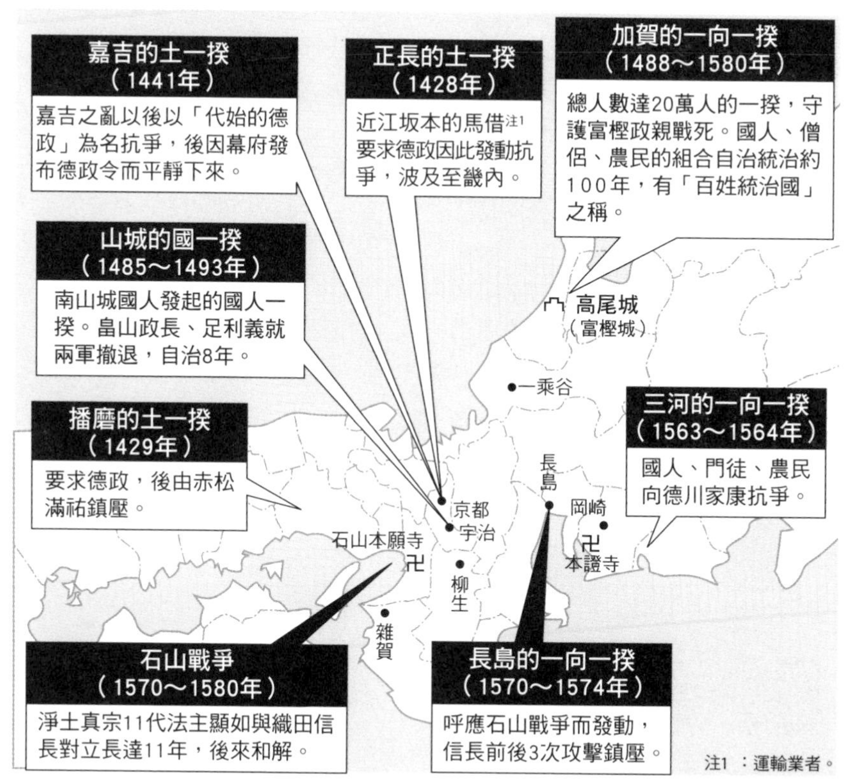

專欄

# 室町時代的女性

比起鎌倉時代，室町時代的女性地位明顯下降，不僅財產繼承權權利縮水，隨著時代的轉變，家父長權增強，男尊女卑的傾向也愈來愈明顯，女人被視為生產的工具。

到了室町時代後期，女性的服裝也有很大的改變。原本應該穿在和服裡、做內衣用的小袖，變成是穿在外面的衣服，而且男女皆是如此，但不久，女性連和服褲裙也不穿了。

也就是說，當時女性的服裝變得跟男人平時的便裝一樣，只穿一件小袖再綁上一條細帶，穿起來行動極為不便。只要動作稍微大一點，胸口部分就會鬆脫，下擺也可能會破掉。此外，只要解開腰帶，女人便會完全露出裸體，隨時都可能被襲擊，可說是一種毫無防備的狀態。

如此不便於行動的穿衣方式竟成為主流，由此便可看出室町女性的地位有多麼低下。但若與近代比較，室町時代的女性地位還算是比較高的，即使與當時歐洲的女性相比，結果也是一樣。

傳教士路易斯．弗洛依斯於室町末期來到日本，當時日本女性的生活情形讓他感到非常地驚訝。他在自己的著作中提到，日本並未像歐洲那般重視女性的貞操，即使不是處女仍可以順利結婚，而女性的名譽也不會因為離婚而受損，還是可以再婚。

此外，更教路易斯．弗洛依斯感嘆的是，日本妻子不需獲得丈夫許可便能自由地行動。比起日本，當時的歐洲為家父長制，女性的行動受到嚴格的限制，因此，日本女性奔放的生活的確是會讓歐洲人大感意外。

第 6 章

# 應仁之亂爆發

## 幕府滅亡，進入嶄新時代

# 以應仁之亂為開端，以下剋上的時代來臨

## 使京都淪為焦土的女人

「應仁之亂」因為一個女人而爆發，這個女人的名字就叫做日野富子，是八代將軍足利義政的正室。日野富子一直沒有生下兒子，因此足利義政決定讓弟弟足利義視繼任將軍。然而，就在將軍人選決定之後，日野富子懷孕，生下了一個男孩（之後的足利義尚）。

日野富子期望自己的孩子能夠當上將軍，因此向幕府的實力者山名持豐訴苦，請求同情。另一方面，足利義視請求管領細川勝元協助，再加上管領家後繼者人選糾紛，各國的守護大名分成山名方與細川方，應仁元年（一四六七）時集結於京都，「應仁之亂」發生。

應仁之亂持續了十一年，京都變成一片焦土。當守護大名在京都苦戰時，留守地方的守護代與國人勢力擴增，不久便驅逐了守護勢力，搖身一變成為戰國大名。

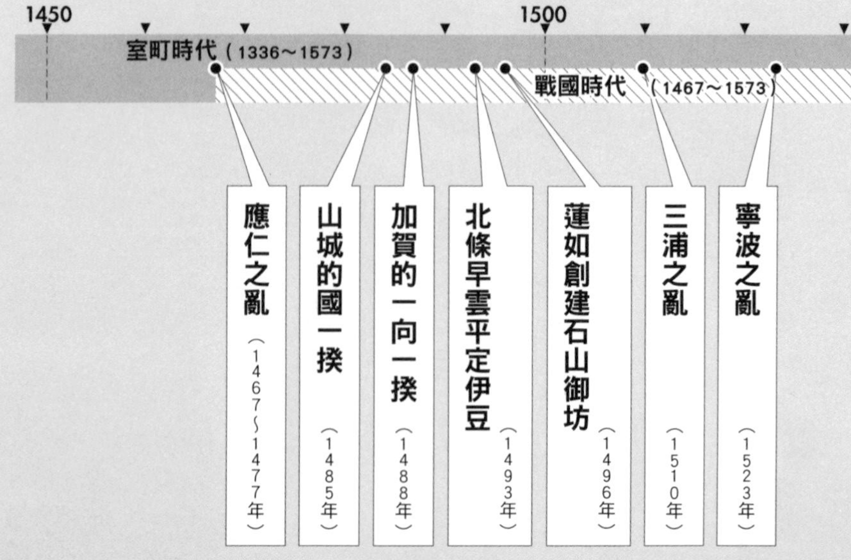

## 室町幕府的結束

戰國時代與歐洲的大航海時代剛好為同一時期，因此葡萄牙人也紛紛來到日本。葡萄牙人的來到為日本戰國時代帶來極大的影響，以下便舉兩個具體的例子說明。

第一個例子為基督教。由於基督教與南蠻貿易有著密不可分的關係，為了獲取貿易利益，戰國大名便積極認可基督教的傳教。而壓制京都的織田信長也極力保護與一向一揆、延曆寺等佛教勢力相抗衡的這個新宗教，基督教因而急速普及於日本民眾之間。

另一個例子就是槍砲的傳來。織田信長知道大量使用槍砲可以帶來絕佳的戰果，因此他組成了三千人的槍砲隊，急速地擴展了領土範圍。

在此戰亂的時代中，室町幕府的勢力只侷限於京畿內，將軍也成了松永久秀、織田信長等壓制京都之大名的傀儡。不過，室町幕府末代將軍足利義昭巧妙利用了各大名與寺院的勢力，一度將織田信長逼上末路。然而天正元年（一五七三）時，足利義昭被逼至京都，幕府在此完全被消滅，室町時代也走到了終點。

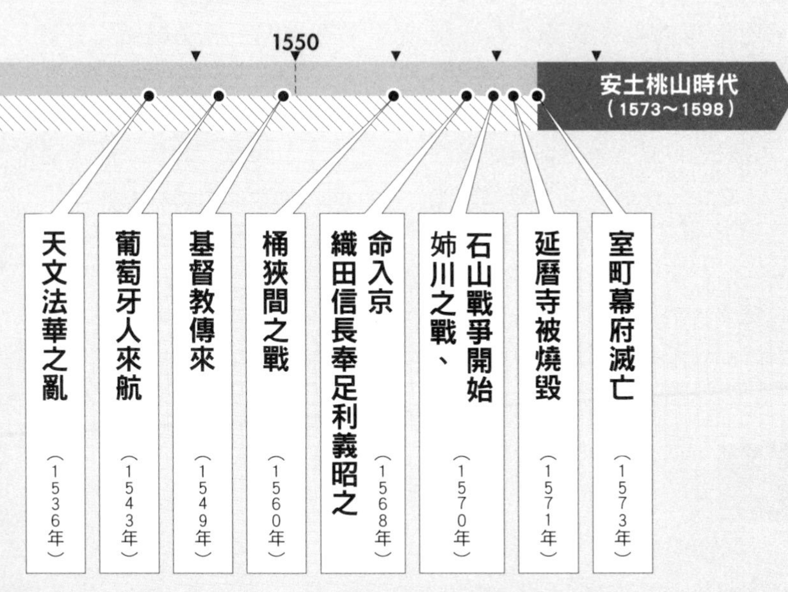

1467年 應仁之亂

# 日野富子為應仁之亂禍首？

應仁之亂因將軍家的家督爭奪而起，再加上斯波氏與畠山氏的御家騷動，以京都為舞台的激烈戰爭爆發。

## 引起大亂的女人

應仁元年（一四六七）年爆發的「應仁之亂」改變了日本的統治結構，開啟了戰國時代。應仁之亂起因於足利將軍家的家督爭奪。由於八代將軍足利義政沒有兒子，足利義政於是指名自己的弟弟足利義視為將軍繼承人。

當時足利義政與正室日野富子已經結婚十年，雖然日野富子只生了女兒，但她才二十五歲，再生個男孩也不是不可能，因此足利義政的決定讓人大感意外。事實上，選定足利義視為繼承人過後沒幾個月，日野富子便產下了一名男嬰（足利義尚）。

假若日野富子是個有智慧的女人，應仁之亂或許就不會發生了，然而她卻試圖改變繼任人選的決定。日野富子無論如何都想讓自己的兒子足利義尚成為將軍，為了實現自己的野心，日野富子於是前去請求幕閣有力者山名持豐（宗全）的幫助。日野富子的行為激起了足利義視的危機感，他也去請求管領細川勝元的協助。

## 大軍在京都展開激戰

恰在此時，管領家（將軍輔佐役名門）的斯波氏和畠山氏之間的御家紛爭浮上檯面，他們也分別向山名持豐及細川勝元請求協助。在這樣的情勢之下，文正元年（一四六六）時，多數的守護大名因利害關係而分成細川方與山名方。隔年，兩方勢力均引領大軍進入京都，在京都展開激戰。

東軍（細川方）有十六萬一千五百多名騎兵，西軍則有十一萬六千多名，總計有將近二十八萬的大軍集結在京都。有關當時都內的情形，《應仁記》中寫道：「上下騷動，搬運錢財，有人倒臥，連腳都難以踏在實地上」，由此便可

**歷史筆記** 西軍總帥山名持豐因發動應仁之亂，被評為好戰之人。由於他有一張紅色的臉，相傳為毗沙門天（譯注：佛教護法四大天王之一，為北方守護神）的化身。

想見當時慌亂的情形。

不過，大規模的武力衝突只發生在最初，據《應仁記》記載：「自今以後敵對兩方皆感疲累，互相停止弓箭攻擊，在相國寺之間防守彼此，挖堀洞穴，無任何進展攻勢。」兩軍之後都建設堅強陣地，以守為攻，展開以「足輕」為主的局地戰（譯注：限定作戰區域的戰爭）。

所謂「足輕」，指的是採行擾亂戰法的傭兵。《樵談治要》記載：「想超過敵軍的惡黨……所到之處，不是極盡破壞、就是放火搶奪財寶，跟強盜沒有兩樣」，傭兵的所做所為讓人深惡痛絕。

總而言之，只要足輕一行動，縱火、打劫的情形不斷出現，延燒與荒廢的地區也日漸擴大，京都於是淪為一片荒土。

## ●應仁之亂的經過

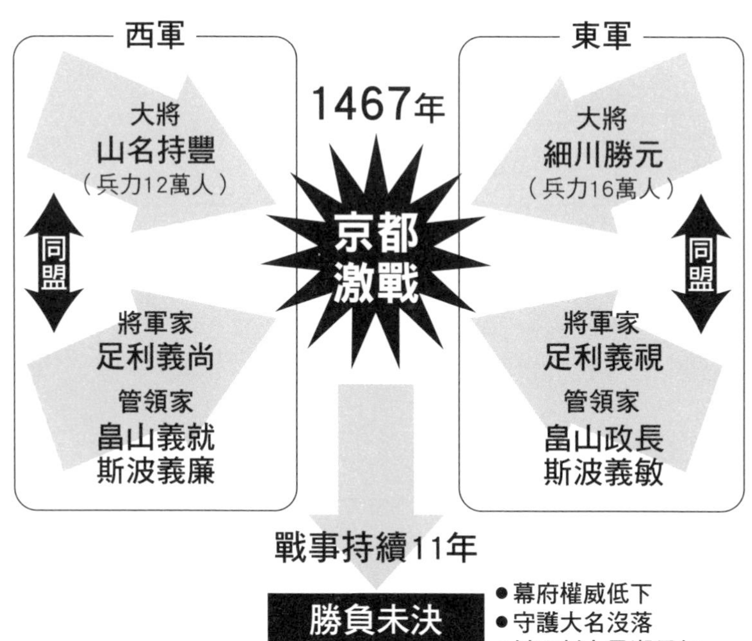

## 1477年 應仁之亂的結束

# 日野富子為應仁之亂畫下句點

願望終於得以實現的日野富子，也為應仁之亂畫下了句點。然而，因為這場亂事，足利家開始分裂。

### 應仁之亂兩大將相繼死亡

應仁之亂爆發六年後的文明五年（一四七三），山名持豐去世，享年六十九歲。距山名持豐辭世僅僅兩個月，細川勝元也離開人世，而他當時正值四十四歲的壯年。兩人死因推測是感染了傳染病。不過《應仁記》中評論：「正值壯年時辭世，正是因為血氣之爭，所以一方（持豐）未達願望便死去，另一方也將無法如願而死去。山名死後不過五十日，勝元也過世，一切都是天的安排啊！」

大將相繼去世，兩軍加速瓦解，洛中（京都）的激戰頓時消滅，終於得以恢復日常的平穩狀態。同年（一四七三年）十二月，足利義政把將軍一職讓給足利義尚，九代將軍於是誕生，引發大亂的日野富子也終於得以如願以償。

隔年四月，東軍的細川政元（細川勝元之子）與西軍的山名政豐（山名持豐之孫）之間的和談成立。然而一直到文明九年（一四七七），兩軍才完全自京都撤退，應仁之亂就此平息。

### 足利將軍家的分裂

而為大亂善後的人，其實正是日野富子。此時的足利義政沉迷於社寺參拜與庭園造景等，對政務完全不過問。新將軍足利義尚年紀尚幼，幕府實權於是掌握在日野富子與其兄長日野勝光手中。日野兄妹藉由權力集結了許多財富，因為日野富子給予兩軍金錢及地位，才

**歷史筆記** 東軍統帥細川勝元非常喜歡鳥，據說他還用黃金打造的鳥籠養了藍色鸚鵡與白色金絲雀。

讓一直駐守的大軍完全撤退。

應仁之亂末期時，足利義政與日野富子的關係也降到冰點。足利義政搬出花之御所移住小川邸，與日野富子分居。後來花之御所因為火災而燒毀，當日野富子來到小川邸時，足利義政因為不願與日野富子同住，於是逃也似地跑到了長谷聖護院的山莊。

另一方面，登上將軍大位的足利義尚在十六歲時迎娶表妹（日野勝光之女）為正室，後來又與生父足利義政的側室有染，據說父子兩人爆發了激烈的衝突。之後足利義政便移住到東山殿（後為慈照寺），而足利義尚似乎也與日野富子交惡，搬到了伊勢貞宗邸。就這樣，足利家已然分裂。

無論如何，因為這場大戰，幕府及將軍的權威蕩然無存，參加會戰的守護大名也大量折損，取而代之掌握地方實權的守護代與國人（長期居住在地方的有力武士）驅逐了守護勢力，取得獨立權力。而這些守護代與國人也就是日後的「戰國大名」。

## ●「應仁之亂」的勢力分布

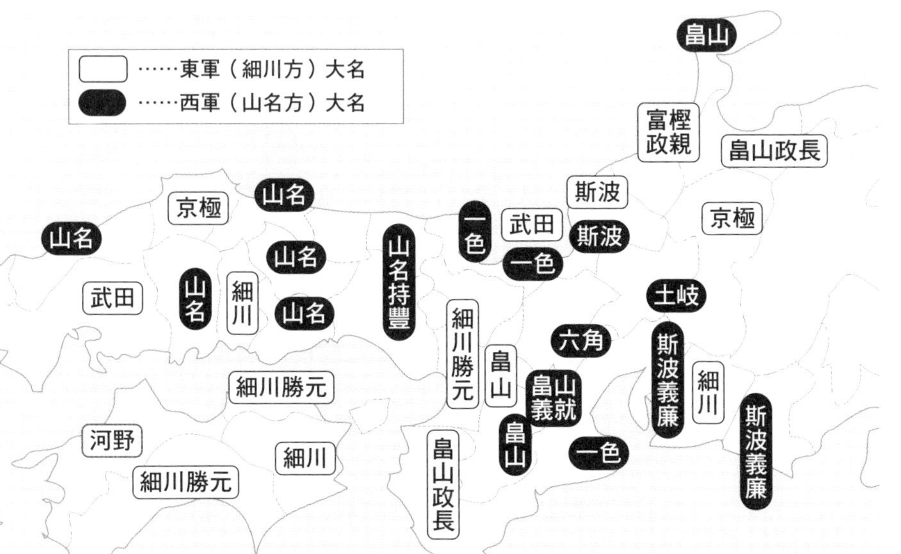

15世紀中葉～16世紀前半　東山文化

# 幽玄寂靜的東山文化

融合了公家、武士與禪宗的文化，幽玄、枯淡、閒寂的東山文化大放異彩，代表象徵為慈恩寺銀閣。

## 書院風格的慈照寺銀閣

「東山文化」的最大推手是八代將軍足利義政。由於引發應仁之亂等等，足利義政在政治的表現上極為無能，不過他於京都東山建設山莊，以此為據點大力贊助藝術家，依循禪的精神、以幽玄寂靜為基調的簡樸文化於是開花結果。東山文化之後也成為日本文化的基調，茶道、能、花道、香道、水墨畫、書院風格、庭園等多種傳統藝術的風格皆確立於這個時代

談到東山文化的象徵，建於東山山莊（足利義政死後成為慈照寺）的銀閣（譯注：慈恩寺銀閣為銀閣寺的正式名稱）為最大代表。銀閣寺為兩層樓的樓閣建築，一樓為書院風格，二樓則是禪宗樣式建築。

書院風格的建築樣式在這個時代出現，房間以「襖障子」（譯注：糊紙拉門）隔間，地板舖上榻榻米，貼天花板，有「違棚」（譯注：木造壁龕）、「付書院」（譯注：和室中擺放花道與書道作品的類似桌子的空間）等空間裝飾與紙門是此風格的最大特徵，也就是說，現今的和風建築即是以書院風格為原型。慈照寺內東求堂當中被稱為同仁齋的房間，便是現存的書院風格建築中是最為著名的一個。

銀閣寺並不像金閣寺那般貼著金箔，有人說是因為當時財政困難的關係，也有人說銀閣寺本來就沒有貼金箔的設計，是為了與金閣寺相對比，才有銀閣寺之稱。銀閣寺屬於佛殿（觀音殿），一樓稱為心空殿，二樓則是潮音閣。

## 東山文化的各種藝術

出現在南北朝文化與北山文化的各種藝術大為興盛並普及至民間，是東山文化時代的一大特徵。庭園的枯山水，以及水墨畫、連歌、茶道等等，在東山文化中皆廣

**歷史筆記**　據說連歌的宗匠宗祇，在藤原定家模仿三條西實隆作品的贗作上，寫上為權大納言三條西實隆真品之鑑定書，然後賣給地方上的有力者，賺進大筆錢財。

為民眾認識，也有更進一步的發展。

花道與香道亦是如此。隨著將花插在佛前與和室裡的習慣出現，「立花」（譯注：縱向插法，為花道樣式之一）的樣式略具雛形，立阿彌、池坊專慶等名家也在這個時期出現，不久他們便確立了立花的樣式。附帶一提的是，池坊流派的遠祖為小野妹子。

在北山文化時，如同鬪茶盛行於貴族之間，焚香聞味猜測香的產地的「香寄合」遊戲也大為流行，而將此賭注遊戲提升為香道藝術之人是三條西實隆。

## ●東山文化的特色

（15世紀中葉～16世紀前半）

- 融合公家、武士、禪宗的文化
- 帶有幽玄、枯淡、閒寂的氣氛
- 京都文化普及至地方

**文學、學問**

漢文學（五山文學）：萬里集九
和歌：古今傳授…東常緣
連歌：
　正風連歌：宗祇《新撰菟玖波集》
　俳諧連歌：山崎宗鑑《犬筑波集》
短篇故事：御伽草子…《一寸法師》等
有職故實：一條兼良《公事根源》
朱子學：桂庵玄樹、南村梅軒
教育機構：足利學校

慈照寺銀閣：融合書院風格與禪宗樣式
書院風格：慈照寺東求堂同仁齋
庭園：枯山水的流行
　龍安寺、大德寺大仙院

**繪畫**

水墨畫之大成：雪舟《四季山水圖》
土佐派：土佐光信
狩野派：狩野正信、狩野元信

象徵能：金春禪竹
民間藝能：幸若舞、古淨瑠璃
小歌：閑吟集
侘茶：村田珠光→武野紹鷗
花道：池坊專慶

臨濟宗：一休宗純
淨土真宗：蓮如
日蓮宗：日親
神道（唯一神道）：吉田兼俱

**1465年　本願寺派蓮如**

# 蓮如使淨土真宗成為一大教團

為讓淨土真宗能夠普及，蓮如運用了各種方法，例如以容易理解的方式重新詮釋教義，製作能抓住人心的傳教手冊，以及接近權力中心等。

## 由小教團出發的本願寺派

蓮如被尊為淨土真宗本願寺派中興之祖，因為他將勢單力薄的本願寺派發展為一大教團。蓮如就任京都大谷本願寺八代法主之際，本願寺連滿足一日的所需都有很大的困難。

蓮如相信只要以簡單的語言傳達始祖親鸞的教義，一定能夠吸引信眾。於是他再次細讀親鸞的著作，寫成了《御文》（御文章）。所謂「御文」，指的是蓮如宣揚親鸞教義的手簡。現存約兩百六十封，以漢字、假名並用的口語文體記述而成。

蓮如將朗讀御文的工作交付給其下的僧侶，並為他們準備了傳教的教戰手冊，手冊內容有：「讀御文時，若信眾萌發睡意，便應中斷朗讀閒話家常，待精神提振後再繼續朗讀」、「信眾以任何姿勢聽講都無妨，重要的是讓他們願意傾聽」等。蓮如用心傳教的結果，本願寺的信眾快速增加。

此外，蓮如還決定要自所屬的天台宗比叡山延曆寺獨立出來，延曆寺的僧兵一怒之下將本願寺破壞殆盡。不過蓮如並未失去希望，反而藉此機會將據點移至北陸，企圖擴展勢力。

## 蓮如的教義

過去佛教將女性視為罪惡的存在，永遠無法獲得救贖，但蓮如表示女性也可以前往極樂世界，因此吸引了相當多的女性信眾。蓮如更提倡：「在佛之前人人平等」。當時的日本社會是以武士為最高階層的縱向社會，蓮如的說法讓人的心靈有所寄託，本願寺因此受到社會弱勢階層的狂熱支持。

事實上，蓮如經常公開表示：「我是受門徒的奉養才會存在。」他說：「我沒有任何一個弟子，

**歷史筆記**　據說蓮如會見信眾時，並不會對他們傳授艱澀的教義。每逢寒天或夏日，還會分別以熱酒與冷酒來款待。

所有門徒皆是與我共同修行的夥伴。」據說對於遠道而來的信眾，蓮如還會鄭重迎接。

本願寺發展成為大教團之後，本願寺門徒提倡平等主義，在各地發起一向一揆（一向宗＝淨土真宗的一揆），教團本部於是受到來自幕府方面的龐大壓力。蓮如在禁止信眾發動一揆的同時，也親近日野富子、細川政元等幕府人士，此外還極力避免與其他宗派發生衝突，目的在於防止本願寺派受到打壓。

此外，蓮如並未將所有發動一揆的信眾逐出寺門，反而利用這股力量接近政權中心，由此便可看出蓮如巧妙的策略。

## ●淨土真宗本願寺派的策略

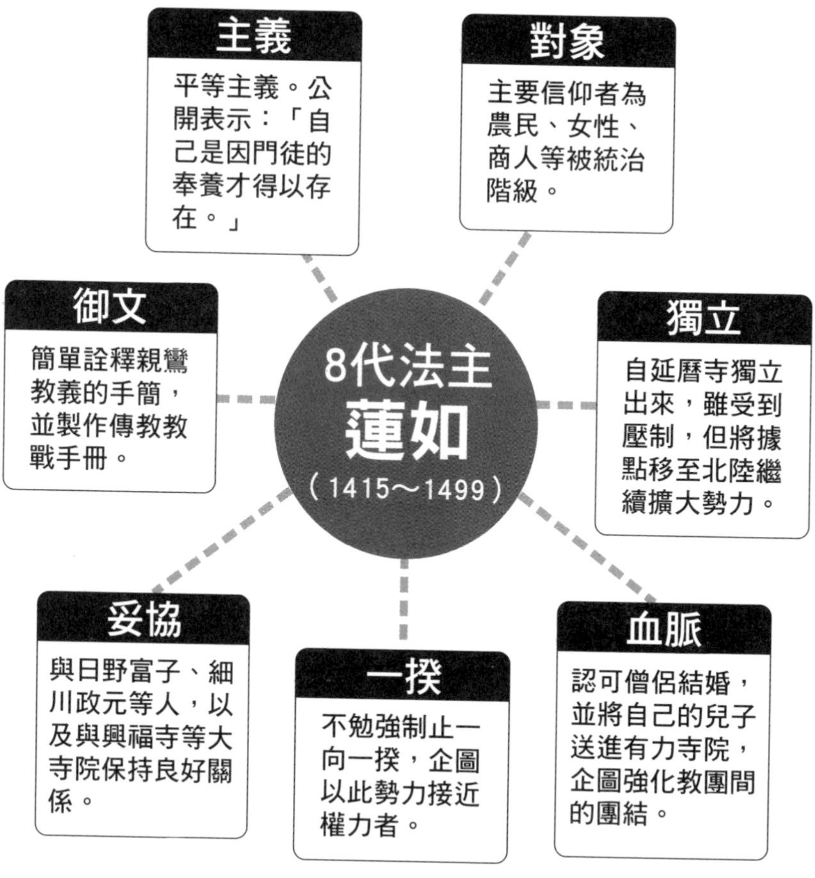

8代法主
蓮如
（1415～1499）

**主義**
平等主義。公開表示：「自己是因門徒的奉養才得以存在。」

**對象**
主要信仰者為農民、女性、商人等被統治階級。

**御文**
簡單詮釋親鸞教義的手簡，並製作傳教教戰手冊。

**獨立**
自延曆寺獨立出來，雖受到壓制，但將據點移至北陸繼續擴大勢力。

**妥協**
與日野富子、細川政元等人，以及與興福寺等大寺院保持良好關係。

**一揆**
不勉強制止一向一揆，企圖以此勢力接近權力者。

**血脈**
認可僧侶結婚，並將自己的兒子送進有力寺院，企圖強化教團間的團結。

1488年 加賀國的一向一揆

# 百姓自治的加賀國

本願寺派的門徒以實現平等社會為目標，藉由一揆抗爭取得了統治加賀國的實權。

## 百姓治國

以淨土真宗本願寺派門徒為中心所發動的武裝抗爭，稱為「一向一揆」。如同前節所述，蓮如主張在佛之前人人平等，獲得了被統治階級絕大的支持。不久，本願寺派門徒希望在現世也能出現一個平等的社會，因此開始抗拒戰國大名的統治，若受到壓迫，他們便會奮力作戰。

而一向一揆抗爭最為激烈的地方，則是蓮如據點吉崎御坊附近的加賀國。蓮如雖然極力阻止一揆，但信徒們為了要開創一個「百姓治理之國」（門徒自治國）而堅持抗爭。

當時加賀國的守護是富樫氏，富樫氏分為政親派與幸千代派，兩派的爭執亦不斷出現。一向門徒最初響應政親派，放逐了幸千代派，後來於長享二年（一四八八）攻陷富樫城（金澤市高尾），消滅政親派，掌握了加賀國的實權。

之後加賀國便以長眾（門徒的領導者）為中心，實現了門徒自治的願望。而平等社會的出現讓越前的朝倉氏與越後的長尾氏感受到威脅，經常與一向門徒發生衝突，但加賀國的自治竟然就這麼持續了一百年。

## 織田信長最大的敵人

對高喊「天下布武」（創造武家政權）的織田信長而言，「百姓自治之國」絕對不容存在。織田信長時代的本願寺法王是十一代的顯如，顯如以石山本願寺為據點，統領全國的一向門徒。織田信長入京之後，便要求顯如交出位於險要之地的石山本願寺。顯如拒絕了織田信長的強硬要求，在元龜元年（一五七〇）七月，號召各地門徒舉兵反抗，伊勢、長島、越前、加賀等地於是爆發了大規模的一向一揆，石山本願寺也進入了封城體制。

與信長軍作戰時，一向門徒

有位基督教的傳教士對他的祖國報告說：「顯如擁有日本國中絕大部分的財富」，據說這些財富全是信徒捐獻的。

一點也不畏懼死亡，他們口中唸著南無阿彌陀佛，踩著同伴的屍體繼續前進。若與戰國大名作戰，只要取下大將首級，戰事便能落幕。但若要平定一揆，唯一方法就是消滅所有的門徒，織田信長於是陷入苦戰。此外，石山本願寺的防備非常堅固，而顯如更與毛利氏、武田氏等結盟抗戰，石山戰爭因此演變成一場長期戰。

無可奈何的織田信長於一五八〇年請求朝廷居中調停，表示只要顯如交出石山本願寺，本願寺的末寺（譯注：受本願寺統治的寺院）便可獲得保留，也可以自由傳教。雙方以此條件講和，結束了這場長達十年的戰爭。

至於加賀國，織田信長於天正八年（一五八〇）四月攻下金澤御坊這個據點，天正十年時將門徒領導者約三百人處死，消滅了這個百姓自治之國。

●加賀的一向一揆

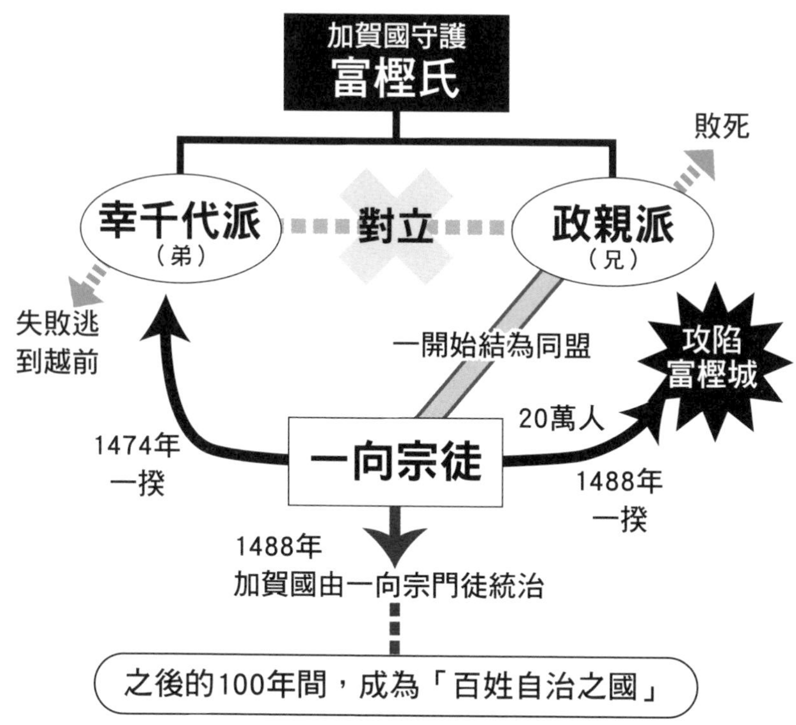

15世紀後半～16世紀前半　町眾的活躍

# 讓京都重生的「町眾」

「町眾」為京都富裕的工商業者所組成的自治組織，亦形成一股強大的宗教力量，他們重建了荒廢的京都

## 自治組織在京都誕生

「應仁之亂」持續了十一年，足輕在所到之處縱火並搶劫，延燒荒廢的區域不斷擴大，京都幾乎成了一片焦土。

「你看啊，京都就像黃昏時野地裡的雲雀般，飛向天空時，看起來像是一滴淚。」這是飯尾六右衛門感嘆荒廢的京都時所詠的詩，而再興這片荒土的正是町眾。所謂町眾，指的是居住於京都的富裕的工商業者，他們重新建立起京都這個城市。

室町時代中期時，以町眾為中心、一種稱為「町」的自治組織相繼在京都誕生。跟地方上莊園當中的惣村一樣，町眾設置「町掟」（譯注：町內自訂的法律）執行「自檢斷」（譯注：由町眾自行處罰違反者）（參見P166），在町的出入口設置木門提高防禦力，有時也會以一揆（團結）來禦敵。

好幾個町集結在一起形成「町組」，由町眾當中選出的「月行事」來經營管理，這種自治體制於是在京都成立。

## 信奉日蓮宗的町眾

町眾當中有許多是日蓮宗的信徒，彼此之間因共同的信仰而深深連結，他們的團結稱為法華一揆。讓日蓮宗在京都普及的是日親。如二一〇頁所述，日親因上諫而遭到將軍足利義教殘酷的對待，例如頭上被蓋上燒得熱燙的鍋子等等。雖然日親經常受到幕府的鎮壓，但他不屈不撓持續傳教，將日蓮宗的信仰擴展到京都及九州。

到了十六世紀時，法華一揆的力量變得十分強大，對此感到苦惱的延曆寺在天文五年（一五三六）與近江的戰國大名六角氏集結，強行攻入京都，燒毀日蓮宗的寺廟，並放逐町眾，這次事件稱為「天文

**歷史筆記**　一五〇〇年，町眾復興因應仁之亂成為一片焦土的京都，舉辦了暌違將近三十年的祇園祭（譯注：為驅除瘟疫而進行的祭祀遊行），當日計有三十六台的山鉾（譯注：上有豪華裝飾的木製大型山車）巡行。

法華之亂」。

因為這次的戰役，京都再次燒毀，據說受創範圍比應仁之亂時更大。不過數年後，日蓮宗的門徒回到京都，他們又開始進行町的自治，再次重建了京都。然而，二十幾年後，織田信長入京將京都納為直轄地，町眾的自治就此畫上句點。

●町眾的力量

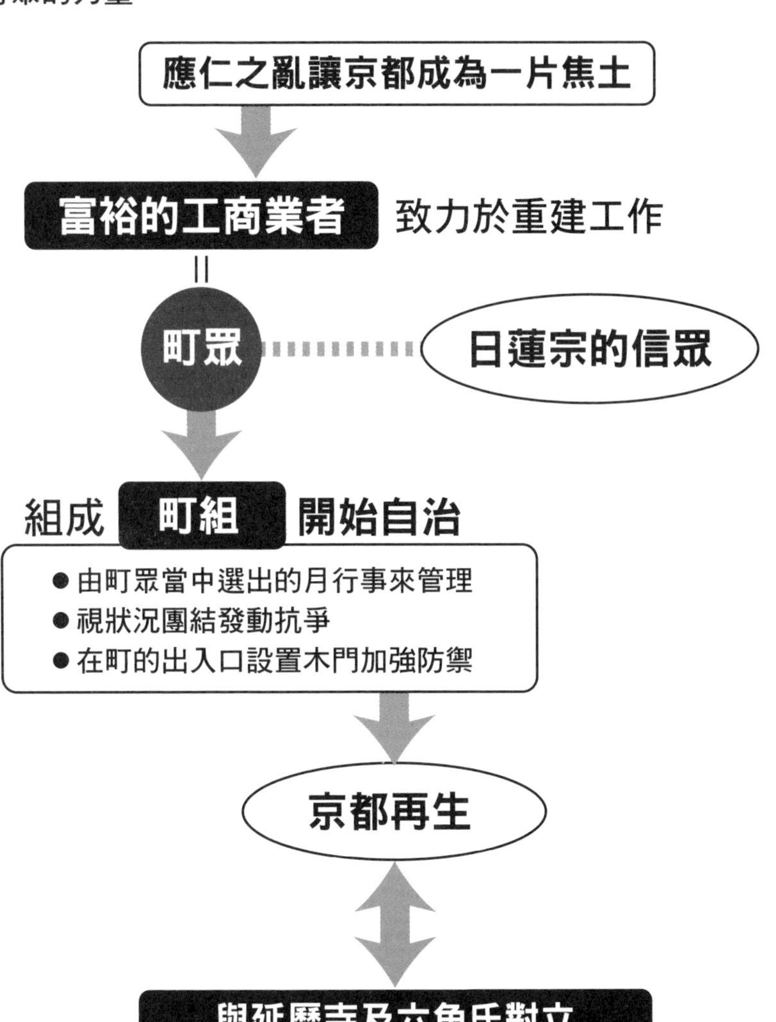

14世紀～16世紀　農業的發達

# 室町時代的農業

鎌倉時代，農業已經非常發達，到了室町時代，農業更是有長足的進步，關鍵在於「多角化」與「集約化」。

## 生產力的提高

鎌倉時代的農業已有明顯的發展，到了室町時代更是有長足的進步。其中稻作的生產力大幅提升可說是室町時代農業的一大特徵，此時人們已懂得大量使用人的排泄物（下肥）做為肥料，讓農作物的收成量增加許多。

同時，稻子的品種也有所改良，收成分為早稻、中稻、晚稻三個時期，大大減輕了收成不好時的經濟打擊。而一年多作、能適應多種不同氣候的大唐米（從中國進口的品種）的種植也相當盛行。

農具及灌溉設備方面也有很大的發展，除了鎌倉時代的牛馬耕，鋤頭、耙子等鐵製農具的使用也開始普及。此外，自蓄水池或河川引水的工具除了水車之外，也開始使用由中國傳來的龍骨車（譯注：雙腳踩動轉軸，帶動水槽內一串葉狀木片帶，由下方引水到田裡。木片之間以木製扣環節節相扣，由於形狀近似人的脊椎骨（龍骨），因此稱為「龍骨車」）。

由於農業技術與農具的進步，二毛作普及到全國，京畿內甚至有三毛作的地區出現，在同一塊耕地，一年之間可以輪流收成稻、麥與蕎麥。多角化與集約化可說是室町農業發展的關鍵。

## 貨幣經濟滲透農村

鎌倉時代時，農民之間開始以金錢繳付年貢及公家事務，同時也出現將農作物拿到市場販售換成金錢的人。到了室町時代，以明錢、宋錢等進口錢幣為中心的貨幣經濟更加滲透，商品的買賣極為熱絡，六齋市（一個月定期舉辦六次的市場）也變得普及了。

除了把販售農作物所賺得的金錢拿來納稅，農民也會釋出多餘的農作物，換取金錢儲蓄財富。此外，農民們也開始種植桑、楮、藍

**歷史筆記**　室町時代時普遍使用人的排泄物做為肥料，排泄物變成一種商品，據說許多人為了賺錢，而在都市裡廣建公共廁所。

或茶等經濟作物，生產鍋、釜等日用品的農民也逐漸增加，愈來愈多人開始在六齋市販售這些原料與手工品。

●室町時代的農業

**關鍵字**

**＝多角化、集約化**

**技術進展**

- 京畿內開始出現三毛作，二毛作普及全國
- 稻米品種改良進步，種植一年多作的大唐米
- 牛馬耕、鐵製農具的使用普及
- 灌溉設備的進步

**種植作物**

大量種植桑、楮、茶、藍、棉花等

→ **經濟作物**

**市場發達**

從 **三齋市**（一個月3次） 到 **六齋市**（一個月6次）

**農民生活**

**農業生產力提升**

→ 剩餘生產品增加

→ 生活變得富裕

14世紀～16世紀　室町時代的工商業

# 繁榮的工商業與都市

除了六齋市之外，每日營業的小賣店也增加，商店街於是出現，而同業工會「座」的規模也愈來愈大。

### 小販的增加

室町時代是一個工商業發達的時代，功臣之一為各色各樣的小販。以繩子綁住兩片板子，將貨物夾在其中背在背上的道具叫做「連雀」，而背著「連雀」到處做生意的就是就連雀商人。肩上托著擔子的擔子小販到一九六〇年代為止還經常可以看見，這類小販是在室町時代時急速增加，當時稱為「振賣」。在《三十二番職人歌合繪卷》當中，竟然畫有一邊行走一邊販賣火缽的振賣商人。

而小販當中也有不少是女性。許多住在京都的桂、生於養鵜之家的女性，經常會到處販賣香魚或糖果，這樣的女性稱為「桂女」。京都大原的女性也會在城內販售炭或柴火，她們則被稱為「大原女」。

小販會巡走各地的六齋市（定期市場）販賣商品，在京都等大都市則出現了許多稱為「見世棚」的每日營業的小賣店，商店街於是出現。

### 座的發展

工商業者的同業工會稱為「座」（參見P107）。「座」於平安時代末期時出現，到了室町時代時規模愈來愈大。

其中規模最大的就是大山崎油座。大山崎油座的「座眾」（座的成員）為大山崎離宮八幡宮內的雜工與苦力，大山崎油座對本宮的石清水八幡宮上繳「座役」（稅），藉此換取免除關稅等特權，不僅是在京都，也獨占了近江、美濃等地的燈油市場。其他有名的座還有祇園社的棉座、北野神社的酒麴座、鎌倉的材木座、興福寺的鹽座、日吉神社的紙座等。

在「座」的規模愈來愈大的同時，不隸屬於任何座的新興商人也開始崛起，而這也是室町時代的特

**歷史筆記**　日本刀在海外被視為珍貴的藝術品，據説日明貿易時出口了五十萬把以上的日本刀，而且是以日本的五倍價格賣出。

徵之一。尤其是到了戰國時代，戰國大名當中有人發布了否定「座」的「樂座令」（認可新興商人也可以自由營業的命令），不久，商業便以新興商人為中心進行運作。

## ●大山崎油座的組織

石清水八幡宮
（本宮）

- 免除關稅、港口稅、高利貸業者稅金
- 荏胡麻（原料）的買進獨占權
- 油的專賣權

- 八幡宮船通行淀川時的引船工作與日使神事役奉仕
- 燈油的納貢

大山崎油座

［座眾＝大山崎離宮八幡宮內的雜工、苦力］

攝津、播磨、備前、伊予、阿波、尾張等。

京都市內、尾張、美濃、近江、若狹、丹後、山城、和泉、紀伊、攝津、播磨、備前、備中、備後等。

14世紀～16世紀　貨幣經濟的滲透

# 追求財富的風潮興起

隨著商業發達，流通的貨幣數量急速增加，同時也有愈來愈多人希望自己變有錢。

## 假錢的出現

室町時代時，由於商業發達，在社會上流通的貨幣數量不斷爆增。當時的貨幣並非由室町幕府所鑄造，使用的依舊是從中國進口的貨幣。

當時的錢幣除了鎌倉時代開始使用的宋錢之外，還有以永樂通寶、洪武通寶、宣德通寶為中心的明朝錢幣。可是，隨著貨幣經濟的發達，仿造進口錢幣鑄造的「假錢」也開始出現在市面上流通。這種「假錢」的存在，造成了市場極大的混亂。

因此，室町幕府與戰國大名在嚴格禁止使用假錢的同時，也制定了「撰錢令」（以假錢換良幣的匯兌比率），限制假錢在市場上流通，企圖安定市場。

## 追求財富的風潮

由於年貢的「錢納」（譯注：以金錢繳納年貢）愈來愈多，貨幣不僅滲透到都市，也滲透到農村，魅惑了民眾的心。

個人因私人原因而離開村莊的行為稱為「欠落」，到了室町時代後期，離開農村前往京都的欠落者急速增加，這些人大多懷抱著想要成為「有德者」的夢想。

所謂「有德者」，指的是藉著從事買賣累積財富，過著奢侈生活的人。由於貨幣經濟滲透的關係，有愈來愈多人認為追求經濟上的成功才是人生的目標。舉例而言，當時有個十三歲的少年，少年生得聰明伶俐，深為奈良的高僧欣賞。高僧問少年願不願意到他的寺裡工作，但少年說：「現在不是奉公的時候，現在正是從商的好時機」（《尋憲記》），斷然地拒絕了高僧，由此便可瞭解當時追求財富的風潮。

「有德者」（譯注：富裕之人）的代表為土倉，也就是所謂的高利

室町時代七福神非常流行，據說曾有強盜假扮成七福神的模樣，闖進有錢人家裡。當時這個有錢人以為出現在眼前的真的就是七福神，還滿心歡喜地把所有財產都交了出來。

貸業者。江戶時代時許多被稱為富商之人，大多出身自土倉。據說在室町時代時，京都有三百五十間土倉，奈良也有兩百間的土倉，從這一點也可以看出當時貨幣經濟滲透的情形。附帶一提的是，土倉上繳給幕府的「倉役」（稅），也成為室町幕府的主要收入來源。

## ●室町幕府的財源

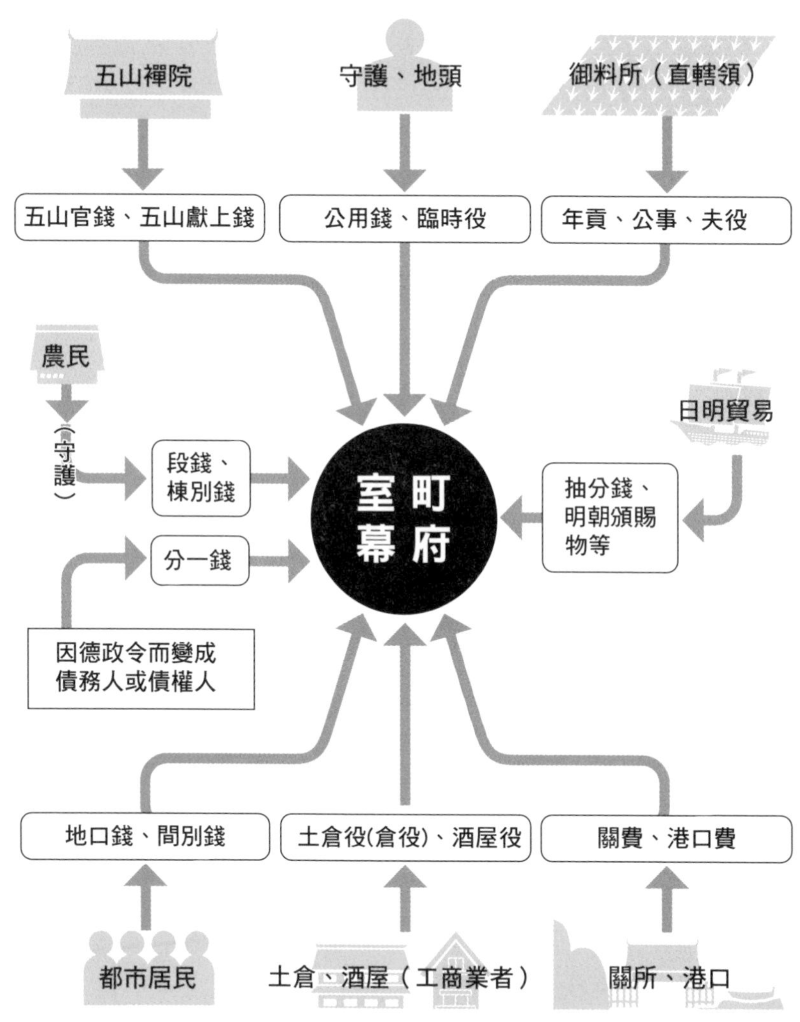

15世紀末～16世紀　文化擴散與生活變化

# 中央文化普及至地方

貴族為躲避戰亂而移住地方，他們在地方上推廣中央文化，並發行以平民為主要對象的教科書，為當時的民間帶來很大的變化。

## 中央文化的普及

由於「應仁之亂」發生，中央文化很快地普及至各地。之所以這麼說，是因為當時為了躲避都裡戰亂，貴族與僧侶等都移住到了地方都市。尤其是戰國大名的城下（譯注：以領主居城為中心所發展起來的城市），更成為了一大文化中心。

大內氏統治的山口與今川氏統治的府中，皆有許多從京都過來的文化人聚集在此，他們積極地舉行連歌會、茶會等活動，形成了一個「小京都」。而前往地方的文化當中，較為有名的有水墨畫的雪舟、連歌的宗祇、儒學的桂庵玄樹、南村梅軒，以及一條兼良、萬里集九等人。

在這個時期的關東，關東管領上杉憲實復興了「足利學校」（栃木縣足利），戰國時代時發展成為一間擁有三千名學生的大學校，稱為「坂東大學」，培育出許多的文化人與軍師。

隨著中央文化的擴散，地方上的農民有機會與文化人接觸，農民之間也開始舉辦連歌與茶會等活動。此外，想成為有錢人的人，也開始積極學習文字與計算，專為平民而寫的教科書《庭訓往來》（書簡的文例集）於是出現，這也是這個時代的特徵。

## 服裝簡樸，一日三餐

到了室町時代，服裝與飲食方面也出現了革命性的變化。在服裝方面，過去一直都是穿麻的材質，室町時代時便開始使用耐久、且觸感良好的棉來製作衣服。日朝貿易時日本自朝鮮進口棉花，隨著需求增加，到了戰國時代時，三河國等地便開始種植棉花。

此外，不再穿「大袖」（譯注：袖口寬廣且袖子極長的和服）也是服裝上的一大變化。無論男女，都只穿

**歷史筆記**　室町時代時，庶民之間流行參拜巡訪各寺院，這是因為多餘的生產物讓農村變得富裕，人民得以在農閒時出遊。

著原本穿在大袖裡面的「小袖」（譯注：窄袖和服），女性更是連和服褲裙都不穿了，只在小袖上綁上一條細帶子，跟男性的便裝沒有兩樣。關於服裝改變的理由，在第五章的專欄部分已做了詳細解說。

在飲食習慣方面，當時也由原本的一天兩餐變成和現今飲食習慣相同的一日三餐。

## ●庶民的變化

「應仁之亂」爆發，貴族與文化人為避難而移居地方，中央文化普及至民間。

**教育**

工商業者與上層農民也開始需要閱讀、書寫、計算的能力，稱為「往來物」的教科書與書籍廣泛地印刷發行。

**衣**

衣服質料由麻變成棉，原為內衣的小袖變成外衣，女性不再穿和服褲裙。

由一天兩餐變為一日三餐。

16世紀　風流舞

# 「風流舞」的流行

原為驅逐疫病瘟神儀式的「風流舞」大為流行，民眾的熱力激情讓幕府戒慎恐懼，不時會發出禁令。

## 庶民的娛樂

在能劇幕間表演的「狂言」（即興喜劇）深受室町時代的庶民喜愛，另外吟唱男女情愛的民謠歌曲，以及奏以鼓聲邊說邊跳的「幸若舞」也很盛行，不過，最為流行就屬「風流舞」了。

祭典或盂蘭盆（譯注：日本的中元節）時，民眾會擊太鼓吹笛子，哼著小歌排成隊伍邊跳舞邊前進，這就是風流舞。風流舞最大的特徵是，無論男女都會依照自己的想法來做造型，比方說有人會扮成七福神的樣子，有人會戴上以花草裝飾的斗笠，也有人故意男扮女裝，身上還背著桶子等等，每個人都費盡心思地裝扮出不同於平常的樣子。

風流舞原是一種消災儀式，民眾藉由跳舞的騷動來趕走村裡或地方上的疫病瘟神。不知為何，室町時代後期時風流舞突然大為流行，各地民眾隨便找個理由便開始跳起風流舞。因此，室町幕府在天文十三年（一五四四）時禁止了京都的風流舞活動，之後也經常發出禁跳風流舞的命令。

## 禁止風流舞的權力者

為什麼幕府要禁止風流舞呢？這是因為幕府擔心風流舞會演變為庶民的叛亂行動。事實上，到了十六世紀時，風流舞的規模又變得更大了。

「人們跳著各式各樣的風流舞。各個城鎮皆搭起看台，看熱鬧的人還準備了食物隨時享用。穿上精心設計的獨特服裝，男人、女人、看熱鬧的人，大家紛紛聚集到街上，至少有兩、三萬人吧！」（《宇野主水日記》）。

這是天正十三年（一五八五）御所建造時所舉行的風流舞的實況。雖然時代晚了一些，但由此便可想像數以萬計的人聚集在一起瘋

**歷史筆記**　在此時期，記載一寸法師與浦島太郎等故事的《御伽草子》廣為民眾所閱讀，內容大多為平民出人頭地的故事，由此可知以下剋上的風潮盛行。

狂舞動的樣子。慶長九年（一六〇四）豐國祭時舉行的的風流舞，參與人數更高達數十萬人，據說群眾甚至還闖進了御所裡面，從這裡就可以瞭解庶民的精力有多麼驚人。

現今的盆舞其實便是由風流舞演變而來。盆舞的規模之所以不像風流舞那麼大，是因為到了江戶時代時，風流舞的規模便急速地縮小了。為什麼風流舞只發生在室町時代，又為什麼會跳到這麼大的規模呢？答案至今已無從得知。

## ●庶民文化的發展

**狂言**

於能劇幕間演出的諷刺喜劇

**古淨瑠璃**

江戶時代淨瑠璃的原型

**小歌**

吟唱男女愛情的民間歌謠，有小歌集《閑吟集》出現。

**幸若舞**

桃井直詮所創，為幸若座（表演團體）的曲舞，織田信長尤其喜愛幸若舞當中「敦盛」這一節。

**連歌**

「應仁之亂」時，宗祇集正風連歌之大成，亦流行於庶民之間。

**風流**

祭祀、過年、盂蘭盆節時，庶民依照自己的想法亂舞。

**14世紀～16世紀** 都市的形成

# 各具特色的都市出現

港町因為水運發達而出現，宿場町因位居陸上交通要地而形成，而參拜人數的增加也帶動了門前町的興起。

## 交通的發達與都市

室町時代是許多「都市」成立的時代。當時能夠消費得起地方特產的地方，只有京都、奈良等大都市。為了要把大量的特產品運到大都市，室町時代的水運相當發達，尤其是各港口的迴船數量更是急速增加。

隨著河川、海上交通的發達，卸貨、囤貨的地點開始出現保管商品的倉庫，以及負責運送並販賣商品的大盤商。許多人開始聚集到這裡，因而產生了港町。港町當中的博多、堺、坊津等城市，也因成為海外貿易據點而大為發達。

陸上方面，宿場町因位居陸上交通要地而形成。此外，隨著室町時代的庶民開始到處參拜寺社，大寺社的周邊也陸續出現門前町。

其中最有趣的是寺內町，是所謂的宗教都市，由一向宗（淨土真宗）的信眾所組成。他們以大寺為中心，集居在一起，提倡在佛前人人平等，町內由信徒進行自治。在強權面前，則會由數個寺內町聯合組成一向一揆來與之對抗。

## 自由都市的誕生

富裕工商業者所聚集的都市，都市經營便是由這些業者來運作。這樣的都市稱為自由都市，代表的城市有博多、堺，以及平野。博多由十二位的年行司（事）、堺則由三十六位的會合眾來主持町政，這些人全都是富商。

堺被基督教的傳教士盛讚如威尼斯般美麗，但堺的民眾卻在町的周圍挖了深濠，並雇用傭兵維持獨立的態勢。據說也因為如此，當諸國發生動亂時，堺的治安仍然安定且和平。不過，在織田信長上京並開口威脅堺的富商後，富商便一一屈服，之後這個自由都市便納入織田信長的統治下。

**歷史筆記**　十二代將軍足利義晴被三好氏追殺逃到近江，其兄足利義維雖未被任命為將軍，卻以堺為據點，以將軍自居。

二二八頁裡也曾談及，京都因應仁之亂而成為一片焦土，但後來陸續有稱為「町組」的自治組織出現，由有力者「町眾」當中選出「月行事」（町組的指導者），京都便由他們來進行自治。

## ●各類都市的發展

| 名稱 | 過程 | 代表都市 |
|---|---|---|
| 門前町 | 隨著寺社參拜者的增加而形成 | ●宇治山田……伊勢神宮（三重）<br>●本……延暦寺（滋賀）<br>●奈良……興福寺、春日神社（奈良） |
| 寺內町 | 隨著一向宗門徒集居而形成 | ●越前吉崎……蓮如的吉崎御坊（福井）<br>●石山……石山本願寺（大阪）<br>●山科……山科本願寺（京都） |
| 港町 | 隨著海上交通發達而形成 | ●草戸千軒町……瀨戶內海要港（廣島）<br>●敦賀……北陸或山陰方面的卸貨港（福井）<br>●桑名……太平洋沿岸的卸貨港（三重） |
| 宿場町 | 隨著陸上交通發達與往來人口增加而形成 | ●掛川宿……東海道、遠江（靜岡）<br>●三島宿……東海道、伊豆（靜岡） |
| 城下町 | 以戰國大名居城為中心而形成 | ●小田原……北條氏（神奈川）<br>●一乘穀……朝倉氏（福井）<br>●山口……大內氏（山口） |
| 自由都市 | 因貿易而繁榮，商人自治的城市 | ●堺……36位的會合眾（大阪）<br>●博多……12位的年行司（福岡） |

15世紀後半～16世紀　守護代與國人勢力的擴大

# 戰國大名與守護大名有何不同？

戰國大名的前身多是守護代或國人，他們統率地方，最後當上戰國大名。

## 戰國大名的出現

「應仁之亂」之後，被稱做戰國大名的人開始出現在地方上。他們將周邊的武士及地侍組織化，憑藉獨自的軍事力量統治地方。

戰國大名並不是過去的守護大名，大部分的守護大名在應仁之亂之後便沒落了。直接由守護大名變成戰國大名的只有駿河的今川義元、薩摩的島津貴久，甲斐的武田信玄等少數例子。

戰國大名大多是由「守護代」及「國人」躍升而成。所謂的「守護代」，就是守護大名派駐在地方進行統治的守護重臣。應仁之亂時，趁著守護大名前往京都征戰，守護代擴大其在地方上的統治力量，最後終於成功地驅逐守護勢力，成為戰國大名。

所謂的「國人」，指的是從以前便一直居住於該國的有力武士。一國的國人集結成一揆（同盟），接著討伐守護大名或守護代，其中的中心人物因此躍升為戰國大名，這是比較常見的例子。

守護代出身的戰國大名有越後的上杉謙信、尾張的織田信長；國人方面則有陸奧的伊達政宗、安藝的毛利元就、三河的德川（松平）家康等。此外，伊豆的北條早雲、美濃的齋藤道三，以及山城的松永久秀等人雖然身家不明，但也坐上了戰國大名的位置。

## 大名的家臣團編制

戰國大名採行「寄親寄子制」（譯注：以親子模式締結主從關係），視有力家臣為「寄親」，一般家臣與地侍為「寄子」，將家臣組織化。家臣將從領地收取的年貢換算為金錢，大名則會視家臣的經濟能力分配適當的軍役（軍事負擔）。

此外，許多戰國大名亦制訂了領國統治的基本法「分國法」（家

**歷史筆記**　美濃的齋藤道三在躍升為戰國大名之前是賣油的商人，但根據近幾年來的研究，發現他與父親兩代皆為國盜。

法），內容大多關於家臣團的統制，因為此時家臣的獨立性依然非常強。雖說是家臣，但家臣與戰國大名過去同為國人，許多人是因為受到武力壓迫才會屈服。而當時以下犯上的風潮盛行，也有不少家臣起身反叛，取而代之當上戰國大名。

因此，戰國大名制訂分國法，規定領地繼承與婚姻都須有大名的許可，同時也採用「喧嘩兩成敗法」（譯注：發生糾紛時，無論誰是誰非，雙方皆須接受處罰），藉此規範對家臣的裁判權等，處心積慮地要壓制家臣團。

## ●戰國大名家臣團的組成

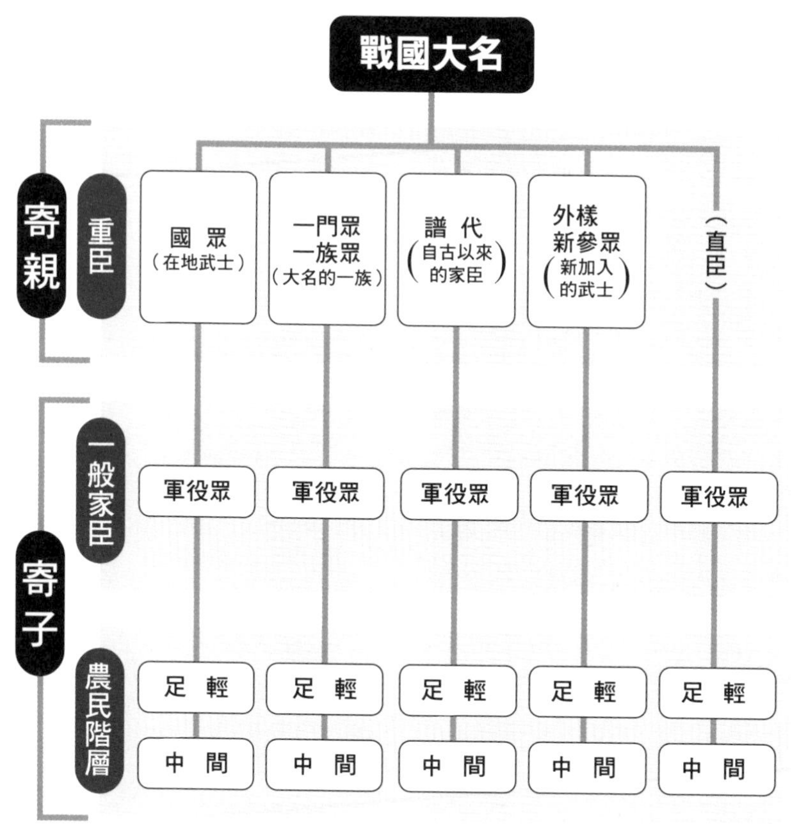

16世紀後半　群雄割據的時代

# 戰國大名的富國強兵政策

戰國大名在位於交通要地築起許多城，以提高軍事機動力，同時也致力於農業振興、治水等的富國強兵政策。

## 逐漸繁榮的城下町

為了提高防衛力，戰國大名在領國內建設了許多城，尤其是小田原的北條氏等人，興建了許多支城，巧妙利用這些支城所連結出的防禦網，防止受到武田信玄與上杉謙信的侵略。

戰國大名大多將城建在交通要地，並且會讓重臣群居於居城以及其他要城的周圍，以提高軍事上的機動力。隨著城下出現了町，大名便在城下整備道路，撤廢關所確保通行自由，並在城下町頒布「樂市・樂座令」（廢除座的特權，獎勵自由從商的法令），企圖活絡商業活動，促進工商業發展。

城下町中最為有名的有北條氏的小田原、上杉氏的春日山、大內氏的山口、今川氏的府中，以及島津氏的鹿兒島等。

## 大名的富國強兵政策

戰國大名藉由讓領國變富有來增加收益，再以此收益來強化軍事能力，戰勝其他大名，進而擴大領國範圍，讓自己的勢力愈來愈大。若在戰場上失利或是原地等待就如同自滅，因此大名紛紛策畫富國強兵之策。

對戰國的大名而言，富國強兵政策當中的一環便是開發金、銀、銅山等礦山的開發

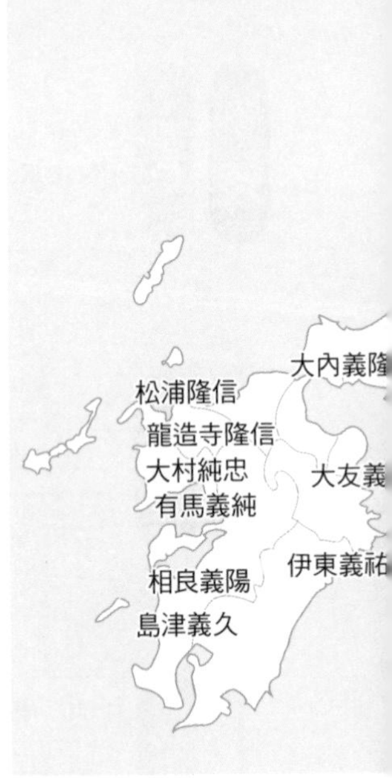

戰國大名致力於開發礦山，尤其是金山的開發。武田信玄等人將開採金山所得的金礦製成金幣，用以交易或做為給家臣的獎賞。

工作，挖掘技術及製煉技術因此突飛猛進。甲斐、伊豆、佐渡、越後的金山，以及石見、但馬的銀山等，便是開發於此時，而且產量驚人。

開採出來的金銀如同貨幣般成為交易品，當時也出口至南蠻諸國，為領國帶來極大的財富。

戰國大名也進行治水、堤防建設工程，積極地修築灌溉設備等，致力於農業的發展，而這也是富國強兵政策之一。這個時期的耕地面積之所以能夠迅速擴大，也是戰國大名強迫家臣與領民開墾山野的成果。

甲斐國戰國大名武田信玄的治水事業非常有名，據說他在釜無川與御勒使川的匯流處建造了堅固的堤防，該堤防至今仍有信玄堤之名。

## ●戰國大名的戰力分佈（1560～1570年左右）

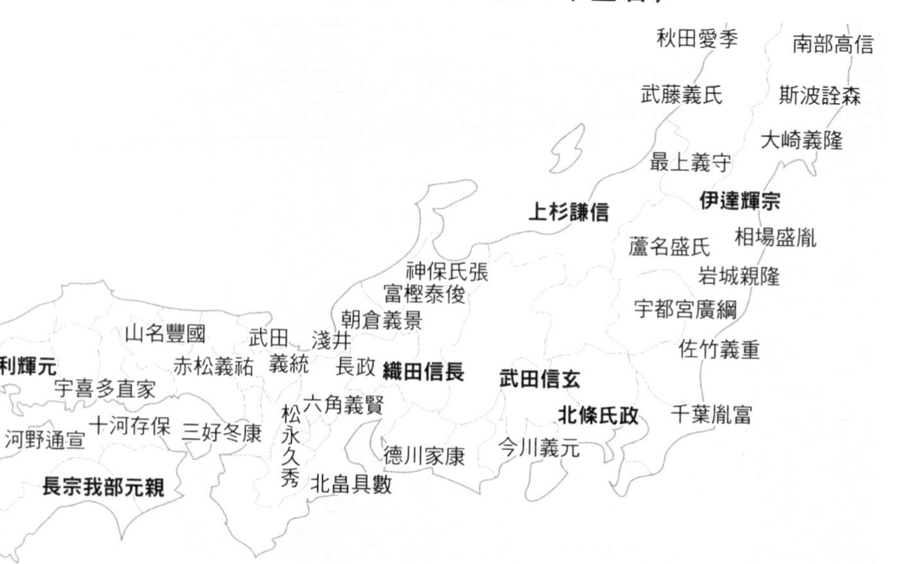

15世紀末～16世紀前半　室町幕府的衰退

# 日漸無力的足利家

應仁之亂後，由於將軍家內亂不斷且越發激烈，將軍家的權威因而不再，幕府逐漸步上衰退之路

## 九代將軍足利義尚之死

應仁之亂後，九代將軍足利義尚雖極力欲恢復將軍權威，但就在他出兵前往近江討伐六角氏時，卻因病情突然惡化陷入病危狀態。

得知兒子病危的日野富子立刻趕到近江，照顧足利義尚，但足利義尚最後還是去世了，而他當時年僅二十五歲。足利義尚的遺體後來被運往京都北山的等持院，據說跟隨在後的日野富子傷心得大聲痛哭，連轎子外都聽得見。

之後將軍一職再度回到前將軍足利義政的手上，但隔年足利義政也因中風而去世，於是由足利義稙就任十代將軍。足利義稙正是日野富子的宿敵足利義視的親生兒子，而令人大感意外的是，推舉足利義稙擔任將軍的人就是日野富子，這全是因為足利義稙娶了日野富子的妹妹為正室之故。

另一方面，應仁之亂後，日野富子的宿敵足利義視逃到了美濃國，但聽聞兒子出人頭地當上將軍之後，便馬上奔回京都去，不久便以將軍生父的身分干涉政務。

此事讓日野富子極為不悅，因此在足利義視辭世的延德三年（一四九一），與細川政元結盟發動軍事政變，接著流放任由父親為所欲為的足利義稙，再讓丈夫足利義政之弟，也就是足利政知（崛越公方）的兒子足利義澄就任十一代將軍（正式就任將軍職為三年之後），與細川政元一起掌握幕府的實權。

然而，日野富子也在明應五年（一四九六）急逝，享年五十七歲。據說她在短短的三天內便病逝，像這樣離開人世應該可說是幸運的吧！

## 將軍權威盪然無存

日野富子去世之後，掌握幕府

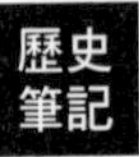


據說九代將軍足利義尚率兵討伐六角氏往近江前進時，由於天氣十分炎熱，將士們皆露出疲態。當時足利義尚為提振軍心而開始唱歌，頓時便有一陣涼風吹來。

實權的是細川政元。可是，永正四年（一五〇七）時，細川政元被養子澄之一派殺害，澄之一派還打算消滅同是細川一族的細川高國，幕府於是陷入內亂狀態。

趁著局勢混亂，前將軍足利義稙獲得大內義興的協助回到京都，當上了征夷大將軍。此時十一代將軍足利義澄與細川澄元等人則是逃往近江，雖曾試圖東山再起，但終究沒有成功，於永正八年以三十二歲之齡去世。

而足利義稙也在大永元年（一五二一）時與細川高國對立，後逃到淡路，大永三年（一五二三）時死於阿波。之後細川高國擁足利義澄之子足利義晴為十二代將軍，但足利義晴幾乎可說是細川高國的傀儡，完全無法執行政務，將軍的權威蕩然無存。

## ●室町幕府的歷代將軍（後半）

＊延續P207圖解

**衰退期**

**10代　足利義稙**
（在位1490～1493）
由日野富子擁立，之後與日野富子對立，被流放到阿波國而去世。
享年58歲

**11代　足利義澄**
（在位1494～1508）
關東出身的將軍，晚年被10代的足利義稙追討，無法入京而去世。
享年32歲

**12代　足利義晴**
（在位1521～1546）
與守護大名細川晴元、三好長慶對立。
享年40歲

**崩壞期**

**13代　足利義輝**
（在位1546～1565）
劍豪將軍，努力恢復將軍權威，後被松永久秀殺害。
享年30歲

**14代　足利義榮**
（在位1568，僅1年時間）
受三好三人眾[注1]擁立的傀儡將軍。
享年31歲

**15代　足利義昭**
（在位1568～1573）
在織田信長的協助下入京，就任將軍。之後與織田信長對立，後被廢掉，是最後的將軍。
享年61歲

注1　戰國末期武將三好長慶的家臣，指的是三好長逸、岩成友通、三好政康三人。

1565年 暗殺足利義輝

# 足利義輝死於陰謀之下

足利義輝試圖找回幕府權威並恢復將軍地位，足利義輝的行動讓松永久秀倍感威脅，松永久秀於是派遣刺客暗殺足利義輝。

## 恢復將軍權威的足利義輝

足利義輝為十二代將軍足利義晴的兒子。在足利義晴的時代，將軍不過是裝飾品，幕府的存在也已等同消滅。在以京都為中心的京畿內，戰國大名激烈的勢力鬥爭正如火如荼地展開。

在此情勢之下，以十一歲之齡就任十三代將軍的足利義輝受到三好長慶與松永久秀的打壓，於是他開始在畿內各地奔走，試圖尋求其他大名的支援。

長大成人之後的足利義輝試圖恢復將軍的權威。「實為治天下之長才」，如《穴太記》當中的記載，足利義輝實在是個難得的英才。足利義輝首先廣送書簡給地方上的大名，促請各大名上京，希望藉由他們的力量來壓制三好一族及松永久秀。

永祿二年（一五五九）時，越後的上杉謙信和五千名士兵進入京都，並晉見足利義輝。對於開始發揮政治力量的足利義輝，京都霸者松永久秀感受到極大的威脅。松永久秀表面上裝做一副合作的樣子，私底下卻開始策謀暗殺足利義輝的計畫。

## 足利義輝悲慘的下場

足利義輝武術過人，他曾受教於劍豪塚原卜傳與上泉秀綱，向一宮隨巴齋學習弓，跟小笠原氏隆學習兵法。松永久秀認為光是幾名刺客一定無法順利刺殺足利義輝，於是在永祿八年（一五六五）時，一次派遣了幾十名刺客。

得知刺客來襲的足利義輝，在與下臣一同享用酒宴時，在自己的周圍放了數十把太刀。他一一斬殺不斷靠近的刺客，一旦刀鋒砍得鈍了，他便伸手拿另一把太刀。

驚人的是，據說足利義輝當時一共砍殺了三十名刺客。不過足利

被織田信長追殺的松永久秀，將織田信長想要的平蜘蛛（茶器）砸碎，並在周圍灑上火藥，引爆身亡。

義輝畢竟也是人身肉做，最後因疲勞而步伐不穩，被一個名叫池田丹後守的刺客用槍絆倒在地。或許是早就商量好的，在足利義輝倒地的瞬間，刺客們將多扇和室紙門同時砸向他，跟著一同揮刀刺向足利義輝，足利義輝就這麼斷了氣，下場淒慘。

## ●主要戰國大名的出身

**守護大名出身**

今川義元（駿河）　島津貴久（薩摩）
武田信玄（甲斐）　佐竹義宣（常陸）
大內義隆（周防）　大友義鎮（豐後）

**守護代與守護代一族出身**

上杉謙信（越後）
織田信長（尾張）
朝倉孝景（越前）
尼子經久（出雲）
陶晴賢（周防）

**國人出身**

伊達政宗（陸奧）　宇喜多直家（備前）
淺井長政（近江）　結城政勝（下總）
德川家康（三河）　龍造寺隆信（肥前）
毛利元就（安藝）　相良義陽（肥後）
長宗我部元親（土佐）

**其他、不明**

北條早雲（伊豆、相模）
齋藤道三（美濃）　松永久秀（山城）

1543年 槍砲傳來

# 槍砲的傳來改變了戰術

織田信長十分懂得使用槍炮，他一次使用大量的槍砲，克服了槍砲機動性較差的弱點。

## 大航海時代的開始

十五世紀末時，歐洲人紛紛航向大海，發現了新航路，並與世界各地的民族有所接觸，這即是大航海時代的開始。由於歐洲人不斷來到美國大陸與亞洲進行貿易，交易行為已擴展為世界性的規模，世界因此融為一體。

歐洲各國當中，最積極開拓新航路並進行貿易的就是西班牙與葡萄牙，而第一個來到日本的即是葡萄牙人。葡萄牙人在十六世紀時便以印度的果阿為據點，與明朝（中國）的商人進行貿易。天文十二年（一五四三），明朝的商船漂流到九州的種子島，據說當時船上也有葡萄牙人。

## 南蠻人與槍砲

種子島的領主是種子島時堯。載著葡萄牙人的明朝商船漂流至種子島時，種子島時堯第一次見到葡萄牙人手上的槍砲。實際發射過之後，槍砲強大的威力讓種子島時堯大感驚訝，種子島時堯當時便收下了兩把槍，並命令家臣學習製槍的方法。

由於當時正值戰國的動亂期，因此槍砲很快地便普及至日本全國。不過，槍砲從裝彈到發射，大概需要三十秒的時間，就武器而言是一項致命的缺點。而槍砲的有效射程約為一百公尺，也就是說，當被敵人以槍砲鎖定時，只要全速逃跑或衝向前殺掉射擊手便可以了。

之後，槍砲的使用方法有了革命性的改變，帶來此改變的便是織田信長。織田信長一次使用大量的槍砲，克服槍砲機動性較差的弱點，讓槍砲變成了無敵的武器。織田信長總共擁有三千把槍砲，實際派上用場並贏得驚人戰果，是在天正三年（一五七五）時與武田勝賴的「長篠之戰」之中。大量的槍砲

**歷史筆記** 槍砲傳入日本不久便開始國產化，據說鑄槍時最難的就是使槍身底部密封的技術。

不間斷地發射，武田軍被打得潰不成軍。

葡萄牙人從遙遠的彼方帶來槍砲這項新武器，讓戰國時代的勢力版圖有了很大的改變。



## ●葡萄牙人來航對日本造成的影響

**葡萄牙人的來航（1543年）**

**槍砲傳來**……槍砲的大量使用發揮了驚人功效，平息了戰國的動亂。

**基督教傳來**……許多人開始信仰基督教，基督教徒在各地設立教會展開社會福利工作，治療病患。

**貿易活潑化**……日本出口銀礦，從中國進口生絲，由南蠻[注1]傳入的物品備受珍視。

**文化傳入**……葡萄牙語、南蠻料理等在日本普及開來，活版印刷技術也在此時傳入。

注1　南海諸國。

**1568年** 室町幕府的復興

# 足利義昭試圖復興室町幕府

足利義昭借用織田信長之力就任十五代將軍，後來雖然成功復興幕府，但終究未能親政。

## 將軍遭刺後的情勢

殺害了十三代將軍足利義輝之後，松永久秀與三好三人眾（三好長逸、三好政康、岩成友通）（參見P248）又把足利義輝已經出家弟弟奈良一乘院的覺慶與相國寺鹿苑院的周暠給抓起來。

周暠不久便被殺害，覺慶則在室町幕府家臣細川藤孝的幫助之下逃出，躲在近江國甲賀郡和田惟政的領國內，要求武田信玄與上杉謙信進京。

覺慶希望可以繼亡兄之後就任將軍，然而，他的要求並未被接受。覺慶經由若狹國武田義統的領國，之後在越前大名朝倉義景的領地落腳。在這裡，覺慶還俗改名義秋，後來又改為義昭。

在這期間，三好三人眾立十二代將軍足利義晴的外甥足利義榮為將軍候選人，並積極游說朝廷，於永祿十一年（一五六八）二月時讓足利義榮就任第十四代將軍。

## 足利義昭進京

足利義榮就任將軍一事讓足利義昭焦急不已，足利義昭於是請求朝倉義景率領大軍進軍，企圖利用軍事力量登上將軍之位。不過，朝倉義景當時正忙著平定加賀的一向一揆與一族的內亂，實在無暇理會足利義昭。足利義昭於是失望地離開，轉而請求織田信長。

織田信長當時是統治尾張半國的小大名，永祿三年（一五六〇）時以奇襲大破率兵入侵的大大名今川義元，而這時他剛打敗美濃的齋藤氏，正在尋求進京的機會，可說是最適合託付的對象。

織田信長高興地迎接來到尾張的足利義昭，並爽快地答應進京。永祿十一年（一五六八）九月，織田信長率領六萬大軍前往京都。

六角氏與三好三人眾試圖阻止

傳教士路易斯．弗洛伊斯說：「織田信長個頭高、鬍子少，聲音極細。從不求於部屬，對貴族也像對僕人說話一般，永遠高高在上。」

織田軍，但一下子便被擊敗，織田信長成功進入了京都。當時十四代將軍足利義榮從富田普門寺逃往阿波，途中因身體出現惡性腫瘤而喪命。

隔年十月，足利義昭獲朝廷賜封從四位下，立為左近衛權中將，同時就任第十五代將軍，復興了室町幕府。為了感謝織田信長的相助，足利義昭稱織田信長為「御父」，並想讓織田信長繼承幕府重臣斯波氏擔任管領（將軍的輔佐役），但織田堅決地拒絕了。

復興幕府的足利義昭恢復了將軍的威信，並計畫親政，但織田信長一點都不打算讓足利義昭這麼做。

## ●足利義昭就任將軍的過程

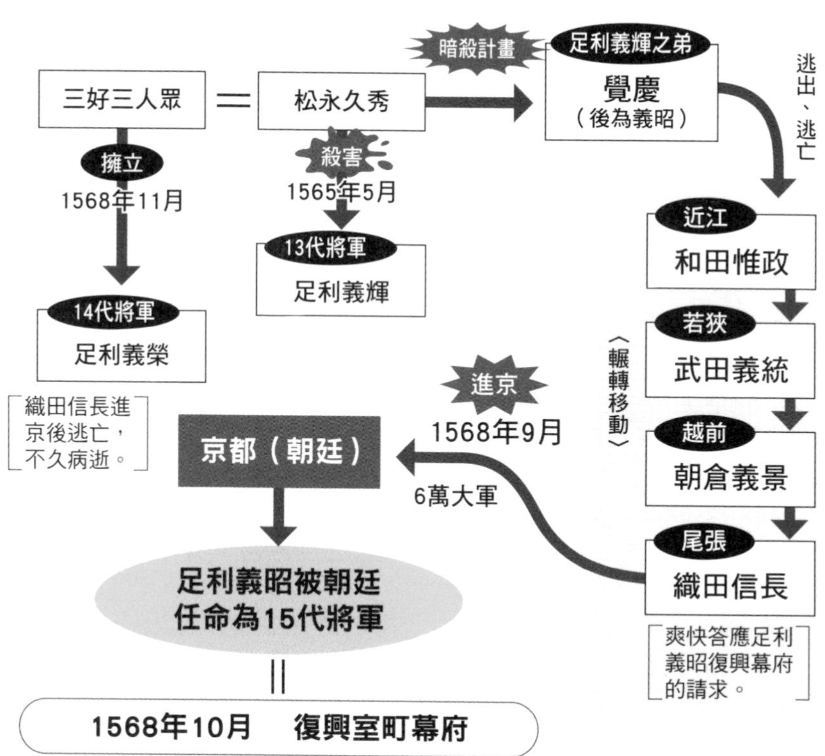

1549年 聖方濟・沙勿略來日

# 基督教為何受到大名保護？

戰國大名為了獲取貿易利潤，紛紛認可基督教在領地內的傳教活動，甚至還出現了受洗的大名。

## 聖方濟・沙勿略來日

基督教傳入日本，是在室町時代末期的天文十八年（一五四九）。當時天主教派耶穌會傳教士聖方濟・沙勿略搭船來到鹿兒島。

據說聖方濟・沙勿略在兩年半的時間內讓近四百人成為基督教徒，之後便陸續有外國傳教士造訪日本，基督徒人數也迅速增加。五十年後的慶長年間（一五九六～一六一五），基督徒人數達到最高，推測約有七十萬人左右。若以人口比例而言，是現今日本基督徒人數的兩倍以上。

基督教之所以能以這麼快的速度滲透到日本國內，主要是因為各地戰國大名對傳教士極為保護的關係。當時南蠻船只停靠認可基督教傳教的領國，為了賺取貿易利潤，戰國大名紛紛認可基督教在自己的領國內傳教。而有馬晴信、大友義鎮等大名甚至還受洗成為基督徒（基督教大名）。

進京復興室町幕府的織田信長也是保護基督教的其中一人。織田信長當時正苦於應付比叡山延曆寺的僧兵與一向一揆，他為壓制佛教而禮遇傳教士。就這樣，京都與安土城下設立了許多南蠻寺（基督教會）與神學校。

不過，織田信長其實是個無神論者。當重臣荒木村重謀反之際，他要求傳教士幫他降服基督徒高山右近，並放話說：「若不成功，我便要鎮壓基督教。」由此可知織田信長一點都不相信神的存在。

## 基督教為什麼會流行？

除了受到權力者保護，基督教致力於社會福利工作一事也是促成基督教興盛的主要原因。基督教傳教士建設醫院，免費為病人治病，還積極地提供飯菜給貧窮人家。

**歷史筆記** 天正時期時，有基督教大名任命四位少年為遣歐使節，派遣他們前往歐洲取經。據說他們回國後獻上時鐘與地球儀給豐臣秀吉，並演奏了古典音樂。

傳教士傳教時所提供的餐點更是吸引人，有牛肉、葡萄酒，還有以砂糖和雞蛋做成的長崎蛋糕與餅乾。當時日本國內好吃的東西不多，一般庶民更是沒吃過甜食，對日本人民而言是非常大的衝擊。

對此，佛教僧侶放出流言說：「傳教士提供的葡萄酒是人的鮮血，牛肉是人肉」，更大肆批評傳教士以南蠻甜點來吸引日本民眾入教。由佛教僧侶的反應不難發現，基督教當時的傳教非常成功。

## ●基督徒迅速增加的原因

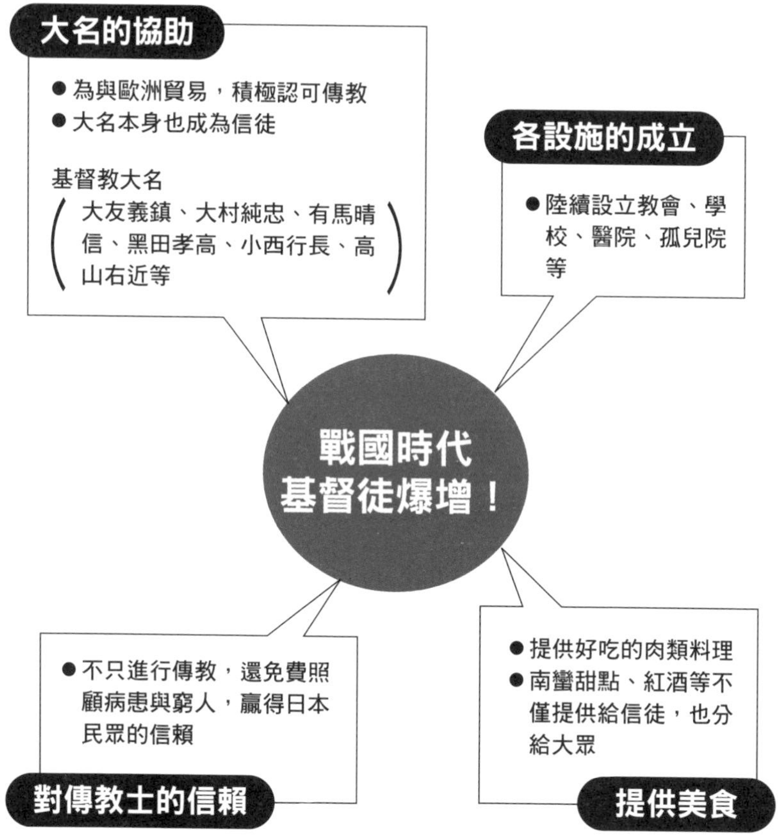

**戰國時代基督徒爆增！**

**大名的協助**

- 為與歐洲貿易，積極認可傳教
- 大名本身也成為信徒

基督教大名
（大友義鎮、大村純忠、有馬晴信、黑田孝高、小西行長、高山右近等）

**各設施的成立**

- 陸續設立教會、學校、醫院、孤兒院等

**對傳教士的信賴**

- 不只進行傳教，還免費照顧病患與窮人，贏得日本民眾的信賴

**提供美食**

- 提供好吃的肉類料理
- 南蠻甜點、紅酒等不僅提供給信徒，也分給大眾

1573年　室町幕府滅亡

# 室町幕府的滅亡

足利義昭察覺自己只是傀儡，於是巧妙地建立起包圍織田信長的軍事網，對織田信長舉兵，但最後仍然敗給了織田信長。

## 織田信長與足利義昭的明爭暗鬥

足利義昭雖然就任十五代將軍，但他很快就察覺到，復興的室町幕府不過只是織田信長的傀儡政權而已。永祿十二年（一五六九）正月，織田信長制定九項條文並向幕府提出，而這些條文全是用來限制將軍足利義昭與幕臣行動的自由。

這一年，織田信長為將軍足利義昭蓋了壯麗的二條城，並修築朝廷內部，不過，這也是織田信長欲利用將軍與天皇的權威讓各大名臣服的計策罷了。

足利義昭企圖以將軍身分君臨諸大名，織田信長當然不容許這樣的行為。不過，由於足利義昭沒有可以與信長軍抗衡的軍力，因此織田信長一點也不怕足利義昭。

然而，足利義昭深具謀略，他善用將軍的權威對各地大名發出書簡，很快地就建立起一個包圍織田信長的軍事網。此外，他還撇清與軍事網各項行動的關係，若無其事地繼續住在織田信長為他建設的二條城當中。

## 室町時代的結束

近江的淺井長政、越前的朝倉義景、甲斐的武田信玄、石山本願寺、比叡山延曆寺、中國的毛利輝元、畿內的松永久秀等，紛紛表明自己反對織田信長的立場。為了打破這個軍事網，織田信長感到非常的苦惱。

不久，織田信長發現足利義昭就是軍事網的主謀者，因此在元龜三年（一五七二）九月，送上「異見十七條」給足利義昭，嚴厲譴責足利義昭背叛的行為。在「異見十七條」當中，織田信長譴責足利義昭送密狀給諸大名，對於反對他的言行亦感到憤怒，他批評足利義昭說：「眾人都說你是個壞將軍。」

織田信長欲藉此意見書來壓制

**歷史筆記**　將軍足利義昭被流放到京都後尋求毛利氏協助，之後又依附羽柴秀吉。據說羽柴秀吉欲收足利義昭為養子，但遭足利義昭拒絕。

足利義昭，然而在隔年的一五七三年，武田信玄便率軍遠征織田信長，足利義昭也起而呼應。大為震怒的織田信長於同年四月率領大軍入京，包圍了二條城。結果，經由朝廷居中調停，足利義昭交出人質，這次的抗爭才安然落幕。不過同年七月，足利義昭移往宇治的槙島城，再度對織田信長舉兵。

織田信長得知此事後率領大軍攻打槙島，只用了一天的時間便將槙島城攻下。足利義昭棄城尋求大坂若江的三好義繼的援助，後來更逃向中國毛利輝元的領國，企圖重建幕府，但這個夢想終究未能再實現。於是，天正元年（一五七三）便成了室町幕府滅亡之年。

## ●足利義昭建立之包圍織田信長的軍事網

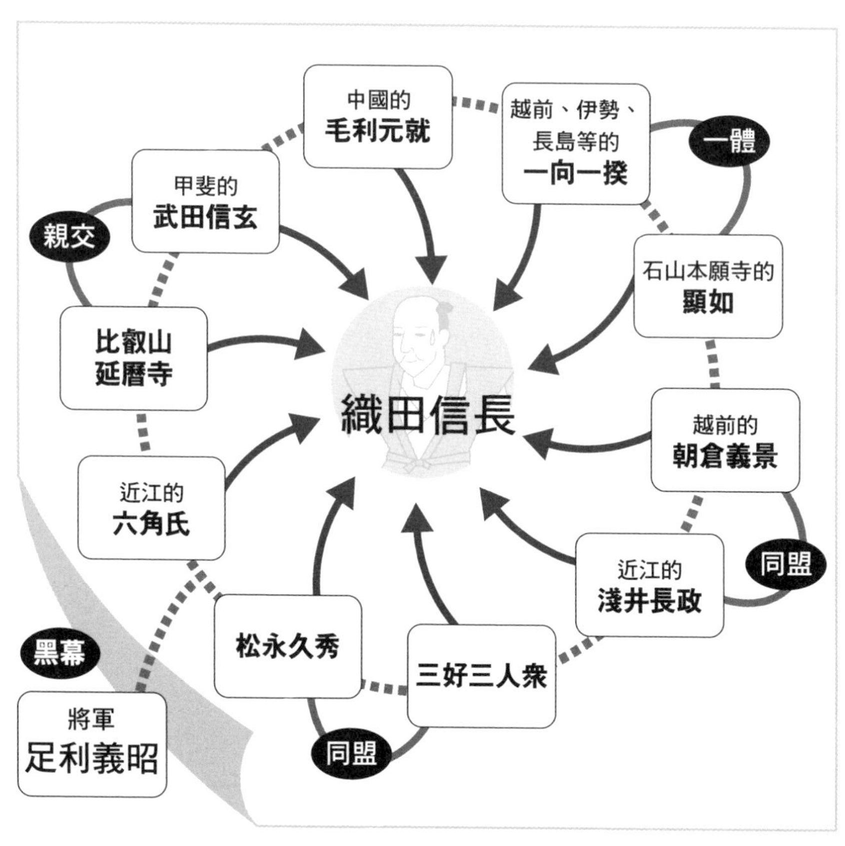

專欄

## 一休和尚不為人知的故事

相信大家應該都看過一休和尚的故事。可愛的小和尚以過人的機智修理可惡的大人，任誰看了都會覺得很爽快。然而，接下來要談的是歷史上記載的真實的一休。

一休生於室町時代的應永元年（一三九四），父親是後小松天皇。不過由於母親是南朝遺臣之女，一休皇子的身分並未獲得承認。一休在京都的民家誕生，六歲時便被送進山城安國寺，開始走上禪僧之路。

青少年時的他積極學佛，二十七歲時完成修行。之後他與親生父親後小松天皇見面，皇子身分終於獲得認可。一休的人生至此都還算順利，然而親生父親與師父相繼去世之後，一休的行為便開始有了奇怪的轉變。

當時禪宗以南禪寺為首，設有五山十剎之制，而一休所屬的大德寺為不屬於五山的非主流派。為了要壯大大德寺，一休的師兄與權力者及富商勾結，此事讓一休憤怒不已，甚至企圖絕食自殺。之後，一休非常討厭與權力勾結的禪僧，為了譴責他們，一休開始了他的奇怪行為。

雖然一休是禪僧，但他卻沒有剃髮，並蓄了滿臉的鬍子，身上背著木刀在町內走來走去，據說還神色自若地出入酒屋與遊郭（譯注：花街柳巷）。七十八歲時愛上了一個名叫森侍者的盲女，驚人的是，一休甚至還做詩來詠嘆他與森侍者之間的愛慾生活。此外，聽說一休還在正月元旦時拿著骸骨走訪家家戶戶。或許他是想告訴大家，無論貧富男女，人死後都只剩一具骨骸，在佛之前人人都是平等，不過這樣的做法實在是太駭人、太過火了。

而一休種種大膽的破戒行為，據說是為了喚起當時佛教界與社會的警覺。

# 索引一專有名詞

# 索引一人名

| 十七劃 | | |
| --- | --- | --- |
| 蓮如 | 蓮如 | 224 |
| 齋藤道三 | 斎藤道三 | 242 |
| 十八劃 | | |
| 織田信長 | 織田信長 | 242,250,252 |
| 二十劃 | | |
| 覺慶 | 覚慶 | 252 |
| 懷良親王 | 懐良親王 | 164,174 |
| 二十一劃 | | |
| 蠣崎季繁 | 蠣崎季繁 | 189 |
| 藝阿彌 | 芸阿弥 | 190 |
| 藤原兼子 | 藤原兼子 | 127 |
| 藤原隆信 | 藤原隆信 | 90,122 |
| 藤原信賴 | 藤原信頼 | 20 |
| 藤原秀衡 | 藤原秀衡 | 36,44,47 |
| 藤原基衡 | 藤原基衡 | 44,47 |
| 藤原泰衡 | 藤原泰衡 | 44,47,48 |
| 二十三劃 | | |
| 顯如 | 顕如 | 226 |
| 蘭溪道隆 | 蘭渓道隆 | 110 |
| 二十五劃 | | |
| 觀阿彌 | 観阿弥 | 196 |

國家圖書館出版品預行編目資料

圖解鎌倉.室町時代 更新版 / 河合敦作 ; 陳念雍譯. -- 修訂一版. -- 臺北市 : 易博士文化, 城邦文化出版 : 家庭傳媒城邦分公司發行, 2018.08
面； 公分
譯自 : 早わかり鎌倉・室町時代
ISBN 978-986-480-057-5(平裝)
1.鎌倉時代 2.室町時代 3.日本史
731.241 107011039

DK0081

# 圖解鎌倉・室町時代【更新版】

原著書名／早わかり鎌倉・室町時代
原出版社／日本実業出版社
作者／河合敦
譯者／陳念雍
選書人／蕭麗媛
執行編輯／劉亭言、呂舒峮

業務經理／羅越華
總編輯／蕭麗媛
視覺總監／陳栩椿
發行人／何飛鵬
出版／易博士文化
城邦文化事業股份有限公司
台北市中山區民生東路二段141號8樓
電話：(02) 2500-7008　　傳真：(02) 2502-7676
E-mail: ct_easybooks@hmg.com.tw
發行／英屬蓋曼群島商家庭傳媒股份有限公司城邦分公司
台北市中山區民生東路二段141 號11樓
書虫客服服務專線：(02) 2500-7718 、2500-7719
服務時間：週一至週五上午09:30-12:00 ；下午13:30-17:00
24小時傳真服務：(02) 2500-1990 、2500-1991
讀者服務信箱：service@readingclub.com.tw
劃撥帳號：19863813
戶名：書虫股份有限公司
香港發行所／城邦（香港）出版集團有限公司
香港灣仔駱克道193號東超商業中心1樓
電話：(852) 2508-6231 傳真：(852) 2578-9337
E-mail：hkcite@biznetvigator.com
馬新發行所／城邦（馬新）出版集團【Cite (M) Sdn. Bhd. (458372U) 】
11, Jalan 30D/146, Desa Tasik, Sungai Besi,
57000 Kuala Lumpur, Malaysia
電話：(603) 9056-3833 傳真：(603) 9056-2833
美術編輯／簡至成
封面插圖／黃郁芳
製版印刷／卡樂彩色製版印刷有限公司



■2006年5月30日 初版
■2018年8月28日 修訂一版

城邦讀書花園
www.cite.com.tw

ISBN 9789864800575
定價450元　HK$ 150

Printed in Taiwan